铁道车辆电工电子基础

主　编　曹　阳
副主编　车威威　董　娜　刘德强
主　审　段金辉　孙志才

北京理工大学出版社
BEIJING INSTITUTE OF TECHNOLOGY PRESS

版权专有 侵权必究

图书在版编目（CIP）数据

铁道车辆电工电子基础/曹阳主编. —北京：北京理工大学出版社，2018.2（2022.8 重印）

ISBN 978-7-5682-5342-0

Ⅰ.①铁… Ⅱ.①曹… Ⅲ.①铁路车辆-电工-高等学校-教材②铁路车辆-电子技术-高等学校-教材 Ⅳ.①U27

中国版本图书馆 CIP 数据核字（2018）第 033052 号

出版发行 / 北京理工大学出版社有限责任公司
社　　址 / 北京市海淀区中关村南大街 5 号
邮　　编 / 100081
电　　话 / (010) 68914775（总编室）
　　　　　(010) 82562903（教材售后服务热线）
　　　　　(010) 68944723（其他图书服务热线）
网　　址 / http://www.bitpress.com.cn
经　　销 / 全国各地新华书店
印　　刷 / 北京虎彩文化传播有限公司
开　　本 / 787 毫米 × 1092 毫米　1/16
印　　张 / 19.5
字　　数 / 452 千字
版　　次 / 2018 年 2 月第 1 版　2022 年 8 月第 4 次印刷
定　　价 / 56.00 元

责任编辑 / 张鑫星
文案编辑 / 张鑫星
责任校对 / 周瑞红
责任印制 / 李志强

图书出现印装质量问题，请拨打售后服务热线，本社负责调换

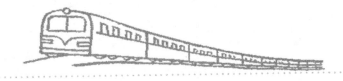 

前言
PREFACE

本书根据"高等职业技术院校铁道车辆类专业"培养目标，由一批学术水平高、教学经验丰富、实践能力强的教师与行业一线专家共同编写。教材内容根据高职铁道车辆类毕业生就业岗位能力需求进行选取，突出能力培养，注重实践锻炼。

在教材编写中，贯彻了以下原则：

1. 根据铁道车辆专业知识的需要，梳理电工类基础知识，更新知识内容，简化理论的分析和计算，重新设计知识结构，体现铁道车辆专业特色；

2. 针对普通车辆电气装置和动车组所需要的电工类基础知识，探寻对重复知识点处理的方式和一般原则；

3. 以提高实践技能为主线，依托铁道车辆电气实训室，结合专业知识和行业技能比赛项目的技术要求，以任务驱动式的教学方法将铁道车辆电工基础知识有机融合；

4. 以岗位需求为导向，以"工作页"为载体，丰富教学资源，具有"工学结合"特征的电工基础课程的设计与研究。

本书可作为高等职业教育铁道车辆类等专业基础教材，也可供其他专业如机械、汽车的师生及有关工程技术人员参考，同时可作为中等职业院校有关专业的参考教材。

本书由吉林铁道职业技术学院曹阳担任主编。全书共八个项目，其中，吉林铁道职业技术学院曹阳编写项目一，吉林铁道职业技术学院段金辉、孙志才编写项目二，吉林铁道职业技术学院李佰玲、张举、长春信息技术职业学院车威威编写项目三，吉林铁道职业技术学院关洪亮、刘增俊编写项目四，吉林铁道职业技术学院柳重阳、马琛编写项目五，吉林铁道职业技术学院刘德强、高凌峰编写项目六，吉林铁道职业技术学院郑涛、董娜编写项目七、项目八。本书由吉林铁道职业技术学院段金辉、孙志才主审。

本书编写过程中，参考了一些国内外同行优秀教材和资料，在此向这些资料、文献的作者深表谢意。

由于时间仓促，编者的学识有限，书中难免存在疏漏与不妥之处，敬请广大读者提出批评和改进意见。

编　者

目 录

项目一 直流部分

任务 1　电工基础知识 …………………………………… 003
  1.1　电路的基本概念 …………………………………… 003
    1.1.1　电路的组成 …………………………………… 003
    1.1.2　电路的作用 …………………………………… 003
    1.1.3　电路的基本元件 ……………………………… 004
  1.2　电路的基本物理量 ………………………………… 005
    1.2.1　电流 …………………………………………… 005
    1.2.2　电位 …………………………………………… 006
    1.2.3　电压 …………………………………………… 006
    1.2.4　电动势 ………………………………………… 006
    1.2.5　电阻 …………………………………………… 006
    1.2.6　电功率 ………………………………………… 006
  1.3　电路中电位的概念及计算 ………………………… 007
  1.4　电流和电压的参考方向 …………………………… 008
  1.5　电阻和欧姆定律 …………………………………… 009
    1.5.1　电阻 …………………………………………… 009
    1.5.2　电阻率 ………………………………………… 009
    1.5.3　电阻温度系数 ………………………………… 010
    1.5.4　各种不同导电材料的应用 …………………… 010
    1.5.5　欧姆定律 ……………………………………… 010
    1.5.6　功率与功率平衡式 …………………………… 011
  1.6　电气设备的额定值 ………………………………… 012
  1.7　电路的工作状态 …………………………………… 012
    1.7.1　电源开路 ……………………………………… 012
    1.7.2　电源短路 ……………………………………… 013
  1.8　负载的连接方式 …………………………………… 013
    1.8.1　电阻的串联 …………………………………… 013

1.8.2 电阻的并联 …………………………………………………………… 014
　　1.8.3 电阻的混联 …………………………………………………………… 015
　1.9 电源的连接方式 …………………………………………………………… 015
　　1.9.1 电池的串联 …………………………………………………………… 015
　　1.9.2 电池的并联 …………………………………………………………… 016

任务2 电路的基本定律 ……………………………………………………… 017
　2.1 电压源与电流源及其等效变换 …………………………………………… 017
　　2.1.1 电压源 ………………………………………………………………… 017
　　2.1.2 电流源 ………………………………………………………………… 018
　　2.1.3 电压源与电流源的等效变换 ………………………………………… 019
　2.2 基尔霍夫定律 ……………………………………………………………… 020
　　2.2.1 基尔霍夫电流定律（KCL）………………………………………… 020
　　2.2.2 基尔霍夫电压定律（KVL）………………………………………… 021
　2.3 支路电流法 ………………………………………………………………… 022
　2.4 结点电压法 ………………………………………………………………… 023
　2.5 叠加原理 …………………………………………………………………… 025
　2.6 戴维南定理 ………………………………………………………………… 027
　学生工作页（一）……………………………………………………………… 029
　学生工作页（二）……………………………………………………………… 031

项目二 交流部分

任务3 正弦交流电路 ………………………………………………………… 037
　3.1 正弦交流电的概念 ………………………………………………………… 037
　　3.1.1 交流电和正弦交流电 ………………………………………………… 037
　　3.1.2 单相交流电的产生 …………………………………………………… 038
　　3.1.3 正弦交流电的三要素 ………………………………………………… 038
　3.2 正弦量的相量表示法 ……………………………………………………… 041
　3.3 单相交流电路 ……………………………………………………………… 044
　　3.3.1 纯电阻电路 …………………………………………………………… 044
　　3.3.2 纯电感电路 …………………………………………………………… 046
　　3.3.3 纯电容电路 …………………………………………………………… 048
　　3.3.4 电阻与电感、电容串联电路 ………………………………………… 049
　3.4 电路的谐振 ………………………………………………………………… 052
　　3.4.1 串联谐振 ……………………………………………………………… 053
　　3.4.2 并联谐振 ……………………………………………………………… 054
　3.5 功率因数的提高 …………………………………………………………… 055

任务4 三相交流电 ······ 058
  4.1 三相交流电的产生 ······ 058
  4.2 三相电源的连接方式 ······ 060
    4.2.1 星形连接 ······ 060
    4.2.2 三角形连接 ······ 061
  4.3 三相负载的连接 ······ 062
    4.3.1 负载的星形连接和中线的作用 ······ 062
    4.3.2 负载的三角形连接 ······ 063
  4.4 三相电功率 ······ 064
  学生工作页（三） ······ 065
  学生工作页（四） ······ 067
  学生工作页（五） ······ 072
  学生工作页（六） ······ 077

项目三
磁路及常用低压器件

任务5 电流的磁场 ······ 081
  5.1 磁的基本知识 ······ 081
    5.1.1 电流的磁场 ······ 082
    5.1.2 磁的基本物理量 ······ 083
  5.2 磁性材料的磁性能 ······ 084
    5.2.1 磁饱和性 ······ 084
    5.2.2 磁滞性 ······ 084
    5.2.3 铁磁材料的分类 ······ 085
  5.3 磁路基本定律 ······ 086
    5.3.1 磁场对电流的作用 ······ 086
    5.3.2 电磁感应 ······ 087
  5.4 磁路欧姆定律 ······ 089
  5.5 交流铁芯线圈电路及功率损耗 ······ 090
    5.5.1 自感 ······ 090
    5.5.2 互感 ······ 091
    5.5.3 交流铁芯线圈的功率损耗 ······ 091

任务6 变压器 ······ 093
  6.1 变压器的构造与工作原理 ······ 093
    6.1.1 变压器的构造 ······ 093
    6.1.2 变压器的工作原理 ······ 094
  6.2 三相变压器的接法 ······ 095

6.3 自耦变压器 … 097
6.4 仪用互感器 … 098
　6.4.1 电流互感器 … 098
　6.4.2 电压互感器 … 098
6.5 变压器的额定值、损耗和效率 … 099

任务7　常用低压电器 … 100
7.1 主令电器 … 100
　7.1.1 闸刀开关 … 100
　7.1.2 转换开关 … 103
　7.1.3 按钮 … 105
　7.1.4 行程开关 … 107
7.2 自动控制电器 … 110
　7.2.1 熔断器 … 110
　7.2.2 自动空气开关 … 113
　7.2.3 电磁铁 … 115
7.3 接触器 … 116
　7.3.1 接触器的基本结构 … 116
　7.3.2 直流电磁接触器 … 117
　7.3.3 交流接触器的工作原理 … 117
　7.3.4 接触器的选择 … 118
　7.3.5 真空接触器 … 119
　7.3.6 电空接触器 … 119
7.4 继电器 … 120
　7.4.1 电流继电器 … 121
　7.4.2 电压继电器 … 122
　7.4.3 中间继电器 … 122
　7.4.4 时间继电器 … 123
　7.4.5 热继电器 … 124
　7.4.6 继电器的选用与保护 … 126
7.5 电磁阀 … 126
学生工作页（七） … 128
学生工作页（八） … 130
学生工作页（九） … 132
学生工作页（十） … 134
学生工作页（十一） … 137
学生工作页（十二） … 138

项目四 电机部分

任务 8　直流电机 ·········· 143
 8.1　直流电动机 ·········· 143
  8.1.1　定子部分 ·········· 143
  8.1.2　转子部分 ·········· 144
 8.2　直流电动机的工作原理 ·········· 146
  8.2.1　两条定律和两条定则 ·········· 146
  8.2.2　直流电动机的转动原理 ·········· 147
 8.3　直流电动机的励磁方式 ·········· 148
 8.4　直流电动机的铭牌及数据 ·········· 149
 8.5　直流发电机 ·········· 151
 8.6　直流电机中的基本物理量 ·········· 151
 8.7　直流电机的可逆性 ·········· 153

任务 9　交流电机 ·········· 155
 9.1　交流发电机 ·········· 155
 9.2　三相异步电动机 ·········· 155
  9.2.1　三相异步电动机的构造 ·········· 156
  9.2.2　旋转磁场 ·········· 158
 9.3　三相异步电动机的工作原理 ·········· 160
 9.4　三相异步电动机的启动 ·········· 161
  9.4.1　鼠笼式电动机的常用启动方法 ·········· 161
  9.4.2　绕线式异步电动机的启动 ·········· 163
 9.5　三相异步电动机的反转和制动 ·········· 163
  9.5.1　反转 ·········· 163
  9.5.2　制动 ·········· 163
 9.6　电动机的选用 ·········· 165
 9.7　异步电动机的基本控制电路 ·········· 166
  9.7.1　电动机单向运转控制电路 ·········· 166
  9.7.2　正反转控制 ·········· 167
  9.7.3　多台电动机的顺序启动控制 ·········· 169
 学生工作页（十三） ·········· 171
 学生工作页（十四） ·········· 174

项目五 电子电路应用知识

任务 10　常用半导体元器件 ·········· 179
 10.1　半导体的基础知识 ·········· 179

10.1.1　半导体的特性 …………………………………… 179
　　10.1.2　本征半导体 …………………………………… 180
　　10.1.3　杂质半导体 …………………………………… 181
10.2　PN结及单向导电性 …………………………………… 182
　　10.2.1　PN结的形成 …………………………………… 182
　　10.2.2　PN结的单向导电特性 …………………………………… 183
10.3　半导体二极管 …………………………………… 184
　　10.3.1　基本结构 …………………………………… 184
　　10.3.2　半导体二极管的命名方法 …………………………………… 185
　　10.3.3　单向导电性 …………………………………… 185
　　10.3.4　伏安特性 …………………………………… 186
　　10.3.5　主要参数 …………………………………… 187
10.4　二极管的简易测试 …………………………………… 187
10.5　二极管的等效 …………………………………… 188
10.6　特殊二极管 …………………………………… 189
　　10.6.1　稳压二极管 …………………………………… 189
　　10.6.2　发光二极管 …………………………………… 190
　　10.6.3　光电二极管 …………………………………… 191
　　10.6.4　LED数码管 …………………………………… 191
　　10.6.5　变容二极管 …………………………………… 191
　　10.6.6　光电耦合器 …………………………………… 192

任务11　半导体三极管 …………………………………… 194
11.1　外形与结构 …………………………………… 194
　　11.1.1　基本结构 …………………………………… 194
　　11.1.2　三极管的特性曲线 …………………………………… 195
　　11.1.3　三极管的电流放大作用 …………………………………… 196
11.2　场效应管 …………………………………… 198
　　11.2.1　结构 …………………………………… 198
　　11.2.2　电流放大作用 …………………………………… 199
　　11.2.3　主要参数 …………………………………… 199
11.3　晶闸管 …………………………………… 199
　　11.3.1　晶闸管的结构 …………………………………… 199
　　11.3.2　晶闸管的通断规律 …………………………………… 200
　　11.3.3　晶闸管的工作原理 …………………………………… 201
　　11.3.4　晶闸管触发导通的情况 …………………………………… 201
　　11.3.5　晶闸管与三极管、二极管的区别 …………………………………… 202
　　11.3.6　晶闸管的伏安特性 …………………………………… 202
　　11.3.7　门极伏安特性 …………………………………… 203
　　11.3.8　晶闸管的动态特性 …………………………………… 204

11.3.9　晶闸管的主要参数 ·········· 205
11.4　绝缘栅双极型晶体管（IGBT） ·········· 206
11.4.1　IGBT的基本结构 ·········· 206
11.4.2　IGBT的工作原理 ·········· 207
11.5　集成电路 ·········· 208
学生工作页（十五） ·········· 210
学生工作页（十六） ·········· 213

项目六　半导体器件的典型应用

任务12　简单直流电源 ·········· 219
12.1　直流稳压电源的一般框图 ·········· 219
12.2　单相半波整流电路 ·········· 220
12.3　单相桥式整流电路 ·········· 221
12.3.1　电路组成 ·········· 221
12.3.2　工作原理 ·········· 222
12.3.3　整流元件的选择 ·········· 223
12.4　单相半控桥式整流电路 ·········· 223
12.5　三相桥式整流电路 ·········· 224
12.6　滤波电路分析 ·········· 226
12.6.1　电容滤波电路 ·········· 227
12.6.2　电感滤波电路 ·········· 229
12.6.3　复式滤波电路 ·········· 229
12.7　线性集成稳压器 ·········· 230
12.7.1　W7800、W7900系列三端固定输出集成稳压器 ·········· 231
12.7.2　W317、W337系列三端可调输出集成稳压器 ·········· 233

任务13　基本放大电路 ·········· 235
13.1　基本的共发射极放大电路 ·········· 235
13.2　分压式偏置共射极放大电路 ·········· 237
13.3　多级电压放大电路 ·········· 237
13.4　集成运算放大器 ·········· 237
13.4.1　运算放大器的外形和符号 ·········· 238
13.4.2　集成运算放大器的特点 ·········· 239
13.5　基本的运算放大电路 ·········· 240
学生工作页（十七） ·········· 241
学生工作页（十八） ·········· 242
学生工作页（十九） ·········· 244

项目七 常用电工工具及仪器仪表

任务 14　常用电工工具与使用 ·· 249
　14.1　通用工具 ·· 249
　　14.1.1　验电器 ·· 249
　　14.1.2　剥线钳 ·· 249
　　14.1.3　冲击钻 ·· 250
　14.2　导线的选用 ·· 250
　　14.2.1　导线的分类 ··· 250
　　14.2.2　导线的选用 ··· 251
　14.3　基本焊接工艺 ·· 253
　　14.3.1　电烙铁分类及结构 ······································ 253
　　14.3.2　焊料及助焊剂 ··· 254
　　14.3.3　焊接操作的正确姿势 ··································· 255
　　14.3.4　焊接操作的基本步骤 ··································· 255

任务 15　常用的电工仪表 ·· 257
　15.1　常用电工仪表的分类 ·· 257
　15.2　万用表 ·· 258
　　15.2.1　指针式万用表 ··· 259
　　15.2.2　数字式万用表 ··· 260
　　15.2.3　使用万用表时应注意以下问题 ····················· 262
　15.3　兆欧表 ·· 263
　15.4　钳形电流表 ·· 266
　15.5　其他常用仪表 ·· 267
　　15.5.1　电压表 ·· 267
　　15.5.2　电流表 ·· 268
　　15.5.3　功率表 ·· 268
　　15.5.4　功率因数表 ··· 268
　　15.5.5　频率表 ·· 268
　15.6　放电叉、电解液比重计 ······································ 269
　　15.6.1　放电叉（电池容量检测仪）························· 269
　　15.6.2　电解液密度计 ··· 269
　15.7　红外测温仪（点温计）······································ 270
　学生工作页（二十）·· 271
　学生工作页（二十一）·· 272

项目八 安全用电基础知识

任务16 触电对人体的危害 …… 279
 16.1 触电对人体的危害 …… 279
  16.1.1 触电事故 …… 279
  16.1.2 触电的危害 …… 280
  16.1.3 人体的电阻 …… 280
  16.1.4 安全电压与安全电流 …… 280
 16.2 常见触电原因及预防措施 …… 281
  16.2.1 触电原因 …… 281
  16.2.2 触电形式 …… 282
  16.2.3 防止触电的措施 …… 284
  16.2.4 绝缘安全工具 …… 287
 16.3 触电紧急救护法 …… 288
  16.3.1 使触电者脱离电源 …… 288
  16.3.2 触电医疗救护方法 …… 290
  16.3.3 电工安全操作规程 …… 292
 学生工作页（二十二） …… 294

参考文献 …… 296

项目一

直流部分

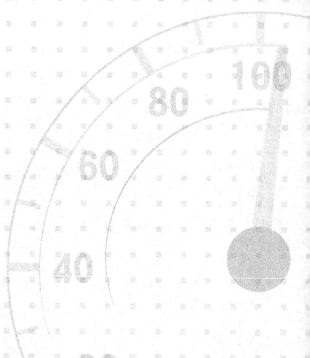

任务 1
电工基础知识

1.1 电路的基本概念

1.1.1 电路的组成

电路是电流流通的路径，是为某种需要由若干电气元件按一定方式组合起来的整体，主要用来实现能量的传输和转换，或实现信号的传递和处理。图 1-1 所示为电路的实物图与电路图。

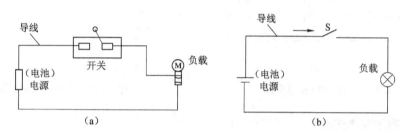

图 1-1 电路的实物图与电路图
(a) 电路实物图；(b) 电路图

在生产中把许多电气设备连接起来的电路比较复杂，但不管如何复杂，任何电路都由电源、负载、中间环节组成一个闭合回路。

电源是将非电能转换成电能的供电设备。例如，光电池将太阳能转换成电能，发电机将机械能转换成电能等。

负载是各种用电设备，它们将电能转换为其他形式的能量，如电灯将电能转换为光能，电炉将电能转换为热能，电动机将电能转换为机械能。

中间环节如导线、开关、电表等，导线起着传送信号、传输电能的作用，用来连接电源与负载，使电源与负载成为一个闭合回路，起到控制、传输、测量的作用。

实际应用中，电路除了电源、负载和连接导线外，还必须有一些辅助设备，例如控制电路通、断的开关及保障安全用电的熔断器等，这些辅助设备不仅保证了电路安全、可靠的工作，而且使电路自动完成某些特定工作成为可能。

1.1.2 电路的作用

电路的作用有：
(1) 提供能量，例如供电电路。

(2) 传送和处理信号，例如电话线路、放大器电路。
(3) 测量电量，例如万用表电路（用来测量电压、电流和电阻等）。
(4) 储存信息，例如计算机的储存器电路，存放数据、程序。

在电路分析中用电流、电压、磁通等物理量来描述其工作过程。然而，实际电路是由电气设备和器件等组成的，它们的电磁性质较为复杂，难以用精确的数学方法来描述。因此，对实际电路的分析和计算，需将实际电路元件理想化（或模型化），即在一定条件下突出其主要的电磁性质，忽略次要因素，将它近似地看作理想元件。

如图1-2所示，灯泡的电感极其微小，把它看作一个理想电阻元件是完全可以的；一个新的干电池组和灯泡电阻相比可以忽略不计，把这个新的干电池组看作一个电压恒定的理想电压源也是完全可以的；在连接导体很短的情况下它的电阻完全可以忽略不计，可以把导线看作理想导体。于是这个理想电阻元件就构成了灯泡的模型，这个理想电压源就构成了干电池的模型，而理想导体则构成了连接导体的模型，如图1-3所示。在对电路进行理论分析时分析的就是电路模型而不是实际电路。

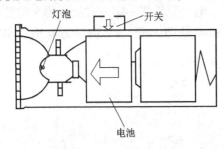

图1-2 手电筒实际电路

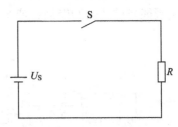

图1-3 手电筒电路模型

1.1.3 电路的基本元件

1. 理想电路元件

(1) 电阻元件表示消耗电能的元件。
(2) 电感元件表示产生磁场，储存磁场能量的元件。
(3) 电容元件表示产生电场，储存电场能量的元件。
(4) 电压源和电流源，表示将其他形式的能量转变成电能的元件。

2. 注意事项

(1) 理想电路元件有3个特征：
① 只有两个端子。
② 可以用电压或电流按数学方式描述。
③ 不能被分解为其他元件。
(2) 具有相同的主要电磁性能的实际电路部件，在一定条件下可用同一电路模型表示。
(3) 同一实际电路部件在不同的应用条件下，其电路模型可以有不同的形式。例如，电感线圈的电路模型，如图1-4所示。

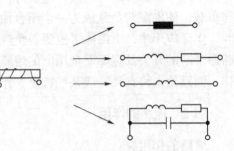

图1-4 电感线圈的电路模型

对实际电路分析，就是在一定条件下将实际元器件理想化表示，即将电路中的元器件看作理想元件，所组成的电路称为电路模型，简称为电路。这是对实际电路电磁性质的科学抽象和概括。在今后学习中，我们所接触的电阻元件、电感元件、电容元件和电源元件等，若没有特殊说明，均表示为理想元件，分别由相应的参数来描述，用规定的图形符号来表示。表1-1所示为电路图中几种常用器件的图形符号和文字符号。

表1-1 电路图中几种常用器件的图形符号和文字符号

名称	图形符号	文字符号	名称	图形符号	文字符号
固定电阻器	 ─▭─	R	白炽灯	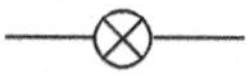 ─⊗─	EL
可调电阻器	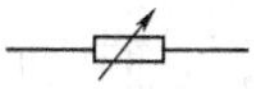 ─▱─	R	开关	 ─/─	S
电位器	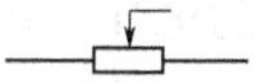 ─▭↓─	R_P	直流电源	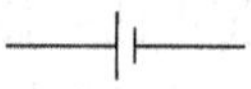 ─┤├─	E
电感器	 ─◠◠◠─	L	电容器	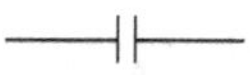 ─┤├─	C
熔断器	 ─▭─	FU	晶体管	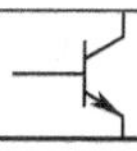 ─◁─	VT

1.2 电路的基本物理量

在日常生产与生活中，几乎到处都要用电。电灯通电会发光，电炉通电会发热，电动机通电会旋转。什么是电？电是怎么通到电灯、电炉和电动机中去的？下面就来说明这些问题。

自然界的一切物质都由分子组成，而分子又由原子组成。每一个原子都是由一个带正电荷的原子核和一定数量带负电的电子组成的。这些电子分层围绕原子核做高速旋转。

不同的物质其原子结构不同，它们所具有的电子数目不同。在通常情况下，原子核所带的正负电荷的总和在数量上相等，所以物体不显示电性。

电荷具有同性相互排斥、异性相互吸引的特性。如果由于外力的作用，使离原子核较远的外层电子摆脱原子核的束缚从一个物体跑到另一个物体，这样就使物体带电。用毛皮摩擦塑料尺使塑料尺带电就是这个原理。

1.2.1 电流

电荷的定向移动形成电流，也就是电荷在导体中的定向移动，正电荷移动的方向规定为电流的实际方向，这个规定与自由电子的实际移动方向正好相反。如果电流的大小和方向均不随时间变化而变化，这种电流称为恒定电流，简称直流。

产生电流的条件是：必须具有能够自由移动的电荷；导体两端存在电压差；电路必须为通路。

在一定时间内通过导体横截面的电量越多，电流越大；通过的电量越少，电流越小。单位时间内通过导体横截面的电量叫作电流强度,直流电流用大写字母 I 表示,电流的单位为安培,用符号 A 表示。在实际应用中,还常用毫安(mA)、微安(μA)作单位,它们之间的关系是:1 A = 1 000 mA,1 mA = 1 000 μA,$P = U^2/R$。

1.2.2 电位

物体带了电(电荷)就具有电位。电流总是由高电位点流向低电位点。通常大地的电位为参考零电位,当物体带有正电荷时,它的电位就比大地高;当物体带有负电荷时,它的电位就比大地低。

1.2.3 电压

当两个物体带有不同数量的电荷时,它们具有不同的电位,它们之间就存在电位差,形成了电场。我们把电路中任意两点之间的电位差称为这两点间的电压。电压的方向是由高电位点指向低电位点。直流电压用大写字母 U 表示,单位为伏特,用符号"V"表示。在实际应用中,有时用千伏(kV)、毫伏(mV)、微伏(μV)作单位,它们之间的关系为:1 kV = 1 000 V,1 V = 1 000 mV,1 mV = 1 000 μV。

1.2.4 电动势

电动势是衡量电源力对电荷做功能力的物理量,电动势的方向规定为从低电位点指向高电位点。

日常使用的电绝大部分是由发电厂的发电机供给的,此外,各种各样的干电池、蓄电池、太阳能电池等也能供给一定的电能。在电工学中,把供电设备统称为电源。电路中电流要由电源来维持,电源能保持电源两端具有电位差(正极电位高,负极电位低)。在电源外部,从电源正极流向负极;在电源内部,借助于电源本身的力量,可使电流从负极流向正极。电源内部推动的力量叫作电源电动势,电动势反映了电源把其他形式的能量转变成电能的本领。电动势常用符号 E 表示,单位也是伏特,用符号 V 表示。

1.2.5 电阻

当电流通过金属导体时会遇到阻力,导体这种对电流起阻碍作用的能力叫作电阻。任何导体都有电阻,电阻用 R 表示,单位为欧姆,用符号 Ω 表示。在实际应用中还常用到千欧(kΩ)和兆欧(MΩ)作单位,它们之间的关系为:1 MΩ = 10^3 kΩ = 10^6 Ω。

1.2.6 电功率

电功率是单位时间内电路中电场驱动电流所做的功,电功率用 P 表示,单位为瓦特,用符号 W 表示。实际应用中常用到千瓦(kW)作单位,它们之间的关系为:1 kW = 1 000 W。

计算电功率的公式有以下 3 种形式:

(1)$P = UI$。负载承受的电压越高,电功率越大;流过负载的电流越大,负载的电功率也越大。

(2)$P = I^2R$。一定电阻消耗的电功率和流过它的电流平方成正比。

（3）$P = U^2/R$。此式说明，当电路的电阻一定时，电阻所消耗的电功率与电阻两端电压的平方成正比。

1.3 电路中电位的概念及计算

在物理课程中已经介绍了电位的概念。我们知道两点间的电压就是两点间的电位差。讲某点电位为多少，必须以某一点的电位作为参考电位，否则是无意义的。

电工学对电位的描述是这样的：在电路中指定某点作参考点，规定其电位为零，电路中其他点与参考点之间的电压，称为该点的电位。

参考点可任意指定，但通常选择大地、接地点或电气设备的机壳为参考点，电路分析中常以多条支路的连接点作参考点。

下面以图1-5所示电路为例，学习电路中电位的概念及计算。

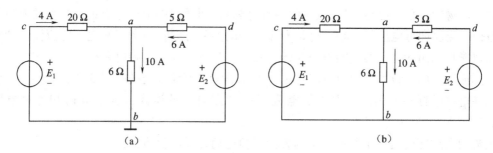

图1-5 电路举例

图1-5（a）所示电路：选择 b 点电位作参考电位，则 $V_b = 0$ V

$$V_a - V_b = U_{ab} \Rightarrow V_a = U_{ab} = 6 \times 10 = 60 \text{（V）}$$
$$V_c - V_b = U_{cb} \Rightarrow V_c = U_{cb} = 20 \times 4 + 10 \times 6 = 140 \text{（V）}$$
$$V_d - V_b = U_{db} \Rightarrow V_d = U_{db} = 5 \times 6 + 10 \times 6 = 90 \text{（V）}$$

图1-5（b）所示电路：选择 a 点电位作参考电位，则 $V_a = 0$ V。同理可得

$$V_b = -60 \text{ V}$$
$$V_c = 80 \text{ V}$$
$$V_d = 30 \text{ V}$$

从图1-5电路可以看出：尽管电路中各点的电位与参考电位点的选取有关，但任意两点间的电压值（即电位差）是不变的。在图1-5（a）和图1-5（b）电路图中，a、b、c、d 四个点的电位值随参考点不同而不同，但 a 点电位比 b 点高60 V、比 c 点和 d 点分别低80 V和30 V，即无论参考点如何选择，两点间的电位差始终不变。所以电位的高低是相对的，而两点间的电压值是绝对的。

电位参考点被选定，电路常可不画电源部分，端点标以电位值。可将图1-5所示电路简化为如图1-6所示电路图。

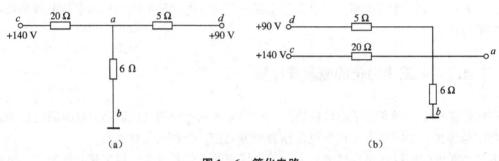

图 1-6 简化电路

(a) 图 1-5 (a) 的简化图;(b) 图 1-5 (b) 的简化图

1.4 电流和电压的参考方向

尽管从物理课程中已经学过了,在分析电路时,当元器件中有电通过,其流动方向总是从高电位一端流向低电位的一端,这是电流流动的实际方向;或者当知道了电流流动的实际方向,也能判别出元器件两端的电位高低,然而,当分析较为复杂电路时,往往很难知道电流的实际流动方向,特别是交流电路,由于电流的实际流动方向随时间变化,其实际流动方向难以在电路中标注。因此,引入了电流"参考方向"的概念,这是分析和计算电路的基础。

电流的实际方向是指正电荷运动的方向或负电荷运动的反方向。

电流的参考方向是指在分析与计算电路时,任意假定某一个方向作为电流的参考方向。当所假定的电流方向与实际方向一致时,则电流为正值($I>0$);当所假定的电流方向与实际方向不一致时,则电流为负值($I<0$)。可见,参考电流的值是个标量,有正负之分;只有参考方向被假定后,电流的值才有正负之分。

电压在分析电路时也有方向性,电压的方向规定为从高电位端指向低电位端,即电位降低的方向,如所假定的电压方向与实际方向一致时,则电压为正值($U>0$);电压参考方向与实际方向不一致时,则电压为负值($U<0$)。因此,参考电压的值也是个标量,有正负之分;只有参考方向被假定后,电压的值才有正负之分。

电源电动势的方向规定为在电源内部由低电位("-"极性)端指向高电位("+"极性)端,其参考方向的选定与电流、电压参考方向选定相同。

在电路中所标注的电流、电压方向,通常均为参考方向,它们的值为正,还是为负,与所假定的参考方向有关,如图 1-7 和图 1-8 所示。参考方向与实际方向相同时,电流、电压值为正,反之为负。

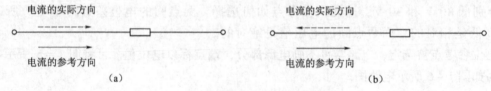

图 1-7 电流的参考方向与实际方向

(a) $I>0$;(b) $I<0$

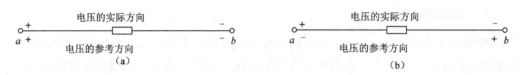

图 1-8 电压的参考方向与实际方向

(a) $U>0$; (b) $U<0$

电压的参考方向除可以用"+""-"极性表示外,还可以用双下标表示。如 a、b 两点间的电压 U_{ab},它的参考方向是由 a 指向 b,即 a 点的参考极性为"+",b 点的参考极性为"-";若参考方向选为 b 指向 a,则为 U_{ba},$U_{ba} = -U_{ab}$。

电流的参考方向用箭头标注,也可用双下标表示,如 I_{ab} 表示电流的参考方向是由 a 点流向 b 点。

1.5 电阻和欧姆定律

不同物质导电的本领是不同的,因此,人们把容易导电的物体称为导体,如铜、铝、铁等;把不易导电的物体称为绝缘体,如干木材、塑料、云母等;把介于导体和绝缘体间的物体称为半导体,如硅、锗等。

1.5.1 电阻

导体的电阻决定于导体材料的物理性质、几何尺寸及导体的温度等。对于由一定材料制成的横截面均匀的导体,它的电阻 R 与长度 L 成正比,与横截面积 S 成反比,可用公式表示为:$R = \rho L/S$ 等,式中 ρ 是导体的电阻率。

由此可知:同一材料的导线,在粗细相同的情况下,导线越长,电阻越大;在长度相同的情况下,导线越细,电阻越大。

1.5.2 电阻率

电阻率是由导体材料决定的,不同材料的电阻率各不相同。某种材料的电阻率数值上等于由这种材料制成的长度为 1 m、横截面积为 1 mm² 的在常温下(20℃时)导体的电阻值。电阻率常用 $\Omega \cdot mm^2/m$ 作单位。表 1-2 所示为 20℃时常用材料的电阻温度系数和电阻率。

表 1-2 20℃时常用材料的电阻温度系数和电阻率

材料	电阻率 $\rho/(\Omega \cdot mm^2 \cdot m^{-1})$	电阻温度系数 α /℃$^{-1}$	材料	电阻率 $\rho/(\Omega \cdot mm^2 \cdot m^{-1})$	电阻温度系数 α /℃$^{-1}$
银	0.016 5	0.003 6	锰铜	0.44	0.000 005
铜	0.017 5	0.004	康铜	0.42	0.000 005
铝	0.028 3	0.004	镍铬铁	1.0	0.000 13
铁	0.09~0.15	0.006	铝铬铁	1.2	0.000 08
钢	0.13~0.25	0.006	炭	10.0	-0.000 5

1.5.3 电阻温度系数

导体的电阻与温度有关。金属导体的电阻随温度的升高而增加,但不同的金属导体,其电阻增加的程度不是相同的。金属导体电阻的变化可近似地认为与温度的变化成正比,α 为电阻温度系数,常用材料的电阻温度系数见表 1-2。

1.5.4 各种不同导电材料的应用

好的导电材料,电阻率较小。银导电最好,但价格贵,用在重要场合;铜导电介于银和铝之间;铝导电较好,价格便宜,在很多场合代替铜使用。

电阻率较大且电阻温度系数很小的材料如康铜和锰铜,常用来制造精密电阻器、变阻器、分流器等。

电阻率大且能长期承受高温的材料(如镍铬合金)常用来制造电炉的电热丝等。

1.5.5 欧姆定律

1. 部分电路欧姆定律

实践证明,一段电路上的电流强度 I 跟这段电路两端的电压 U 成正比,跟这段电路的电阻 R 成反比,这一结论叫作部分电路欧姆定律。欧姆定律是电路分析中,最基本、最重要的定律之一。在图 1-9 所示电路中,欧姆定律可表示为下式

$$\frac{U}{I} = R \tag{1-1}$$

式中,R 为电路中的电阻。

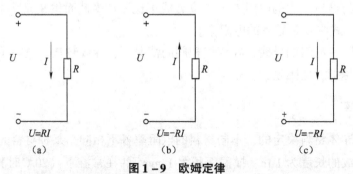

图 1-9 欧姆定律
(a) UI 同向;(b)、(c) UI 反向

由式(1-1)可见,如果电阻固定,则电流的大小与电压成正比;如果电压固定,电流的大小与电阻成反比,它反映电阻对电流起阻碍作用。

在电路图中,由于所选电流、电压参考方向的不同,欧姆定律的表达式中可带有正负号,当电压和电流的参考方向一致时如图 1-9(a)所示,则得

$$U = RI \tag{1-2}$$

当电压和电流的参考方向不一致时如图 1-9(b)和图 1-9(c)所示,则得

$$U = -RI \tag{1-3}$$

式(1-2)和式(1-3)中的正、负号是由于选取的电压和电流的参考方向不同而得出的,此外还应注意电压、电流其值本身也有正值和负值之分。

电阻的国际单位是欧姆（Ω）。当电路两端的电压为1 V，流过的电流是1 A时，则该段电路的电阻阻值为1 Ω。

电阻的倒数（1/R），称为电导，用G表示，它的国际单位为西门子（S）。在电流、电压参考方向一致时，欧姆定律也可表示为

$$I = GU \tag{1-4}$$

电阻的伏安特性采用实验的方法测得，它表示电阻两端的电压与流过电流的关系，以电压为横坐标，电流为纵坐标，电阻的特性是一条经过原点的直线，如图1-10所示。具有该特性的电阻称为线性电阻；U与I之间具有如图1-11所示关系的，称为非线性电阻。应该指出的是：欧姆定律只适用于线性电阻。

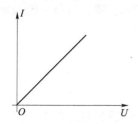
图1-10 线性电阻伏安特性

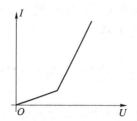
图1-11 非线性电阻伏安特性

2. 全电路欧姆定律

图1-12所示为最简单的全电路，图中 r 是电源的内电阻。根据部分电路欧姆定律，电源内阻上的压降 $U_r = Ir$。电源内阻一般用 r 或 R_0 表示。在一个闭合回路中，电动势应该等于所有的电压之和，即 $E = U + U_r$。

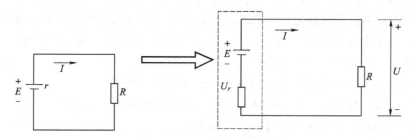
图1-12 全电路欧姆定律

这表明电路里的电流跟电源的电动势成正比，跟整个电路的总电阻成反比，这个关系叫全电路欧姆定律。上面的式子可改成

$$U = E - IR_0 \tag{1-5}$$

式（1-5）表明负载两端的电压 U 随电流的增大而下降，这是由于电源内阻电压降造成的。因为电流越大，电源内阻压降 IR_0 也就越大，电源输出电压、电流的变化越大。当电源的内阻很小（相对负载电阻）时，内阻压降可忽略不计，即 $U \approx E$。在电路分析中，如果没有特殊指明电源的内阻时，就表示电源的内阻可忽略不计。

1.5.6 功率与功率平衡式

对式（1-5）的各项均乘以电流，则得到功率平衡式

$$UI = EI - R_0 I^2 \qquad (1-6)$$
$$P = P_E - \Delta P \qquad (1-7)$$

若
$$U = 0 \text{ V}$$

则
$$I = I_S = \frac{E}{R_0} \qquad (1-8)$$
$$P_E = \Delta P = R_0 I_S^2 \qquad (1-9)$$

式中，$P_E = EI$，是电源产生的功率；

$\Delta P = R_0 I_S^2$，是电源内阻损耗的功率；

$P = UI$，是电源输出的功率。

值得注意的是，电源一般为发出功率的器件，数值上小于零，负载一般为吸收功率的器件，数值上大于零。

1.6 电气设备的额定值

为了使电气设备在正常温度下运行，必须对每一种电气设备规定最大允许功率，通常称为额定功率，在电压不变的情况下，也可规定最大允许电流。在电气设备的电阻值不变时，可规定额定电压。由于各种电气设备使用的绝缘材料性能不同，导线截面不同，散热条件不同，因此，规定的额定电流或额定电压也就不同。电气设备的额定数据一般标在铭牌上，也可以从产品目录中查得。在使用电气设备时，必须看清铭牌，不要超过额定值。电气设备的额定值常有：额定电压、额定电流和额定功率等，分别用 U_N、I_N 和 P_N 表示。

过载、满载和轻载是电气设备的 3 种工作状态。电气设备加上额定电压消耗额定功率时的工作状态称为满载，或叫额定工作状态。如果超过额定电流或额定功率，则称为过载。过载时间长了，会使电气设备很快损坏，为了防止发生过载现象，应适当选择电气设备的容量，并在使用时特别注意。有的电路还装有过载保护装置，一旦过载即切断电路以保护电气设备。电气设备在实际使用中没有达到满载工作状态称为轻载。

有些电气设备运行是否正常，可从设备的温度变化来判断；如温度超过规定，说明设备由于过载或局部短路等故障而引起过热，应断电检修。

1.7 电路的工作状态

电路状态分为通路、断路和短路 3 种情况。通路指开关接通使电路闭合，电流流过负载，负载可正常工作。断路指开关断开或电路中的某一个地方断开，断路也叫开路。短路指两根电线不经过负载而直接接通，即电源被短路。短路时电流会超过正常情况下很多倍，短时间内会产生大量的热，轻则使电源和电气设备烧毁，重则引起火灾，因此要特别注意避免短路事故。

1.7.1 电源开路

电源开路，又称断路、旁路，如图 1-13 所示。

当开关 S 断开时，就称电路处于开路状态。开路时，电源没有带负载，所以又称电源空载状态。电路开路相当于电源负载为无穷大，因此电路中电流为零。无电流，则电源内阻没有压降 ΔU 损耗，电源的端电压 U 等于电源电动势 E，电源也不输出电能。

$$I = 0 \text{ A}$$
$$U = U_0 = E$$
$$P = 0 \text{ W}$$

1.7.2 电源短路

如图 1-14 所示电路，当电源的两端由于某种原因被电阻值接近为零的导体连接在一起，电源处于短路状态。

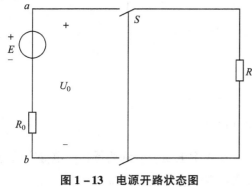

图 1-13 电源开路状态图

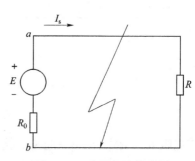

图 1-14 电源短路状态图

电源短路状态，外电阻可视为零，电源端电压也为零，电流不经过负载，电流回路中仅有很小的电源内阻 R_0，因此回路中的电流很大，这个电流称为短路电流。

电源短路时的特征可用图 1-14 表示，即

$$U = 0 \text{ V}$$
$$I = I_S = \frac{E}{R_0}$$
$$P_E = \Delta P = R_0 I_S^2$$
$$P = 0 \text{ W}$$

电源处于短路状态，其危害性是很大的，它会使电源或其他电气设备因严重发热而烧毁，因此应该积极预防和在电路中增加安全保护措施。

造成电源短路的原因主要有：绝缘损坏或接线不当，因此在实际工作中要经常检查电气设备和线路的绝缘情况（具体方法在本书"常用电工仪表与测量"部分的章节中介绍）。此外，在电源侧接入熔断器和自动断路器，当发生短路时，能迅速切断故障电路和防止电气设备的进一步损坏。

1.8 负载的连接方式

1.8.1 电阻的串联

在各种实际电路中，电阻的连接基本有 3 种方式：串联、并联和混联。将几个电阻一个

接一个地顺次连接起来,然后再接到电源上,使电流只有一条通路,这种连接方式叫电阻的串联,如图 1-15 所示。

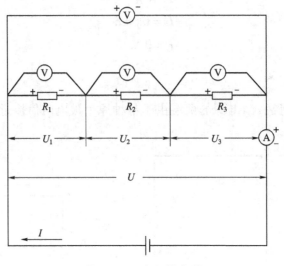

图 1-15 电阻的串联

将电阻 R_1、R_2、R_3 串联起来后接到电源上,用 4 个电压表分别测量各段电路上的电压。当电路接通后,会发现各段的电压 U_1、U_2、U_3 之和等于总电压 U,即

$$U = U_1 + U_2 + U_3 \tag{1-10}$$

就是说,在串联电路中总电压等于电路上各段电压之和。如果用电流表测量不同位置的电流,会发现整个串联电路中的电流处处相等,即经过 R_1、R_2、R_3 的电流都等于 I。根据部分电路欧姆定律,有

$$U = I(R_1 + R_2 + R_3) \tag{1-11}$$

如果用 R 表示串联电路的总电阻,则

$$R = R_1 + R_2 + R_3 \tag{1-12}$$

可见,在串联电路中总电阻等于各个电阻之和。如果在电路中有 n 个串联电阻,它们的阻值分别为 R_1, R_2, R_3, $\cdots$, R_n,那么这个串联电路的总电阻

$$R = R_1 + R_2 + R_3 + \cdots + R_n \tag{1-13}$$

在串联电路中,流过电阻的电流相等,总电压等于各部分的电压之和;串联电路电阻可用一个等效电阻来代替,等效电阻等于各电阻之和。电阻串联的应用较多,例如,两盏相同的 110 V 的灯泡可串联起来接到 220 V 的电源上,使用电阻串联降低一部分电压,以满足负载接入电源使用的需要。另外,在电工测量中,还使用串联电阻的方法来扩大电表的电压量程。

1.8.2 电阻的并联

把几个电阻的一端连在一起,另一端也连在一起,然后接入电路,这种连接方法叫并联。图 1-16 所示为 3 个电阻的并联电路。

并联电路各电阻两端电压相同,即 $U = U_1 = U_2 = U_3$。从电路图 1-16 上可看到,电流在 A 点分为 3 路,又在 B 点汇合。显然电路上的总电流等于 3 条分支电路的电流总和,即

$I = I_1 + I_2 + I_3$。综上所述，可以得到以下结论：几个电阻并联，各电阻两端所承受的电压相同；并联电路中的总电流等于各支路电流之和；并联电阻可用一个等效电阻来代替，等效电阻的倒数等于各并联支路电阻的倒数之和。

负载一般都有一定的额定电压，当负载并联运行时，它们处于同一电压之下，任何负载的工作情况不受其他负载的影响，所以电灯通常都接成并联。有时还应用并联分流的作用来调节电路中的电流，如在电工测量中，广泛应用并联分流的作用来扩大电表的电流量程。

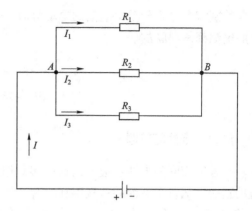

图 1-16 电阻的并联

1.8.3 电阻的混联

几个电阻既有串联又有并联，叫作电阻的混联。图 1-17 所示为 4 个电阻的混联电路。

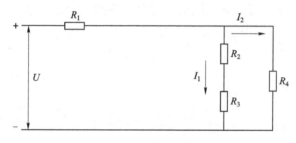

图 1-17 电阻的混联

1.9 电源的连接方式

任何一个电池都有一个确定的电动势，使用时它所能提供的电压不会超过它的电动势，且输出的电流也有一定限度，超过这个限度，电池就要损坏。但实际应用中，常常要用较高的电压或较大的电流，因此，往往需要把几个相同的电池连接起来组成电池组使用。电池组中的各电池可串联也可并联。

1.9.1 电池的串联

把一个电池的负极与下一个电池的正极相连接，下一个电池的负极再跟再一个电池的正极相连接，这样依次连接起来，最后一个电池的负极就是电池组的负极，最先一个电池的正极就是电池的正极，这样连接叫串联电池组，如图 1-18 所示。串联电池组有下列特点：电池组总电动势等于各电池的电动势之和；电池组的总内阻等于各电池的内阻之和；流过每一个电池的电流都相等，并且都等于总电流。通常电池组是由几个相同的电池组成，每个电池的电动势 E_0 都相等，内阻 R_0 也相等，由于串联电池组的电动势比单个电池高，因此，当用电器的额定电压高于单个电池的电动势时，应该使用串联电池组，如手电筒、晶体管收音机等的电池都是串联的。

图1-18　电池的串联

1.9.2　电池的并联

把各个相同的电池正极连接在一起，作为电池组的正极，把各个电池的负极连在一起，作为电池组的负极，这种连接叫作电池组的并联，如图1-19所示。并联电池组有下列特点：电池组的电动势与各个电池的电动势相等；电池组的内电阻等于各个电池内电阻的并联值，n个电池并联，电池组的内阻为r/n；电路中的总电流由多个电池均分。

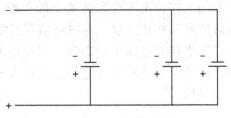

图1-19　电池的并联

并联电池组的电动势虽然不高于单个电池的电动势，但总电流由几个并联的电池共同供给，这整个电池组就允许通过较大的电流。注意，不同电动势的电池不能并联使用。

任务 2
电路的基本定律

2.1 电压源与电流源及其等效变换

电源的电路模型有两种表示形式：一种是以电压形式表示的电路模型，称为电压源；另一种是以电流形式表示的电路模型，称为电流源。

2.1.1 电压源

电压源模型是由一恒定的电动势 E 和其等效内阻 R_0 串联而成的，用 U_S 表示，其电路模型如图 2-1 所示。

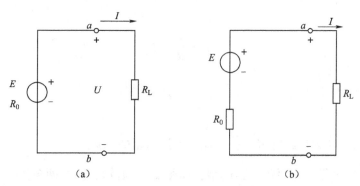

图 2-1 电压源电路模型
（a）不显示内阻电路模型；（b）显示内阻电路模型

$$U = E - R_0 I \tag{2-1}$$

式中，U 表示电源输出电压。它随电源输出电流的变化而变化，其外特性曲线如图 2-2 所示。

从电压源外特性曲线可以看出：电压源输出电压的大小，与其内阻阻值的大小有关。当输出电流变化时，内阻 R_0 越小，输出电压的变化就越小，也就越稳定。

当 $R_0 = 0$ 时，$U = E$，电压源输出的电压是恒定不变的，与通过它的电流无关，电压源是恒压源。$R_0 = 0$ 这种状态是理想情况下的，所以恒压源又称为理想电压源。理想电压源的电路与外特性曲线如图 2-3 所示。

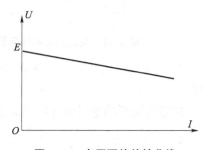

图 2-2 电压源外特性曲线

在实际应用中 $R_0 = 0$ 是不太可能的,当电源的内阻远远小于负载电阻时,即 $R_0 \ll R_L$ 时,内阻压降 $IR_0 \ll U$,则 $U \approx E$,电压源的输出基本上恒定,此时可以认为是理想电压源。

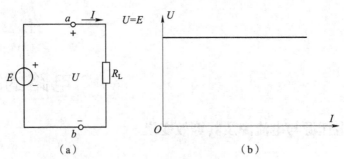

图 2-3 理想电压源

(a) 理想电压源的电路;(b) 理想电压源的外特性

2.1.2 电流源

将式 (2-1) 两边除以电压源的内阻,得

$$\frac{U}{R_0} = \frac{E}{R_0} - I = I_S - I \tag{2-2}$$

或

$$I_S = \frac{U}{R_0} + I \tag{2-3}$$

式中

$$I_S = \frac{E}{R_0} \tag{2-4}$$

为电源的短路电流;I 为负载电流;$\frac{U}{R_0}$ 为流经电源内阻的电流。

由式 (2-3) 可得电流源的电路模型,如图 2-4 所示,图中两条支路并联,流过的电流分别为 U/R_0 和 U/R_L。其外特性曲线如图 2-5 所示。

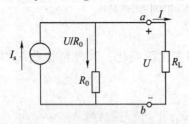
图 2-4 电流源的电路模型

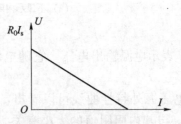
图 2-5 电流源外特性

当 $R_0 = \infty$ 时 ($R_0 \gg R_L$) 电流 $I = U/R_L$,恒等于 I_S,此时电流源为理想电流源,也称恒流源。

理想电流源的电路和外特性如图 2-6 所示。

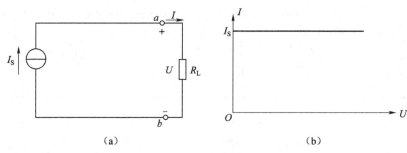

图 2-6 理想电流源

(a) 理想电流源的电路；(b) 理想电流源的外特性

2.1.3 电压源与电流源的等效变换

经过上述分析可知，对于负载电路而言，电流源和电压源的外特性相同，因此它们的电路模型之间是等效的，可以等效变换，如图 2-7 所示。

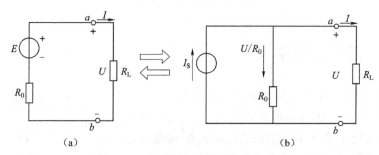

图 2-7 电压源与电流源的等效变换

(a) 电压源；(b) 电流源

虽然电流源和电压源的等效关系不影响外电路的工作状态，但是电源内部是不等效的。例如在图 2-7 (a) 中，当电压源开路时，$I=0$，内阻 R_0 无损耗；但在图 2-7 (b) 中，当电流源开路时，电源内部仍有电流，内阻 R_0 有损耗。同理电压源短路（$R_0=\infty$）时，$U=0$，电源内部有电流，有损耗。

需要指出：

(1) 理想电压源（$R_0=0$）和理想电流源（$R_0=\infty$）外特性不相等，故不可等效变换；

(2) 上述电压源为由电动势为 E 的理想电压源和内阻 R_0 串联的电路，电流源是电流为 I_S 和内阻 R_0 并联的电路（图 2-7），两者是等效的。

(3) 在数值上，等效变换前后，$E=I_S R_0$。

【例 2.1】 试将图 2-7 所示的各电源电路分别简化，结果如图 2-8 所示。

结论：

(1) 恒流源与恒压源串联，恒压源无用，如图 2-8 (a) 所示。

(2) 恒流源与恒压源并联，恒流源无用，如图 2-8 (b) 所示。

(3) 电阻与恒流源串联，等效时电阻无用，如图 2-8 (c) 所示。

(4) 电阻与恒压源并联，等效时电阻无用，如图 2-8 (d) 所示。

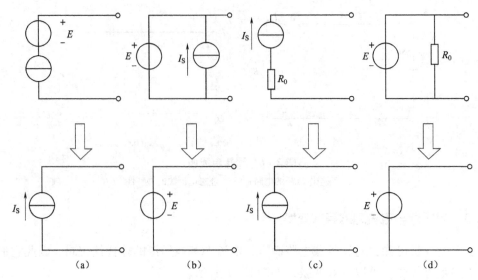

图 2-8 例 2.1 电路等效图

2.2 基尔霍夫定律

欧姆定律是电路分析与计算的基础。除了欧姆定律，电路分析与计算还离不开基尔霍夫定律（又称克希荷夫定律），基尔霍夫定律又分为基尔霍夫电流定律和电压定律。电流定律应用于对电路结点的分析，电压定律应用于对电路回路的分析。

以图 2-9 所示电路为例，介绍支路、结点和回路的概念。

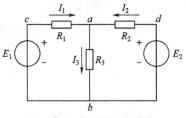

图 2-9 电路举例

（1）支路：简单地说，电路中通过同一电流的分支称为支路。图 2-9 所示电路中有 acb、adb 和 ab 三条支路。其中，acb、adb 支路中有电源，叫含源支路；ab 支路中无电源叫无源支路。

（2）结点：电路中三条及三条以上支路的连接点叫结点。图 2-9 电路中，共有 a、b 两个结点，c 和 d 不是结点。

（3）回路：由一条或多条支路组成的闭合路径叫回路。在图 2-9 电路中，共有三个回路：$abca$、$adba$、$cbdac$。

2.2.1 基尔霍夫电流定律（KCL）

基尔霍夫电流定律是用来确定连接在同一结点上的各个支路电流之间的关系。

"电路中任何一个结点，所有支路电流的代数和等于零"，这就是基尔霍夫电流定律基本内容。电流的正负号通常规定为：参考方向指向结点的电流取正号，背离结点的电流取负号。

例如，图 2-9 所示电路中结点 a（图 2-10）流经的电流可以表示为

$$I_1 + I_2 = I_3 \tag{2-5}$$

即
$$\sum I_\text{入} = \sum I_\text{出} \tag{2-6}$$

从上面的分析可见，基尔霍夫电流定律也可描述为：任何时刻，流入任一结点的支路电流等于流出该结点的支路电流。基尔霍夫电流定律体现了电流的连续性。

2.2.2 基尔霍夫电压定律（KVL）

基尔霍夫电压定律是用来确定回路中的各段电压间的关系。"在任一回路中，从任何一点以顺时针或逆时针方向沿回路循行一周，则所有支路或元件电压的代数和等于零"，这就是基尔霍夫电压定律的基本内容。为了应用 KVL，必须指定回路的参考方向，当电压的参考方向与回路的参考方向一致时为正号，反之为负号。

例如，如图 2-11 所示回路 $cadbc$，回路中电源电动势、电流和各段电压的参考方向均已标出。按图 2-11 所示的回路参考方向可列出方程式

$$U_{bc} + U_{ca} + U_{ad} + U_{db} = 0 \tag{2-7}$$

即
$$U_1 + U_2 + U_3 + U_4 = 0 \tag{2-8}$$

也就是
$$\sum U = 0 \tag{2-9}$$

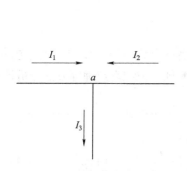

图 2-10 基尔霍夫电流定律

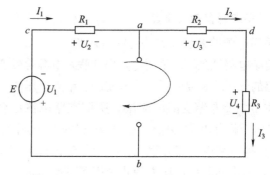

图 2-11 电路举例

图 2-11 所示回路是由电动势和电阻构成的，因此式（2-9）也可表示为

$$E + R_1 I_1 + R_2 I_2 + R_3 I_3 = 0 \tag{2-10}$$

或
$$E = -R_1 I_1 - R_2 I_2 - R_3 I_3 \tag{2-11}$$

即
$$\sum E = \sum RI \tag{2-12}$$

式（2-12）表示：任一回路内，电线上电压的代数和等于电源电动势的代数和。电动势正负号的选定通常规定为参考方向与所选回路循行方向相反时取正号，一致时取负号；电流的参考方向与所选回路循行方向一致时，电阻上电压降取负号，相反时电压降取正号。

基尔霍夫电压定律不仅适用于闭合回路，也可以推广应用到回路的部分电路，用于求回路中的开路电压。如图 2-12 电路，求 U_{ab}。

因为 $I_1 = \dfrac{U_1}{R_1 + R_2}$，$I_2 = \dfrac{U_2}{R_3 + R_4}$，对回路 $acdb$，由基尔霍夫电压定律得

$$U_{ab} + I_2 R_4 - I_1 R_2 = 0 \tag{2-13}$$

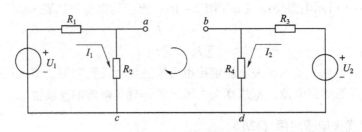

图 2-12 举例电路

则
$$U_{ab} = I_1 R_2 - I_2 R_4 \tag{2-14}$$

2.3 支路电流法

简单电路就是能用电阻串并联方法化简和电源等效变换求解的电路,前面与大家学习了简单电路的分析与计算方法。归纳有:

1. 单电源多电阻电路

可利用欧姆定律、电阻的等效简化,利用分压、分流原理分析计算求得。

2. 多电源多电阻电路

采用电源等效变换方法化简求解。

复杂电路就是不能采用电阻串并联及电源等效变换求解的电路,如图 2-13 所示电路。复杂电路的分析求解要应用支路电流法、结点电压法、叠加原理、戴维南定理等方法分析计算。

本节主要介绍支路电流法。所谓支路电流法就是以支路电流为电路变量,应用基尔霍夫电流定律(KCL)列写结点电流方程式,应用基尔霍夫电压定律(KVL)列出回路的电压方程式求得各支路电流。

下面通过对图 2-13 所示电路简单的分析,介绍支路电流法分析计算电路的常规步骤。

步骤一:认定支路数 K,假定各支路电流的参考方向。

本例共有三个支路,各支路电流的参考方向如图 2-13 所示。

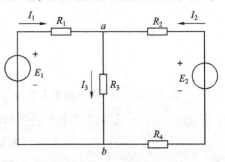

图 2-13 一个复杂电路

步骤二:认定结点数 n,根据 KCL 列出 $(n-1)$ 个有效的结点电流方程。

电路中有两个结点 a 和 b,根据 KCL 列出结点方程式
$$I_1 + I_2 - I_3 = 0 \tag{2-15}$$

步骤三:认定回路数 m,根据 KVL 列出 $m-(n-1)$ 个有效的回路电压方程
$$I_1 R_1 + I_3 R_3 - E_1 = 0 \tag{2-16}$$
即
$$E_1 = I_1 R_1 + I_3 R_3 \tag{2-17}$$
$$-I_2 R_2 + E_2 - I_2 R_4 - I_3 R_3 = 0 \tag{2-18}$$
即
$$E_2 = I_2 R_2 + I_2 R_4 + I_3 R_3 \tag{2-19}$$

步骤四:解联立方程式,求各支路电流,整理结果。

【例2.2】设如图2-13所示电路中，$E_1 = 80$ V，$E_2 = 70$ V，$R_1 = 5$ Ω，$R_2 = 3$ Ω，$R_3 = 5$ Ω，$R_4 = 2$ Ω，试求各支路电流 I_1、I_2、I_3。

【解】应用KCL和KVL列方式组

$$I_1 + I_2 - I_3 = 0$$
$$80 = 5I_1 + 5I_3$$
$$70 = 2I_2 + 5I_3 + 3I_2$$

求解，得

$$I_1 = 6 \text{ A} \quad I_2 = 4 \text{ A} \quad I_3 = 10 \text{ A}$$

【例2.3】电路如图2-14所示，已知 $E_1 = 6$ V，$E_2 = 16$ V，$I_S = 2$ A，$R_1 = 2$ Ω，$R_2 = R_3 = 2$ Ω，试求各支路电流 I_1、I_2、I_3、I_4、I_5。

【解】根据KCL和KVL列出结点电流方程式和回路电压方程式，组成方程组

$$I_S + I_1 + I_3 = 0$$
$$I_2 = I_3 + I_4$$
$$I_4 + I_5 = I_S$$
$$E_1 = I_3 R_2 + I_2 R_1$$
$$E_2 - I_5 R_3 + I_2 R_1 = 0$$

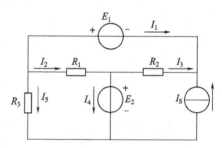

图2-14 举例电路

将已知量代入，得

$$2 + I_1 + I_3 = 0$$
$$I_2 = I_3 + I_4$$
$$I_4 + I_5 = 2$$
$$6 = 2I_3 + 2I_2$$
$$16 - 2I_5 + 2I_2 = 0$$

解方程组得各支路电流分别为

$$I_1 = -6 \text{ A}$$
$$I_2 = -1 \text{ A}$$
$$I_3 = 4 \text{ A}$$
$$I_4 = -5 \text{ A}$$
$$I_5 = 7 \text{ A}$$

2.4 结点电压法

我们先看看结点电压法的由来。

如图2-15所示电路，求 A 点电位和各支路电流。

除电流源支路外，其余各支路的电流可应用欧姆定律或KVL得出

$$U_A = E_1 - I_1 R_1 \Rightarrow I_1 = \frac{E_1 - U_A}{R_1} \tag{2-20}$$

$$U_A = -E_2 + I_2 R_2 \Rightarrow I_2 = \frac{E_2 + U_A}{R_2} \tag{2-21}$$

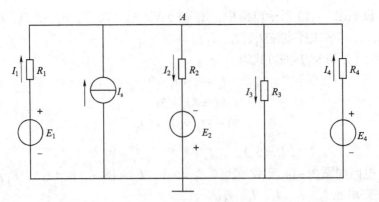

图 2-15 结点电压法

$$U_A = I_3 R_3 \Rightarrow I_3 = \frac{U_A}{R_3} \tag{2-22}$$

$$U_A = E_4 - I_4 R_4 \Rightarrow I_4 = \frac{E_4 - U_A}{R_4} \tag{2-23}$$

在 A 点，由 KCL 可知：

$$I_1 + I_4 + I_S = I_2 + I_3 \tag{2-24}$$

将上列支路电流方程式代入，得

$$\frac{E_1 - U_A}{R_1} + I_S + \frac{E_4 - U_A}{R_4} = \frac{E_2 + U_A}{R_2} + \frac{U_A}{R_3} \tag{2-25}$$

$$\frac{E_1}{R_1} + I_S + \frac{E_4}{R_4} - \frac{E_2}{R_2} = \frac{U_A}{R_1} + \frac{U_A}{R_2} + \frac{U_A}{R_3} + \frac{U_A}{R_4} = U_A \left(\frac{1}{R_1} + \frac{1}{R_2} + \frac{1}{R_3} + \frac{1}{R_4} \right) \tag{2-26}$$

$$U_A = \frac{\dfrac{E_1}{R_1} + I_S + \dfrac{E_4}{R_4} - \dfrac{E_2}{R_2}}{\dfrac{1}{R_1} + \dfrac{1}{R_2} + \dfrac{1}{R_3} + \dfrac{1}{R_4}} = \frac{\sum \dfrac{E}{R}}{\sum \dfrac{1}{R}} \tag{2-27}$$

在图 2-15 中，分子为各含源支路等效的电流源流入该结点电流的代数和；分母为各支路的所有电阻的倒数之和。

从图 2-15 也可看出，各支路电动势方向和结点电压参考方向相反时取正号，相同时取负号，而与各支路电流参考方向无关；对于连接到该结点的电流源，当其电流指向该结点时取正号，反之取负号。知道了 A 点电位就可以很方便地计算各支路电流。

所以，结点电压法就是以结点电压为电路变量，应用基尔霍夫电流定律（KCL）列出电路中的结点电压方程式，求解结点电压和各支路电流。

【例 2.4】 设图 2-15 所示的电路中，$E_1 = 10$ V，$E_2 = 20$ V，$E_4 = 40$ V，$I_S = 2$ A，$R_1 = 1\ \Omega$，$R_2 = 2\ \Omega$，$R_3 = 4\ \Omega$，$R_4 = 4\ \Omega$，试求各支路电流 I_1、I_2、I_3、I_4。

【解】 根据图 2-15 列方程式，求解 A 点电位

$$U_A = \frac{\dfrac{E_1}{R_1} + I_S + \dfrac{E_4}{R_4} - \dfrac{E_2}{R_2}}{\dfrac{1}{R_1} + \dfrac{1}{R_2} + \dfrac{1}{R_3} + \dfrac{1}{R_4}} = \frac{\dfrac{10}{1} + 2 + \dfrac{40}{4} - \dfrac{20}{2}}{\dfrac{1}{1} + \dfrac{1}{2} + \dfrac{1}{4} + \dfrac{1}{4}} = \frac{10 + 2 + 10 - 10}{1 + 0.5 + 0.25 + 0.25} = 6 \text{ (V)}$$

$$I_1 = \frac{E_1 - U_A}{R_1} = \frac{10-6}{1} = 4 \ (\text{A})$$

$$I_2 = \frac{E_2 + U_A}{R_2} = \frac{20+6}{2} = 13 \ (\text{A})$$

$$I_3 = \frac{U_A}{R_3} = \frac{6}{4} = 1.5 \ (\text{A})$$

$$I_4 = \frac{E_4 - U_A}{R_4} = \frac{40-6}{4} = 8.5 \ (\text{A})$$

验证结果
$$I_1 + I_4 + I_S - (I_2 + I_3) = 4 + 8.5 + 2 - (13 + 1.5) = 14.5 - 14.5 = 0$$
$$\sum I_A = 0 \ \text{A}$$

结果正确。

2.5 叠加原理

从前面对支路电流法和结点电压法的学习，初步可以看出：对由多个电源组成的复杂电路，各条支路的电流是由这些电源共同作用产生的。本节将介绍的叠加原理就是指：对于线性电路，任何一条支路中的电流可以看成是由各个电源分别作用在此支路所产生电流的代数和。

下面通过一个简单的例子加以验证。

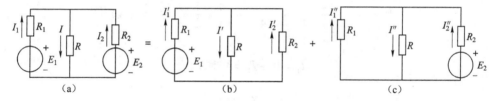

图 2-16 叠加原理

如图 2-16（a）所示电路，求解支路电流，应用 KCL、KVL 可列下列方程组

$$I = I_1 + I_2 \tag{2-28}$$

$$\begin{cases} E_1 = I_1 R_1 + IR \\ E_2 = I_2 R_2 + IR \end{cases} \tag{2-29}$$

解此方程组，得

$$I = \frac{E_1 - IR}{R_1} + \frac{E_2 - IR}{R_2} = \frac{E_1 R_2 + E_2 R_1}{R_1 R_2 + RR_2 + RR_1}$$

$$= \frac{R_2}{R_1 R_2 + RR_2 + RR_1} \cdot E_1 + \frac{R_1}{R_1 R_2 + RR_2 + RR_1} \cdot E_2 \tag{2-30}$$

设

$$\begin{cases} I' = \dfrac{R_2}{R_1 R_2 + RR_1 + RR_2} \cdot E_1 \\ I'' = \dfrac{R_1}{R_1 R_2 + RR_1 + RR_2} \cdot E_2 \end{cases} \tag{2-31}$$

则
$$I = I' + I'' \tag{2-32}$$

I'是电源 E_1 单独作用时在电阻 R 支路中产生的电流,如图 2-16(b)所示;
I''是电源 E_2 单独作用时在电阻 R 支路中产生的电流,如图 2-16(c)所示。
从式(2-32)得出 I 是两个电源分别作用时,在此支路产生电流的代数和。

同理可得

$$I_1 = I'_1 + I''_1 \qquad (2-33)$$
$$I_2 = I'_2 + I''_2 \qquad (2-34)$$

所谓电路中只有一个电源单独作用,就是假设去除其余的电源(即:电压源视其电动势为零;电流源视其电流为零)。

用叠加原理分析计算多电源的复杂电路,就是把电路中的电源化为几个单电源的简单电路,应用欧姆定律或基尔霍夫定理求得各支路电流。

【例2.5】设图 2-16(a)所示的电路中,$E_1 = 28$ V,$E_2 = 14$ V,$R_1 = 4$ Ω,$R_2 = 12$ Ω,$R = 4$ Ω,试求各支路电流 I_1、I_2、I,并计算电阻 R 上的消耗功率 P。

【解】图 2-16(a)所示的电路可化简为图 2-16(b)和图 2-16(c)的叠加,利用叠加原理可得

$$I'_1 = \frac{28}{4 + \frac{4 \times 12}{4 + 14}} = \frac{28}{4+3} = 4 \text{ (A)}$$

$$I''_1 = -\frac{14}{12 + \frac{4 \times 4}{4+4}} \times \frac{4}{4+4} = -\frac{14}{14} \times \frac{1}{2} = -0.5 \text{ (A)}$$

$$I_1 = I'_1 + I''_1 = 3.5 \text{ A}$$

$$I'_2 = -\frac{28}{4 + \frac{4 \times 12}{4+12}} \times \frac{4}{4+12} = -1 \text{ (A)}$$

$$I''_2 = \frac{14}{12 + \frac{4 \times 4}{4+4}} = 1 \text{ (A)}$$

$$I_2 = I'_2 + I''_2 = 0 \text{ A}$$

$$I' = \frac{28}{4 + \frac{4 \times 12}{4+12}} \times \frac{12}{16} = 3 \text{ (A)}$$

$$I'' = \frac{14}{12 + \frac{4 \times 4}{4+4}} \times \frac{1}{2} = 0.5 \text{ (A)}$$

$$I = I' + I'' = 3.5 \text{ A}$$

计算 R 上的功率 P

$$P = I^2 R = 3.5 \times 3.5 \times 4 = 49 \text{ (W)}$$

需指出:

功率的计算不能用叠加原理。叠加原理的数学依据是线性方程的可加性,支路法、

结点法得到的方程式是线性方程式，故可叠加；而功率的方程不是线性方程，所以不能叠加

$$P = I^2R = (I' + I'')^2 R \neq I'^2 R + I''^2 R \tag{2-35}$$

2.6 戴维南定理

应用支路电流法分析与计算复杂电路，会同时求出各条支路的电流，这些值有些对电路的分析是有用的，而有一些则对电路分析意义不大；特别是当某支路负载取值变化时，计算方法依旧，计算过程重复、烦琐。利用戴维南定理可避免这类情况。

戴维南定理：任何一个复杂含源电路都可以用一个最简单的实际电压源来等效替换，等效电压源的电动势等于原电路开路时的开路电压，等效电阻等于原电路化为无源后的入端电阻。即计算某支路时，只需将该支路从整个电路中划出，电路的其余部分看作是一个有源二端网络，如图2-17所示。

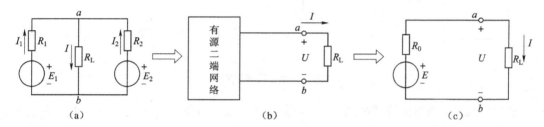

图2-17 戴维南定理

所谓有源二端网络就是一个含有电源和两个引出端的电路。有源二端网络中电路的形式、复杂程度都是任意的。如图2-17（b）所示电路的有源二端网络是含有两个理想电压源 E_1、E_2 和两个电阻 R_1、R_2 的电路，其引出端为 a、b 两个点，该二端网络还可以进一步等效化简为一个理想电压源 E 和内阻 R_0 串联的电路，如图2-17（c）所示。

则 ab 支路电流（负载电流）为

$$I = \frac{E}{R_0 + R_L} \tag{2-36}$$

可见，利用戴维南定理求解复杂电路中某一支路的电流是较为方便的。应用戴维南定理要求解的关键在于正确理解和计算出等效电源的电动势 E 和等效电源的内阻 R_0：

（1）等效电源的电动势 E 为有源二端网络的开路电压 U_0，即将负载断开后 a、b 两端的电压。

（2）等效电源的内阻 R_0 为有源二端网络所有电源均除去（将各个理想电压源短路，即其电动势为零；将各个理想电流源开路，即其电流为零）后得到的无源网络中 a、b 两端的等效电阻。

【例2.6】利用戴维南定理求图2-18（a）所示电路中的 I 和 U_{ab}，已知 $I_S = 30\text{ A}$，$R_1 = 2\Omega$，$R_2 = 12\Omega$，$R_3 = 6\Omega$，$R_4 = 4\Omega$，$R = 5.5\ \Omega$。

【解】图2-18（a）所示电路可等效为图2-18（b）所示电路。E 和 R_0 可按图2-19所示电路依次变换得到。

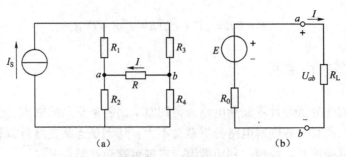

图 2-18 举例电路

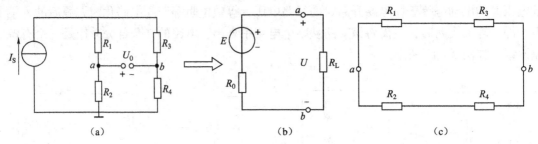

图 2-19 等效过程

E 为有源二端网络的开路电压 U_0，由图 2-17（a）可得，$U_0 = U_{ab} = V_a - V_b$。R_0 为 R_{ab}，由图 2-17（c）可知

$$R_{ab} = (R_1 + R_3) // (R_2 + R_4)$$

将已知量代入求

$$U_0 = U_{ab} = V_a - V_b = 30 \times \frac{10}{24} \times 12 - 30 \times \frac{14}{24} \times 4 = 150 - 70 = 80 \text{（V）}$$

$$R_{ab} = R_0 = \frac{(R_1 + R_3)(R_2 + R_4)}{(R_1 + R_3) + (R_2 + R_4)} = \frac{8 \times 16}{8 + 16} = 5.3 \text{（Ω）}$$

$$I = \frac{U_0}{R_0 + R} = \frac{80}{5.3 + 5.5} = 7.4 \text{（A）}$$

学生工作页（一）

项目一 直流部分				
任务一	电路的组成及电路的工作状态			
班级		学号		姓名

本任务车辆电工岗位达标要求：
1. 了解电路的基本组成及作用。
2. 理解理想模型。
3. 熟识电路中主要物理量及相互关系。
4. 理解电路的三种工作状态。

能力训练

观察电路图，完成工作任务。

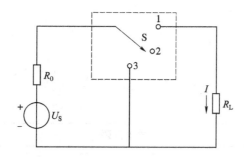

1. 画出所示电路的组成部分，并说明各部分作用。

2. 当开关 S 分别接在 1、2、3 触点时,分析电路的工作状态,以及通过电阻 R_0、R_L 的电流是多少?
学生自评
我的心得: 建议或提出问题
教师评价

学生工作页（二）

项目一　直流部分				
任务二	电路的基本定律			
班级		学号		姓名
本任务车辆电工岗位达标要求： 1. 了解基尔霍夫基本定律。 2. 了解结点电压法。 3. 了解电路的等效变换。 4. 了解叠加原理。 5. 了解戴维南定理。				
能力训练				
观察电路图，完成工作任务。 $U_{S1} = 10\ V$；$U_{S2} = 20\ V$；$U_{S4} = 40\ V$；$I_S = 2\ A$；$R_1 = 1\Omega$；$R_2 = 2\Omega$；$R_3 = 4\Omega$；$R_4 = 4\Omega$ 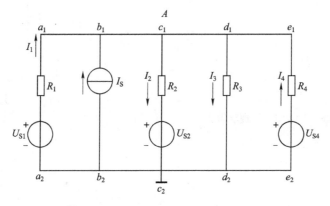 1. 在电路图中，有几个结点、几条支路、几条回路、几个网孔，分别是什么？				

续表

2. 简述基尔霍夫定律，并运用该定律求得 I_1。

3. 简述结点电压法，并运用该定理求得 I_2。

4. 简述电路等效变换分析方法,并运用该定理求得 I_3。

5. 简述叠加原理,并运用该定理求得 I_4。

续表

6. 简述戴维南定理，并运用该定理求得 I_3。

学生自评
我的心得：   建议或提出问题

教师评价

项目二

交流部分

任务 3
正弦交流电路

所谓交流电是指大小和方向都随时间做周期性变化的电动势（电压或电流）。也就是说，交流电是交变电动势、交变电压和交变电流的总称。交流电可分为正弦交流电和非正弦交流电两大类。正弦交流电是指按正弦规律变化的交流电，而非正弦交流电的变化规律是不按正弦规律变化。我们所用的交流电都为正弦交流电。

交流电有极为广泛的用途，在现代工农业生产中几乎所有电能都是以交流形式产生出来的。即使动车组运用、电镀、电信等行业所需要的直流电也可经过整流获得。以发电设备来说，交流发电机比直流发电机结构简单、制造成本较低、工作可靠；从电能的输送和分配来说，交流电可直接利用变压器得到不同的电压，便于远距离输电和向用户提供各种不同等级的交流电压。

3.1 正弦交流电的概念

3.1.1 交流电和正弦交流电

直流电路中电压和电流的方向是不随时间变化的。但生产实际中经常应用随时间而变化的电压或电流。凡是大小和方向随时间做周期性变化的电压和电流，称为交流电压和交流电流。交流电压、交流电流、交流电动势统称为交流电，如图 3-1 所示。

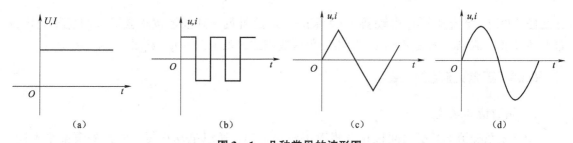

图 3-1 几种常见的波形图
(a) 直流量；(b) 方波；(c) 三角波；(d) 正弦波

图 3-1 (a) 中，电压和电流的大小和方向（极性）不随时间变化，称它们为直流电压和电流。

图 3-1 (b) ~ (d) 中，电压和电流的大小和方向（极性）随时间变化，是交变的，称它们为交流。

3.1.2 单相交流电的产生

交流电是由交流发电机产生的。如图 3-2 所示，装在圆柱形铁芯上的导线在磁场中旋转时，将切割磁力线而产生大小和方向不断变化的感应电动势。

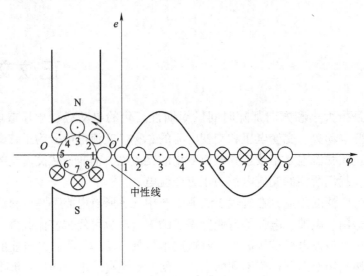

图 3-2 交流电正弦曲线的形成

在位置 1，导线运动方向与磁力线方向的夹角 $\alpha = 0°$，电动势瞬时值 $e = 0$；在位置 2，$\alpha = 45°$，$e = E_m \sin 45° = \frac{\sqrt{2}}{2} E_m$，电流方向朝外；在位置 3，$\alpha = 90°$，$e = E_m \sin 90° = E_m$，电流方向朝外；在位置 4，$\alpha = 45°$，$e = E_m \sin 45° = \frac{\sqrt{2}}{2} E_m$，电流方向朝外；在位置 5，$\alpha = 0°$，$e = 0$；在位置 6，$\alpha = 45°$，$e = E_m \sin 45° = \frac{\sqrt{2}}{2} E_m$，电流方向朝内；在位置 7，$\alpha = 90°$，$e = E_m \sin 90° = E_m$，电流方向朝内；在位置 8，$\alpha = 45°$，$e = E_m \sin 45° = \frac{\sqrt{2}}{2} E_m$，电流方向朝内。当 α 是任意角时，产生的感应电动势 $e = E_m \sin \alpha$，由此可见，其波形按正弦函数的规律变化，故称为正弦交流电。正弦交流电一般用三角函数表达式表示，如 $u = U_m \sin(\omega t + \varphi)$。

3.1.3 正弦交流电的三要素

1. 瞬时值和幅值

由于正弦交流电是随时间按正弦规律不断变化的，所以电动势每一时刻的值都是不同的，我们把交流电在某一瞬间的数值叫瞬时值。电动势的瞬时值用 e 表示，电流的瞬时值用 i 表示，电压的瞬时值用 u 表示。瞬时值中最大的数值叫作幅值（或最大值），用带下标 m 的大写字母表示，如电动势的幅值用 E_m 表示，电压的幅值用 U_m 表示，电流的幅值用 I_m 表示，如图 3-3 所示。最大值虽然有正有负，但习惯上最大值都以绝对值表示。最大值是正弦交流电的三要素之一。

2. 周期、频率和角频率

(1) 如图 3-3 所示，交流电完成一次周期性变化所需的时间叫作交流电的周期，用 T 表示，单位为 s，比秒小的常用单位有毫秒 (ms)、微秒 (μs) 和纳秒 (ns)。

$$1 \text{ 毫秒 (ms)} = 10^{-3} \text{ 秒 (s)}$$
$$1 \text{ 微秒 (μs)} = 10^{-6} \text{ 秒 (s)}$$
$$1 \text{ 纳秒 (ns)} = 10^{-9} \text{ 秒 (s)}$$

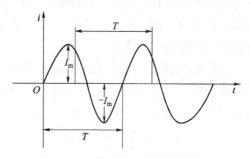

图 3-3 正弦交流电的周期和幅值

(2) 1 s 内交流电变化的周期数叫作频率，用 f 表示，单位是赫兹，简称赫，用符号 Hz 表示。较高的频率用千赫 (kHz) 和兆赫 (MHz) 表示，它们之间的关系为：

$$1 \text{ 千赫 (kHz)} = 10^3 \text{ 赫 (Hz)}$$
$$1 \text{ 兆赫 (MHz)} = 10^6 \text{ 赫 (Hz)}$$

频率与周期互为倒数，即 $f = \dfrac{1}{T}$ 或 $T = \dfrac{1}{f}$。

如我国工农业及生活中使用的交流电频率为 50 Hz（习惯上称为工频），其周期为 0.02 s。

(3) 正弦交流电变化 1 周所经历的角度为 2π 弧度，角频率是表示在 1 s 内正弦量所经历过的电角度，用字母 ω 表示，单位是弧/秒，用符号 rad/s 表示。周期、频率及角频率这三者关系为：$\omega = \dfrac{2\pi}{T} = 2\pi f$，若知道三者之中的任意一个量，就可以求出其余两个量。角频率是正弦交流电的三要素之一。

3. 相位、初相位、相位差

(1) 相位与初相位。在图 3-2 中，当 $t=0$ 时，线圈从中性面 OO' 位置开始旋转，初始值（$t=0$ 时）$e_0 = 0$ V；随着时间的推移，产生的电动势 $e = \sin\omega t$。

如果 $t=0$ 时，线圈从与中性面 OO' 的夹角为 φ 的位置开始旋转，如图 3-4 (a) 所示，则产生的电动势 $e_0 = E_m \sin(\omega t + \varphi)$，即初始值（$t=0$ 时）$e_0 = E_m \sin\varphi \neq 0$，如图 3-4 (b) 所示。

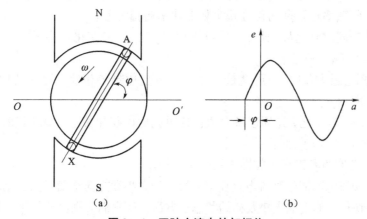

图 3-4 正弦交流电的初相位
(a) 初相位产生示意图；(b) 初相位产生波形图

$e = E_m \sin(\omega t + \varphi)$,$\omega t + \varphi$ 为正弦量的相位（或相位角），任何瞬间正弦量的变化趋势以及它的大小均与相位有关，其中 $t = 0$ 时的相位称为初相角。正弦量的相位反映了正弦量的进程；初相位（即 $t = 0$ 时的值）不同，则达到幅值或某特定值所需的时间就不同。初相位是正弦交流电的三要素之一。

（2）相位差。在一个正弦交流电路中，电压和电流的频率是相同的，但它们的初相位有可能不同，如图 3-5（a）、（b）所示波形。两个同频率正弦量的相位之差称为相位差，用 φ 表示，如图 3-5（c）、（d）所示。

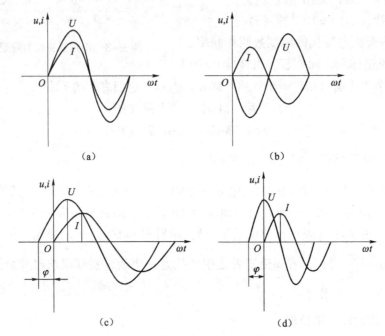

图 3-5 正弦交流电的相位关系

(a) $\varphi = 0$；(b) $\varphi = \pm 180°$；(c) $\varphi > 0°$；(d) $\varphi = \pm 90°$

设 $u = U_m \sin(\omega t + \varphi_u)$，$i = I_m \sin(\omega t + \varphi_i)$，则 u 与 i 的相位差为

$$\varphi = (\omega t + \varphi_u) - (\omega t + \varphi_i) = (\varphi_u - \varphi_i) \tag{3-1}$$

由此可见，同频率正弦量的相位差实际上就是初相之差。

$\varphi = 0°$，u 与 i 同时到达最大值，也同时到达零点，二者变化趋势相同，这时我们说 u 与 i 同相，如图 3-5（a）所示。

$\varphi = \pm 180°$ 到达最大值时，i 到达最小值，二者变化趋势相反，这时我们说 u 与 i 反相，如图 3-5（b）所示。

$\varphi > 0°$，$\varphi_u > \varphi_i$ 时 u 比 i 先到达最大值，这时我们说在相位上 u 比 i 超前 φ 角，或 i 比 u 滞后 φ 角，如图 3-5（c）所示。

$\varphi = \pm 90°$，则称两者正交，如图 3-5（d）所示。

综上所述，交流电不同于直流电就在于交流电的大小和方向是随时间变化的。交流电的特点表现在变化的快慢、幅值的大小及初始状态三方面，而它们分别由角频率、最大值和初相位来确定。所以，角频率、最大值和初相位就称为正弦交流电的三要素。只要知道了这 3 个基本物理量，一个正弦量就完全确定了，既可以写出它的数学表达式，也可以画出它的波形图。

4. 正弦交流电的有效值

因为交流电的瞬时值随时间变化，不便于分析电路，所以一般不能用瞬时值来表示交流电的大小和做功的本领，于是就引入有效值这个概念。

通常一个正弦量的大小是用有效值表示的。除用瞬时值、幅值来描述正弦量大小外，还用有效值来描述。在电工技术中，由于电流主要表现热效应，因此，有效值的确定是根据交流电流和直流电流热效应相等的原则来规定的，即设交流电流 i 和直流电流 I，分别通过阻值相同的电阻 R，在相同的时间 T 内产生的热量相等，那么就规定这个交流电流 i 的有效值在数值上就等于这个直流电流。

依上所述，应有

$$\int_0^T i^2 R \mathrm{d}t = I^2 R T \qquad (3-2)$$

由此可得正弦电流 i 的有效值

$$I = \sqrt{\frac{1}{T} \int_0^T i^2 \mathrm{d}t} \qquad (3-3)$$

把 $i = I_\mathrm{m} \sin\omega t$ 代入式（3-3），可得正弦电流 i 的有效值 I 与最大值 I_m 的关系为

$$I = \frac{I_\mathrm{m}}{\sqrt{2}} = \frac{\sqrt{2}}{2} I_\mathrm{m} \qquad (3-4)$$

同理可得出正弦交流电压、正弦电动势的有效值分别为

$$U = \frac{U_\mathrm{m}}{\sqrt{2}}$$

$$E = \frac{E_\mathrm{m}}{\sqrt{2}} \qquad (3-5)$$

一般所讲的正弦交流电压或电流的大小，例如交流电压 380 V 或 220 V，都是指它们的有效值，其最大值应为 $\sqrt{2} \times 380$ V 或 $\sqrt{2} \times 220$ V。一般交流电压表和电流表的刻度也是根据有效值来定的。

平常所说的交流电压、电流及电动势的大小都是指定的有效值，在交流电测量中所用的交流电压表和电流表所指示出的也是有效值，交流电动机、用电设备上标明的额定电压、电流也都是指有效值。今后若无特殊说明，则交流电的电流、电压大小都是指有效值。

3.2 正弦量的相量表示法

利用三角函数来描述正弦量，如 $u = U_\mathrm{m} \sin(\omega t + \varphi)$ 表示了正弦电压的变化规律，这种方法是正弦量的基本表示方法，表达式中包含了正弦量的三要素：频率、幅值和初相位；另一种正弦量的表示方法，是采用波形图的方法，波形图表示法直观、形象描述各正弦量变化规律。正弦量的另外一种表示法是采用相量表示。

下面将介绍正弦量的相量表示法。

前面讨论了在同一个正弦交流电路中，各正弦量之间的初相位有可能不同（可能超前，也可能滞后），但它们的频率是相同的。因此，在分析正弦交流电路时，对各正弦量的描述

可以采用含有有效值（幅值）和初相位的相量来表示。

相量法就是用相量来表示正弦量。相量的数学基础是复数，采用这种表示方法使得描述正弦交流电路由原来的微（积）分方程转化为代数形式的过程，大大地简化了正弦交流电路的分析与计算。

我们知道一个带有方向的线段可以表示一个矢量，下面先来看一个例子，讨论旋转有向线段与正弦量的关系，从而推导出正弦量采用相量表示的关系。

如图3-6（a）所示，在 xy 坐标中一旋转有向线段 A，有向线段的长度代表正弦量的幅值 U_m，它的初始位置与 x 轴正方向的夹角等于正弦量的初始位置，并以正弦量的角频率 ω 做逆时针方向旋转。

图3-6（b）所示为一正弦电压 $u = U_m \sin(\omega t + \varphi)$ 的波形。

可见，旋转的有向线段 A 具有了正弦量的三个特征，所以可用来表示正弦量。从图3-6中也可以看出，正弦量的瞬时值可以由这个有向线段在 y 轴的投影得到，例如：在 $t = 0$ 时，$u_0 = U_m \sin(\omega t + \varphi) = U_m \sin\varphi$。

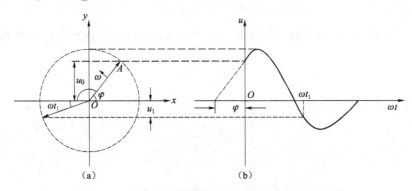

图3-6 用正弦波形和旋转有向线段来表示正弦量

正弦量可用有向线段表示，而有向线段又可用复数表示，所以正弦量可用复数来表示。

在一个直角坐标系中，设横轴为实轴，单位用 +1 表示；纵轴为虚轴，单位用 +j 表示，则构成复数平面（又称复平面），如图3-7所示。

有向线段 A，其复数表示式为

$$A = a + jb$$

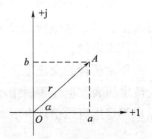

图3-7 有向线段的复数表示

式中，$a = r\cos\alpha$ 复数的实部；
   $b = r\sin\alpha$ 复数的虚部；
   $r = \sqrt{a^2 + b^2}$ 复数的模；
   $\alpha = \arctan\dfrac{b}{a}$ 复数的辐角（复数与实轴正方向间的夹角）。

用复数来表示的正弦量称为相量，为了与一般的复数有所区别，规定正弦量相量用上方加"·"的大写字母表示。

例如：正弦电流 $i_1 = 30\sin\omega t$，$i_2 = 10\sin(\omega t + 30°)$ A 分别用直角坐标式和极坐标式表示电流为

极坐标式 $\dot{I}_{1m} = 30\angle 0°$ A, $\dot{I}_{2m} = 10\angle 30°$ A

直角坐标式 $\dot{I}_{1m} = 30$ A, $\dot{I}_{2m} = 8.66 + j5$ A

相量间的计算,例 $\dot{A} = a_1 + ja_2 = A\angle\theta_1$, $\dot{B} = b_1 + jb_2 = B\angle\theta_2$

(1) 加法 $\dot{A} + \dot{B} = (a_1 + b_1) + j(a_2 + b_2)$

(2) 减法 $\dot{A} - \dot{B} = (a_1 - b_1) + j(a_2 - b_2)$

(3) 乘法 $\dot{A} \cdot \dot{B} = \dot{A}\dot{B} = (a_1 b_1 - a_2 b_2) + j(a_2 b_1 + a_1 b_2)$

$\dot{A}\dot{B} = (A\angle\theta_1)\cdot(B\angle\theta_2) = AB\angle(\theta_1 + \theta_2)$

(4) 除法 $\dfrac{\dot{A}}{\dot{B}} = \dfrac{a_1 + ja_2}{b_1 + jb_2} = \dfrac{A\angle\theta_1}{B\angle\theta_2} = \dfrac{A}{B}\angle(\theta_1 - \theta_2)$

【例3.1】电路如图3-8所示,已知:$i_1 = 5\sin 314t$ A, $i_2 = 8\sin(314t - 30°)$ A, $i_3 = 10\sin(314t + 90°)$ A,求 i。

【解】根据基尔霍夫电流定律得

$$i = i_1 + i_2 + i_3$$

由 $i_1 = 5\sin 314t$,得

$$\dot{I}_{1m} = (5 + j0) \text{A} = 5 \text{A}$$

由 $i_2 = 8\sin(314t - 30°)$ A,得

$$\dot{I}_{2m} = (6.928 - j4) \text{A}$$

由 $i_3 = 10\sin(314t + 90°)$ A,得

$$\dot{I}_{3m} = (0 + j10) \text{A}$$

故

$$i = i_1 + i_2 + i_3$$
$$= [5 + (6.928 - j4) + j10] \text{A}$$
$$= [11.928 + j6] \text{A}$$
$$= 13.35\angle 26.7° \text{A}$$

所以 $i = 13.35\sin(314t + 26.7°)$ A。

正弦量的大小和初始相位可以用相量表示,表示相量的图形称为相量图。因此,在相量图中,还可以直观地表示各正弦量的相位超前与滞后情况。在图3-9中,$\dot{I}_1$ 超前 $\dot{I}_2$ α 相位角;$\dot{I}_2$ 超前 $\dot{I}_3$ β 相位角;$\dot{I}_1$ 超前 $\dot{I}_3$ $(\alpha + \beta)$ 相位角。

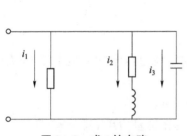

图3-8 求 i 的电路

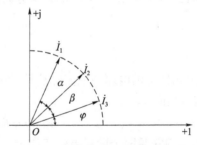

图3-9 相量的超前与滞后

需要特别指出的是：

(1) 可以利用相量图进行加减运算（如图3-10所示，$\dot{I} = \dot{I}_1 + \dot{I}_2$）。

(2) 只有正弦周期量才能用相量表示。

(3) 只有相同频率的正弦量才能画在同一相量图上；同样，只有同频率的正弦量之间才能进行加减乘除运算。

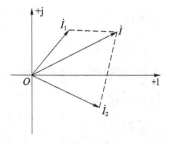

图3-10 利用相量图求 $\dot{I} = \dot{I}_1 + \dot{I}_2$

3.3 单相交流电路

由交流电源、用电器、连接导线和开关等组成的电路称交流电路。若电源中只有一个交变电动势（如家庭中的电器供电电源），则称单相交流电路。交流负载一般是电阻、电感、电容或它们的不同组合。我们把负载中只有电阻的交流电路称为纯电阻电路（如空调车上的空气预热器、辅助电采暖的加热管、电开水炉的加热管）；只有电感的电路称为纯电感电路（如客车上空调系统的通风机、压缩机、冷凝风机，发电车的上油泵、冷却风机的电动机等）；只有电容的电路称为纯电容电路（一般常用于交流电路的无功补偿）。严格地讲，几乎没有单一参数的纯电路存在，而是三者同时存在的。

电阻、电感、电容是组成电路的基本元件，分析与计算正弦交流电路与分析直流电路一样，主要是确定电路中电压与电流间的关系，以及讨论电路中功率（转换与平衡）问题。

电阻、电感、电容作为电路组成的基本元件，它们在电路中所反映的性质与结果有着较大的不同，特别是在交流电路中，所发生的现象尤为显著。了解它们的基本性质对分析与计算正弦交流电路有着重要的意义。

3.3.1 纯电阻电路

电阻无论工作在直流电路中还是工作在交流电路中都要消耗能量，它对电流起着阻碍作用。要维持电流通过电阻，必须外施电压，其值等于电阻与电流的乘积，即为电阻两端的电压降。

由电阻丝或电阻器组成的电气设备都可定为纯电阻电路。纯电阻电路的电能转换率最高，功率因数可近似于1。也就是说在纯电阻电路中电能的利用率是最高的。纯电阻交流电路如图3-11（a）所示，u和i的参考方向如图3-11（a）所示，和i的关系根据欧姆定律有

$$i = \frac{u}{R} \tag{3-6}$$

$$u = Ri \tag{3-7}$$

反映了电阻元件上的电压与电流的线性伏安关系。假定流过电阻的交流电流$i = I_m \sin\omega t$，则电阻两端的电压

$$u = Ri = RI_m \sin\omega t = U_m \sin\omega t \tag{3-8}$$

因此，u和i是两个同频率的正弦量，它们之间的相位差为0（即$\varphi = 0°$）。

由此可得结论：在电阻元件的交流电路中，电流和电压是同频率、同相位。表示电压和电流的正弦波形如图3-11（b）所示。

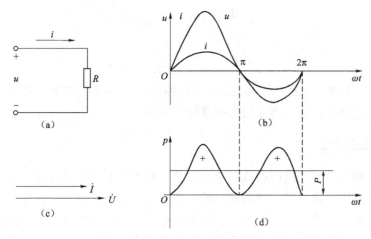

图3-11 电阻元件的交流电路
(a) 纯电阻交流电路模型；(b) 纯电阻交流电路 u、i 波形图；
(c) 纯电阻交流电路 u、i 相量图；(d) 纯电阻交流电路电功率波形图

在式（3-8）中

$$U_m = RI_m \tag{3-9}$$

或

$$\frac{U_m}{I_m} = \frac{U}{I} = R \tag{3-10}$$

式（3-10）表明：在电阻元件的交流电路中，电压幅值（或有效值）与电流的幅值（或有效值）之比为电阻的阻值 R。

如采用正弦相量表示电流和电压的关系，就本例而言，则为

$$\dot{U} = U\angle 0°, \quad \dot{I} = I\angle 0°$$
$$\frac{\dot{U}}{\dot{I}} = \frac{U\angle 0°}{I\angle 0°} = R \tag{3-11}$$

或表示为

$$\dot{U} = R\dot{I} \tag{3-12}$$

式（3-12）是欧姆定律的相量表达式，电压和电流的相量图如图3-11（c）所示。

由于在任意时刻电路中的电压和电流是随时间而变化的，所以在不同时刻电阻上的功率是不同的。将任意时刻的功率称为瞬时功率，用 p 表示，它等于电压瞬时值 u 与电流瞬时值 i 乘积

$$p = ui = U_m I_m \sin^2\omega t$$
$$= \frac{U_m I_m}{2}(1-\cos 2\omega t) = \frac{\sqrt{2}U \cdot \sqrt{2}I}{2}(1-\cos 2\omega t)$$
$$= UI(1-\cos 2\omega t) \tag{3-13}$$

由式（3-13）可知，$p \geq 0$，即电阻元件在交流电路中为耗能元件，电阻上的功率是由两部分组成：UI 和 $-UI\cos 2\omega t$。

p 的波形图如图 3-11 (d) 所示。

一个完整周期内瞬时功率的平均值，称为平均功率或有功功率，用 P 表示，单位是 W，则

$$P = \frac{1}{T}\int_0^T UI(1-\cos 2\omega t)\mathrm{d}t$$

$$= UI = RI^2 = \frac{U^2}{R} \tag{3-14}$$

式 (3-14) 表明，电阻元件的正弦交流电路中，电阻元件的平均功率在数值上等于电压和电流有效值的乘积，通常将平均功率简称为功率。

3.3.2 纯电感电路

由直流电阻很小的电感线圈组成的交流电路，都可近似地看成是纯电感电路。电感元件简称电感，简易的电感是由导线绕制而成的。线圈的电感用 L 表示，也称自感，它是电感元件的主要参数，其单位为亨利，符号 H。线圈的电感与线圈的匝数有关。匝数多，则其电感大，产生的感应电动势相对较大；匝数少，则其电感小，产生的感应电动势相对较小。在电路中，电感是个储能元件，它不耗能。纯电感电路的电能转换率要比纯电阻电路的电能转换率低，功率因数可小于 1 或更低。也就是说在纯电感电路中电能的利用率要比纯电阻时低，无功损耗大。纯电感电路如图 3-12 所示。

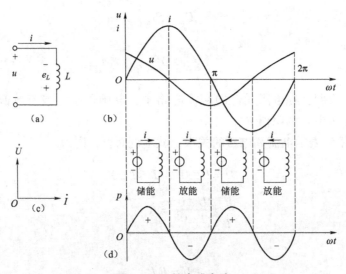

图 3-12 纯电感电路

(a) 纯电感交流电路模型；(b) 纯电感交流电路 u、i 波形图；
(c) 纯电感交流电路 u、i 相量图；(d) 纯电感交流电路电功率波形图

假定该电感元件只具有电感 L，其电阻忽略不计。

设在电感线圈中有电流 i 通过，则在电感线圈中产生自感电动势 e_L，u、i 和 e_L 的参考方向如图 3-12 (a) 所示。则有

$$u = -e_L = L\frac{\mathrm{d}i}{\mathrm{d}t} \tag{3-15}$$

若

$$i = I_\mathrm{m}\sin\omega t \tag{3-16}$$

则
$$u = -e_L = L\frac{\mathrm{d}i}{\mathrm{d}t} = L\frac{\mathrm{d}(I_\mathrm{m}\sin\omega t)}{\mathrm{d}t}$$
$$= \omega L I_\mathrm{m}\sin(\omega t + 90°)$$
$$= U_\mathrm{m}\sin(\omega t + 90°)$$
$$= U_\mathrm{m}\cos\omega t \tag{3-17}$$

式中
$$U_\mathrm{m} = \omega L I_\mathrm{m} \tag{3-18}$$

或
$$\frac{U_\mathrm{m}}{I_\mathrm{m}} = \frac{U}{I} = \omega L \tag{3-19}$$

式（3-19）表示在电感元件的电路中，电压的幅值（或有效值）与电流的幅值（或有效值）之比为 ωL，它的单位还是欧姆（Ω）。当电压 U 一定时，ωL 越大，则电流 I 越小，可见它对电流起阻碍作用而称为感抗，用 X_L 表示

$$X_L = \omega L = 2\pi f L \tag{3-20}$$

从式（3-20）可以看出，电感具有通直流阻交流，通低频阻高频的特点。还可以看出：u、i 和 e_L 都是同频率的正弦量，在相位上 u、i 相差 $90°$（即 $\varphi = 90°$）。从图 3-12（c）所示相量图上，还可以直观看出电压超前电流 $90°$。

如用相量表示电压、电流的关系，则为
$$\dot{I} = I\angle 0°, \quad \dot{U} = U\angle 90°$$
$$\dot{U} = \mathrm{j}\dot{I}X_L \tag{3-21}$$

式（3-21）表示了电压有效值等于电流的有效值与感抗的乘积，而在相位上超前电流 $90°$。在电感元件的正弦交流电路中，瞬时功率 p 也是时刻变化的

$$p = ui = U_\mathrm{m}I_\mathrm{m}\sin\omega t\sin(\omega t + 90°)$$
$$= U_\mathrm{m}I_\mathrm{m}\sin\omega t\cos\omega t = \frac{U_\mathrm{m}I_\mathrm{m}}{2}\sin 2\omega t$$
$$= UI\sin 2\omega t \tag{3-22}$$

p 的波形图如图 3-12（d）所示。

电感元件的正弦交流电路的平均功率指在一个完整周期内瞬时功率的平均值。用 P 表示即

$$P = \frac{1}{T}\int_0^T p\mathrm{d}t = \frac{1}{T}\int_0^T UI\sin 2\omega t\mathrm{d}t = 0 \tag{3-23}$$

式（3-23）表明，电感元件的正弦交流电路中，电感上的平均功率为零。也就是说，在正半个周期内它储能，吸收电源功率；在另半个周期，它释放能量，输出功率，在整个周期内没有能量的消耗，只有电源与电感元件间的能量互换。为了衡量这种能量来回互换的情况，通常用无功功率 Q 来表述

$$Q = UI = X_L I^2 \tag{3-24}$$

式中，Q 为瞬时功率幅值，即电压有效值与电流有效值的乘积，它反映了能量互换的速度单位是乏（var）或千乏（kvar）。

与无功功率相对应，平均功率又称为有功功率。

电感在交流电路中由于电流的大小和方向均不断地变化,电路中的电感元件会产生自感电动势。自感电动势阻碍电流的变化,所以电感元件在交流电路中和电阻元件相同,对交流电流起着阻碍作用,和电阻元件不同之处是电感元件不消耗电能,电感是储能元件,可以储存磁能。

3.3.3 纯电容电路

电容元件又称电容器(简称电容),它的品种和规格很多,但均由两块金属板(极板)间隔不同的绝缘材料(介质)而制成,如图3-13所示。在两极板上所储集的电荷量 q 与其上的电压 u 成正比,即

$$\frac{q}{u} = C \tag{3-25}$$

式中,C 称为电容,是电容器的参数,它的单位是法拉(F)。但法拉单位较大,在实际使用中常用微法(μF)、皮法(pF),它们单位之间的换算关系为

$$1F = 10^6 \mu F = 10^{12} pF$$

图3-13 电容元件

纯电容电路的性质等同于纯电感电路,只是在相位上不同。另外电容还具有储存和释放电荷(即我们常说的电容充放电过程)的作用,同时电容还具有隔直导交的作用。如图3-14(a)所示,由电容元件组成的正弦交流电路。

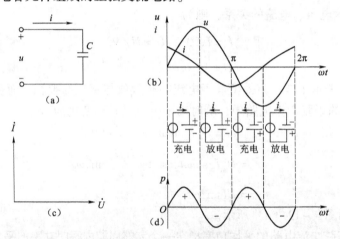

图3-14 电容元件的交流电路
(a)纯电容交流电路模型;(b)纯电容交流电路 u、i 波形图;
(c)纯电容交流电路 u、i 相量图;(d)纯电容交流电路功率波形图

设通过电容元件的电流 i 和电容元件两端的电压 u 的参考方向,如图3-14(a)所示。电容元件的特性是:当其电压发生变化时,在电路中就有电流

$$i = \frac{dq}{dt} = C\frac{du}{dt} \tag{3-26}$$

若在电容器的两端加一正弦电压 $u = U_m \sin\omega t$,则

$$i = C\frac{d(U_m \sin\omega t)}{dt} = \omega C U_m \sin(\omega t + 90°) = I_m \sin(\omega t + 90°) \tag{3-27}$$

式中

$$I_m = \omega C U_m \tag{3-28}$$

或
$$\frac{U_m}{I_m} = \frac{U}{I} = \frac{1}{\omega C} \tag{3-29}$$

式（3-29）表示在电容元件的电路中，电压的幅值（或有效值）与电流的幅值（或有效值）之比为 ωC 倒数 $\frac{1}{\omega C}$，它的单位还是欧姆（Ω）。当电压一定 U 时，$\frac{1}{\omega C}$ 越大，则电流 I 越小，可见它对电流也起阻碍作用，因而也称为容抗，用 X_C 表示

$$X_C = \frac{1}{\omega C} = \frac{1}{2\pi f C} \tag{3-30}$$

从式（3-30）可以看出，容抗 X_C 与电容 C、频率 f 成反比。对直流电路 X_C 趋向于无穷大，因此电容元件对直流有隔断作用，可视为开路状态，即电容具有通交流阻直流，通高频阻低频的特点。

从图 3-14（b）还可以看出：u 和 i 是同频率的正弦量，在相位上 i、u 相位差 90°（即 $\varphi = 90°$）。从图 3-14（c）相量图上，还可以直观看出电流超前电压 90°。

如用相量表示电流、电压的关系，则为
$$\dot{U} = U\angle 0°, \quad \dot{I} = I\angle 90°$$
$$\dot{U} = -j\dot{I}X_C \tag{3-31}$$

式（3-31）表明电压有效值等于电流的有效值与容抗的乘积，而在相位上电压比电流滞后了 90°。

在电容元件的正弦交流电路中，其瞬时功率 p 也是时刻变化的
$$\begin{aligned} p &= ui = U_m I_m \sin\omega t \sin(\omega t + 90°) \\ &= U_m I_m \sin\omega t \cos\omega t = \frac{U_m I_m}{2}\sin 2\omega t \\ &= UI\sin 2\omega t \end{aligned} \tag{3-32}$$

电容元件的正弦交流电路的平均功率 P 为
$$P = \frac{1}{T}\int_0^T p\,dt = -\frac{1}{T}\int_0^T UI\sin 2\omega t\,dt = 0 \tag{3-33}$$

式（3-33）表明，电容元件的正弦交流电路中，没有能量的消耗，与电源间不断地进行能量交换，这是一个可逆的能量转换过程。通常用无功功率 Q 来衡量其能量互换的大小，即
$$Q = UI = X_C I^2$$

它表明了电源和电容器之间能量转换的规模，电容元件只做无用功，完成电能的存储和释放。

电容在直流电路中，当电容器充电完毕，电路进入稳定状态以后，电路中电流便为零，于是电路处于断路状态。而在交流电路中，由于电压的大小和方向是不断变化的，于是电容器不断的处在充放电过程中，使电路中存在一定的充放电电流，可见电容元件对交变电流同样也起着阻碍作用。它不消耗电能，但却能储存电场能。

3.3.4 电阻与电感、电容串联电路

1. 电压与电流关系

图 3-15 所示为由电阻 R、电感 L 和电容 C 相互串联的正弦交流电路，这三个元件流过同一个电流 i。电流与各个电压的参考方向如图 3-16 所示。

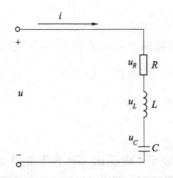 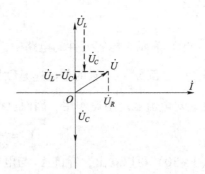

图 3-15　R、L 与 C 串联的交流电路　　图 3-16　电流与各个电压的参考方向

根据基尔霍夫电压定律可列方程式

$$i = I_m \sin\omega t \tag{3-34}$$

$$u = u_R + u_L + u_C = Ri + L\frac{di}{dt} + \frac{1}{C}\int i\,dt \tag{3-35}$$

$$u_R = RI_m \sin\omega t = U_{Rm}\sin\omega t \tag{3-36}$$

$$u_L = \omega L I_m \sin(\omega t + 90°) = U_{Lm}\sin(\omega t + 90°) \tag{3-37}$$

$$u_C = \frac{1}{\omega C}I_m \sin(\omega t - 90°) = U_{Cm}\sin(\omega t - 90°) \tag{3-38}$$

由电阻、电感和电容元件的特性，可分别得 u_R、u_L、u_C。它们和电流 i 都是同频率的正弦量。U_{Rm}、U_{Lm}、U_{Cm} 分别为

$$U_{Rm} = RI_m \tag{3-39}$$

$$U_{Lm} = \omega L I_m = X_L I_m \tag{3-40}$$

$$U_{Cm} = \frac{1}{\omega C}I_m = X_C I_m \tag{3-41}$$

u、u_R、u_L、u_C 和 i 的相量用 $\dot{U}$、$\dot{U}_R$、$\dot{U}_L$、$\dot{U}_C$ 和 $\dot{I}$ 表示，如图 3-16 所示。
即电阻元件上的电压 u_R 与电流 i 同相；
电感元件上的电压 u_L 超前电流 i 90°；
电容元件上的电压 u_C 滞后电流 i 90°。
用相量形式可表示为

$$\dot{U} = \dot{U}_R + \dot{U}_L + \dot{U}_C = R\dot{I} + jX_L\dot{I} + (-jX_C\dot{I})$$

$$= [R + j(X_L - X_C)]\dot{I} \tag{3-42}$$

式（3-42）称为基尔霍夫电压定律的相量表示式。

从式（3-42）可以看出，$\dot{U}$、$\dot{U}_R$、$(\dot{U}_L - \dot{U}_C)$ 组成一个直角三角形，称为电压三角形。利用这个三角形，可求得电源电压的有效值 U，即

$$U = \sqrt{U_R^2 + (U_L - U_C)^2} = \sqrt{(RI)^2 + (X_L I - X_C I)^2}$$

$$= \sqrt{R^2 + (X_L - X_C)^2}\,I \tag{3-43}$$

或

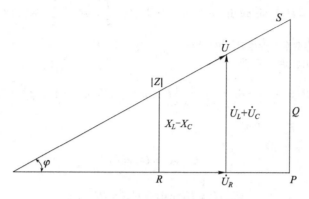

图 3-17 电压、阻抗、功率三角形

$$\frac{U}{I} = \sqrt{R^2 + (X_L - X_C)^2} \tag{3-44}$$

式（3-44）表示了电阻、电感、电容元件串联的等效电阻，它的单位也是欧姆（Ω）。它对电流也起阻碍作用，称为阻抗模，用 $|z|$ 表示，即

$$|Z| = \sqrt{R^2 + (X_L - X_C)^2} \tag{3-45}$$

可见 $|Z|$、R、$(X_L - X_C)$ 三者之间的关系也可用一个直角三角形来表示，如图 3-17 所示，这个直角三角形称之为阻抗三角形。

式（3-44）可写成

$$\frac{\dot{U}}{\dot{I}} = R + j(X_L - X_C) \tag{3-46}$$

式中，$R + j(X_L - X_C)$ 称为电路的复阻抗，用 Z 表示。它既反映了电路阻抗的大小，又体现了电压与电流的相位关系。

电源电压 u 和电流 i 之间的相位差可从图 3-17 电压三角形中求得，即

$$\varphi = \arctan\frac{U_L - U_C}{U_R} = \arctan\frac{X_L - X_C}{R} \tag{3-47}$$

可以得知，当频率一定时，φ 的大小是由电路负载的参数决定的，随着电路的参数不同，φ 就不同。也就是说电流与电压是超前还是滞后，由电路参数决定。

(1) 若 $X_L > X_C$，则 $\varphi > 0$，此时电压超前电流 φ 角，电路呈电感性；

当 $0 < \varphi < 90°$ 时，电路可视为电阻、电感负载；

当 $\varphi = 90°$ 时，电路可视为纯电感负载。

(2) 若 $X_L < X_C$，则 $\varphi < 0$，此时电压滞后电流 φ 角，电路呈电容性；

当 $0 > \varphi > -90°$ 时，电路可视为电阻、电容负载；

当 $\varphi = -90°$ 时，电路可视为纯电容负载。

(3) 若 $X_L = X_C$，则 $\varphi = 0$，此时电压与电流同相位，电路呈电阻性。

2. 功率关系

在电阻、电感与电容元件串联的正弦交流电路中，瞬时功率 p 由下式计算求得

$$p = ui = U_\mathrm{m}I_\mathrm{m}\sin\omega t \sin(\omega t + \varphi) = U_\mathrm{m}I_\mathrm{m}\left[\frac{1}{2}\cos\varphi - \frac{1}{2}\cos(2\omega t + \varphi)\right]$$

$$= UI\cos\varphi - UI\cos(2\omega t + \varphi) \tag{3-48}$$

有功功率（平均功率）P 为

$$P = \frac{1}{T}\int_0^T p\mathrm{d}t = \frac{1}{T}\int_0^T \left[UI\cos\varphi - UI\cos(2\omega t + \varphi)\right]\mathrm{d}t$$

$$= UI\cos\varphi \tag{3-49}$$

从电压三角形关系可得

$$U\cos\varphi = U_R = RI \tag{3-50}$$

则

$$P = UI\cos\varphi = U_R I = RI^2 \tag{3-51}$$

由式（3-51）知，交流电路中的平均功率一般不等于电压与电流有效值的乘积。把电压电流有效值的乘积称为视在功率，用 S 表示，即

$$S = UI \tag{3-52}$$

视在功率的单位为伏·安（V·A）或千伏·安（kV·A）。

电感元件和电容元件都要在正弦交流电路中进行能量的互换，因此相应的无功功率 Q 为两个元件的共同作用形成，故

$$Q = U_L I - U_C I = (U_L - U_C)I = (X_L - X_C)I^2 = UI\sin\varphi \tag{3-53}$$

P（有功功率）、S（视在功率）和 Q（无功功率）在交流电路中代表不同的意义，但三者之间有一定的联系，其关系为

$$\begin{aligned}P &= UI\cos\varphi \\ Q &= UI\sin\varphi \\ S &= UI = \sqrt{P^2 + Q^2}\end{aligned} \tag{3-54}$$

式中，$\cos\varphi$ 称为功率因数。

P、Q、S 三者的关系构成了一个直角三角形，称为功率三角形，如图 3-17 所示。

由上述可知，一个交流发电机输出的功率不仅与发电机的端电压及其输出的电流有效值有关，还与电路负载有关。电路参数不同，则电压和电流间的相位差 φ 就不同，在同样的电压 U 和电流 I 下，电路的有功功率和无功功率也就不同。

需要强调的：

（1）对正弦交流电路，功率的计算不能简单用叠加原理求得；

（2）利用叠加原理将电路分解为单独电源回路进行叠加计算时，要注意各单独电源回路，正弦量的频率为同频率。

3.4 电路的谐振

在具有电感和电容元件的交流电路中，一般情况下电流与电压是不同相位的，如果相位相同了，该电路就会发生谐振。谐振发生的条件：在具有电感和电容元件的交流电路中，电流与电压相位相同。

电路的谐振现象，有时在生产中要利用；有时又要预防它对电路所产生的危害。所以充分研究谐振现象的特征是很必要的。

按发生谐振的电路不同,谐振分为串联谐振和并联谐振两种。

3.4.1 串联谐振

如图 3-18 所示的 R、L、C 串联电路中,它的复阻抗 $\dot{Z}$ 为

$$\dot{Z} = R + \mathrm{j}(X_L - X_C)$$
$$= R + \mathrm{j}\left(\omega L - \frac{1}{\omega C}\right) \quad (3-55)$$

当 $X_L = X_C$ 时,电源电压与电流同相,发生谐振现象。因是发生在串联电路中,因此称为串联谐振。此时电路的频率称为谐振频率,用 f_0 表示。

$X_L = X_C$ 是发生串联谐振的条件,谐振频率为 $f_0 \approx \dfrac{1}{2\pi\sqrt{LC}}$,电路发生谐振是通过改变电路的频率和电路的参数来实现的。

电路发生串联谐振时具有以下几个特点:

(1) 电路的复阻抗模最小,电流达到最大。

$$|Z| = \sqrt{R^2 + (X_L - X_C)^2} = \sqrt{R^2 + \left(\omega L - \frac{1}{\omega C}\right)^2} = R \quad (3-56)$$

因此在电源电压 U 不变的情况下,电路中的电流将达到最大,即 $I = I_0 = \dfrac{U}{|Z|} = \dfrac{U}{R}$

(2) 电路呈电阻性质。

由于电源电压与电路中的电流同相($\varphi = 0$),复阻抗呈现电阻的性质,电路呈电阻性,电源供给的电能全部被电阻消耗,电源与电路之间不发生能量的互换,能量的互换只发生在 L 和 C 之间,且 $U_L = U_C$ 相位相反,相互抵消,对整个电路不起作用,即 $\dot{U} = \dot{U}_R$,如图 3-19 所示。

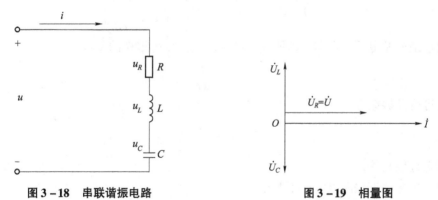

图 3-18 串联谐振电路　　　　图 3-19 相量图

但 U_L 和 U_C 的单独作用不可忽视,因为 $U_L = X_L I_0$,$U_C = X_C I_0$,当 $X_L = X_C > R$ 时,电感和电容元件的两端电压都高于电源电压,甚至可能超过许多倍,因此串联谐振又称为电压谐振。

U_L 和 U_C 与电源电压 U 的比值,通常用 Q 表示

$$Q = \frac{U_L}{U_R} = \frac{U_C}{U_R} = \frac{\omega_0 L}{R} = \frac{1}{\omega_0 CR} \quad (3-57)$$

Q 称为电路的品质因数或简称 Q 值。它表示在发生谐振时,电容或电感元件上的电压是电源电压的 Q 倍。

串联谐振在无线电中应用较多,如在收音机中被用来选择频道。当然利用其特点实际应用的例子还有许多。但串联谐振发生时,由于在电容、电感元件端的电压会远远高于电源电压,在很多的场合,要避免谐振的发生,如在电力系统中,过高的电压可能击穿电气设备的绝缘,造成设备的损坏和系统故障。

3.4.2 并联谐振

谐振发生在并联电路中,所以称为并联谐振,如图 3-20 所示。

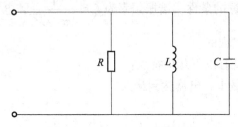

图 3-20 R、L、C 并联电路

R、L 与 C 并联的电路,电路的等效阻抗 Z 为

$$Z = \frac{(R+j\omega L)\frac{1}{j\omega C}}{(R+j\omega L)+\frac{1}{j\omega C}} = \frac{R+j\omega L}{1+j\omega RC - \omega^2 LC} \tag{3-58}$$

通常电感线圈的电阻很小,所以一般在谐振时 $\omega L \gg R$,则式 (3-58) 可表示为

$$Z \approx \frac{j\omega L}{1+j\omega RC - \omega^2 LC} = \frac{1}{\frac{RC}{L}+j\left(\omega C - \frac{1}{\omega L}\right)} \tag{3-59}$$

谐振的要求是电源电压与电路电流同相,则并联电路发生谐振的条件为

$$\omega C = \frac{1}{\omega L} \tag{3-60}$$

由此可得谐振频率 f_0

$$f = f_0 \approx \frac{1}{2\pi\sqrt{LC}} \tag{3-61}$$

与串联谐振近似相等。

电路发生并联谐振时具有以下几个特点:

(1) 电路的阻抗模达到最大值,电流为最小值。

$$|Z_0| = \frac{1}{\frac{RC}{L}} = \frac{L}{RC} \tag{3-62}$$

在电源电压一定的情况下,电路的电流 I 在谐振时最小

$$I = \frac{U}{|Z_0|} = \frac{U}{\frac{L}{RC}} \tag{3-63}$$

(2) 电路对电源呈电阻性。

由于电源电压与电路中的电流同相（$\varphi=0$），所以，电路对电源呈电阻性。$|Z_0|$相当于一个电阻。

(3) 并联谐振又称电流谐振，其并联支路电流远远高于总电流。

谐振时，各支路电流为

$$I_L = \frac{U}{\sqrt{R^2+(2\pi f_0 L)^2}} \approx \frac{U}{2\pi f_0 L} \qquad (3-64)$$

$$I_C = \frac{U}{\dfrac{1}{2\pi f_0 C}} \qquad (3-65)$$

而此时等效阻抗的模为

$$|Z_0| = \frac{L}{RC} = \frac{L(2\pi f_0)}{RC(2\pi f_0)} \approx \frac{(2\pi f_0 L)^2}{R} \qquad (3-66)$$

当 $2\pi f_0 L \gg R$ 时

$$2\pi f_0 L \approx \frac{1}{2\pi f_0 C} \ll \frac{(2\pi f_0 L)^2}{R} \qquad (3-67)$$

可见 $I_L \approx I_C \gg I_R$。

I_L 与 I_C 总电流 I_R 的比值称为电路的品质因数，用 Q 表示

$$Q = \frac{I_L}{I_R} = \frac{I_C}{I_R} = \frac{2\pi f_0 L}{R} = \frac{\omega_0 L}{R} = \frac{1}{\omega_0 CR} \qquad (3-68)$$

并联谐振又称电流谐振，常利用并联谐振阻抗高的特点，选择信号或消除干扰。

3.5 功率因数的提高

1. 功率因数过低的后果

在生产实践中，感性负载很多，如交流电器的线圈、电动机、日光灯等，感性负载功率因数都比较低。如电动机，在额定状态下运行时功率因数只有 0.8～0.85，在轻载时只有 0.2～0.3。负载的功率因数低会引起下列不良后果。

(1) 电源的容量不能得到充分利用。

每一台发电机都是根据设计的额定电压和额定电流制造的，其额定容量是一定的，因此对某一额定容量的发电机来说，它所能发出的有功功率与所接受负载的功率因数 $\cos\varphi$ 有关，即

$$P = UI\cos\varphi \qquad (3-69)$$

显然，负载的功率因数越低，发电机所能发出的有功功率就越少，发电机的功率越不能得到充分利用。

(2) 引起供电线路功率损失和电压增加。

因为供电线路输送的功率 $P = UI\cos\varphi$，在电压 U 及线路所输送的有功功率 P 一定的情况下，负载的 $\cos\varphi$ 越低，通过供电线的电流 I 就越大，因此就会使线路的功率损失和电压降增加，既造成线路电能浪费，又使线路电压增加，使负载的端电压降低，这样就可能影响负

载的正常工作，如电灯不够亮，电动机转动不正常等。由上述两方面来看，提高电路的功率因数能使发电设备得到合理应用，改善供电质量及节约电能，从而在同样的发电设备下，提高供电能力。现在，电业局对用电设备的功率因数有一定的要求，比如高压供电企业的功率因数不低于 0.95，其他用电单位不低于 0.9。

提高功率因数是为了更好地利用电能，从而降低电能的无功损耗，对电能的完全利用有着十分重要的意义。

2. 提高功率因数的方法

要提高功率因数 $\cos\varphi$ 的值，必须尽可能减小阻抗角 φ，常用的方法是在电感性负载端并联电容，该电容称为（功率）补偿电容。图 3 – 21 所示电阻与电感串联电路即为感性负载。并联电容器后，电源给负载输入的有功功率不变，但输入的电流却减小了，这就是并联电容器所取得的实际效果，即功率因数得到提高。

下面通过一个例子说明。

【例 3.1】在图 3 – 21 所示的电路中，已知：

$$\dot{U} = 100\angle 0° \text{ V}, \quad R = 1 \text{ Ω}, \quad X_L = 10 \text{ Ω}$$

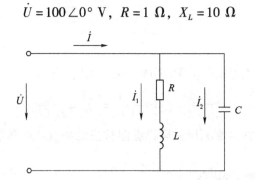

图 3 – 21　电阻、电感串联后与电容并联的交流电路

若并联一只容抗为 $X_C = 10$ Ω 的电容，试计算电容并联前后电路的 P、Q 及功率因数 $\cos\varphi$。

【解】（1）电容并联前

$$\dot{I}_1 = \frac{\dot{U}}{Z_1} = \frac{100\angle 0°}{1 + j10} = \frac{100\angle 0°}{10.05\angle 84.3°}$$
$$= 9.95\angle -84.3° = (0.99 - j9.9) \text{ (A)}$$
$$\cos\varphi = \cos(-84.3°) = 0.099$$
$$P = UI\cos\varphi = 100 \times 9.95 \times 0.099 = 98.5 \text{ (W)}$$
$$Q = UI\sin\varphi = 100 \times 9.95 \times (-99.51)$$
$$= -990.09 \text{ (var)}$$

（2）电容并联后

电路总电流

$$\dot{I} = \dot{I}_1 + \dot{I}_2$$

$$\dot{I}_2 = \frac{\dot{U}}{Z_2} = \frac{100\angle 0°}{-j10} = \frac{100\angle 0°}{10\angle -90°}$$

$$= 10\angle 90° = \text{j}10(\text{A})$$
$$\dot{I} = \dot{I}_1 + \dot{I}_2 = 0.99 - \text{j}9.9 + \text{j}10$$
$$= 0.99 + \text{j}0.1 = 0.995\angle 5.8°\ (\text{A})$$
$$\cos\varphi = \cos 5.8° = 0.995$$
$$P = UI\cos\varphi = 100 \times 0.995 \times 0.995 = 98.99\ (\text{W})$$
$$Q = UI\sin\varphi = 100 \times 0.995 \times 0.101 = 10.05\ (\text{var})$$

电路的相量图如图3-22所示。

可见电路的功率因数被大大地提高,但有功功率在并联电容的前后没有改变,这是因为电容是不消耗电能的。

把功率因数由 $\cos\varphi_1$ 提高到 $\cos\varphi_2$ 所需电容器的电容量可由下式计算:

$C = \dfrac{P}{\omega U^2}(\tan\varphi_1 - \tan\varphi_2)$,其中 C 为补偿电容;P 为电源向感性负载提供的有功功率;U 为电源电压;$\omega = 2\pi f$ 为电源的角频率;φ_1 为并联电容器前感性负载的功率因数角;φ_2 为并联电容器后,整个负载的功率因数角。

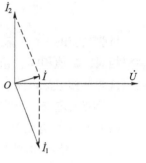

图3-22 电路的相量图

任务 4

三相交流电

目前电能的生产、输送和分配，一般都采用对称三相交流电路。三相交流电就是由三个频率相同、幅值相等、相位互差 120°角的正弦电动势所组成的电源系统。国家所有电网都采用这样三相电流电路，一般 10 kV 以上采用三相三线制，1 000 V 以下采用三相四线制。

三相交流电与单相交流电相比较有以下优点：

(1) 在同等情况下，采用三相制输电能大大节省输电线的金属消耗。

(2) 三相异步电动机和单相电动机相比较，具有输出功率大、负载电流小、性能良好、工作可靠、结构简单、价格便宜等优点，从而获得广泛的使用。

(3) 三相发电机与同容量的单相发电机相比较，一般具有体积小、材料省、价格低等优点。

4.1 三相交流电的产生

三相电源是指由三个频率相同、最大值相同、相位互差 120°的交流电压源按适当的方式连接而成的对称电源。最常见的三相电源是三相交流发电机，图 4-1 所示为其原理图，它的主要组成部分是电枢和磁极。

电枢是固定的，所以也称定子。定子铁芯的内圆周表面有六个凹槽，用来放置三相绕组，如图 4-2 所示。每相绕组完全相同，每个绕组的两端放在相应的凹槽内，要求绕组的

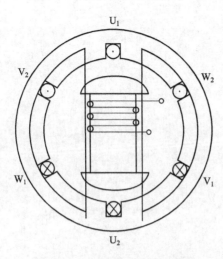

图 4-1 三相交流发电机的原理

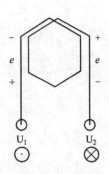

图 4-2 绕组

始端之间或末端之间彼此相隔 120°。习惯上，它们的始端用 U_1、V_1、W_1 表示，对应的末端则用 U_2、V_2、W_2 表示，如图 4-3 所示。

磁极是转动的，所以也称转子。转子铁芯上绕有励磁绕组，用直流励磁。定子与转子之间有一定的间隙，若其极面的形状和励磁绕组的布置恰当，可使气隙中的磁感应强度按正弦规律分布。

当转子以匀速顺时针方向转动时，则每相绕组依次切割磁力线，分别产生频率相同、最大值相同、相位互差 120°的正弦电动势 e_U、e_V、e_W，方向选定为自绕组的末端指向始端。

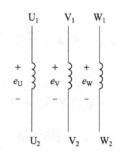

图 4-3 电枢绕组产生的电动势

以 U 相为参考，则

$$e_U = E_m \sin\omega t$$
$$e_V = E_m \sin(\omega t - 120°)$$
$$e_W = E_m \sin(\omega t - 240°) = E_m \sin(\omega t + 120°)$$

(4-1)

也可用相量表示，即

$$\dot{E}_U = E \angle 0°$$
$$\dot{E}_V = E \angle -120°$$
$$\dot{E}_W = E \angle +120°$$

(4-2)

如果用相量图和波形图来表示，则如图 4-4 所示。

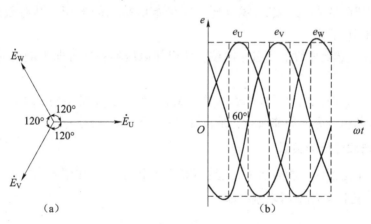

图 4-4 表示三相电动势的相量图和正弦波形
(a) 相量图；(b) 波形图

三相交流电在相位上的先后顺序称为相序。在此，相序为 U→V→W 称为正序，相序为 U→W→V 称为逆序。通常无特殊说明三相电源均为正序。

由上可见，三相电动势的频率相同、最大值相同、彼此间的相位差也相同，这种电动势称为三相对称电动势。显然，它们的瞬时值或相量之和为零，即

$$e_U + e_V + e_W = 0$$
$$\dot{E}_U + \dot{E}_V + \dot{E}_W = 0$$

(4-3)

4.2 三相电源的连接方式

三相发电机有三相绕组、六个接线端,通常将它们按一定的方式连成一个整体再向外供电,常用的连接方法有星形(Y)连接和三角形(△)连接。

4.2.1 星形连接

将发电机三相绕组的末端 X、Y、Z 连于一点,该点称为中性点。这种连接方式叫星形连接,如图 4-5 所示。在星形连接中,从中性点引出的输电线叫中线(零线)。中性点常常通过地线接地。从绕组的起始端 U、V、W 引出的线叫相线(火线)。共有三相对称电源、四根引出线,因此这种电源连接方式习惯称之为三相四线制。

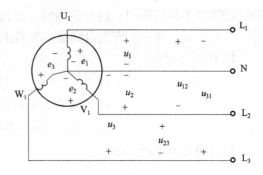

图 4-5 三相电源的星形连接

1. 相电压、线电压及参考方向

相线与中性线间的电压,称为相电压,即每相绕组的始端与末端间的电压,其有效值用 U_1、U_2、U_3 表示(或用 U_P 表示)。

任意两根相线间的电压,称为线电压,即绕组始端间的电压,其有效值用 U_{12}、U_{23}、U_{31} 等表示(或用 U_L 表示)。

在图 4-5 中,选定中性点为参考电位,所以相电压的参考方向为绕组的始端指向末端(中性点)。

线电压的参考方向是用双下标来表示的,如 U_{12} 表示自 L_1 端指向 L_2 端。

各相电动势的参考方向如前所述,是自绕组的末端指向始端的。

2. 相电压与线电压的关系

三相电源星形连接时,相电压 U_P 显然不等于线电压 U_L。在图 4-5 中,L_1、L_2 间电压的瞬时值等于 U 相和 V 相电压之差,即

$$u_{12} = u_1 - u_2 \tag{4-4}$$

同理

$$u_{23} = u_2 - u_3 \tag{4-5}$$

$$u_{31} = u_3 - u_1 \tag{4-6}$$

设

$$\dot{U}_1 = U_P \angle 0° \tag{4-7}$$

则用相量表示为

$$\dot{U}_{12} = \dot{U}_1 - \dot{U}_2 = \sqrt{3} U_P \angle 30° \tag{4-8}$$

$$\dot{U}_{23} = \dot{U}_2 - \dot{U}_3 = \sqrt{3} U_P \angle -90° \tag{4-9}$$

$$\dot{U}_{31} = \dot{U}_3 - \dot{U}_1 = \sqrt{3}U_P \angle 150° \tag{4-10}$$

用相量图表示如图 4-6 所示。

先作出相量 $\dot{U}_1$、$\dot{U}_2$、$\dot{U}_3$，再作出 $\dot{U}_{12}$、$\dot{U}_{23}$、$\dot{U}_{31}$。可见，线电压和相电压一样也是对称的。所以，线电压与相电压的关系为：

（1）线电压大小是相电压的 $\sqrt{3}$ 倍；即

$$U_L = \sqrt{3}U_P \tag{4-11}$$

（2）线电压超前对应的相电压 30°。

需要指出的是，在电力系统中，当发电机、变压器的绕组连接成星形时，不一定都要引出中性线，引出中性线就可以向负载提供两种等级的电压（相电压、线电压），其目的是为了满足用电负载的需要；当三相电源连接成星形，不引出中性线这种供电方式称为三相三线制，如图 4-7 所示。

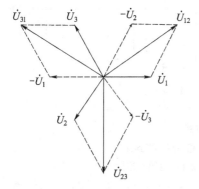

图 4-6 相电压与线电压的相量图

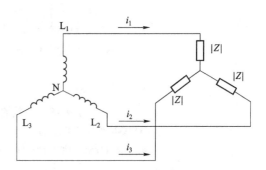

图 4-7 三相三线制

4.2.2 三角形连接

图 4-8 所示为发电机绕组的三角形连接。

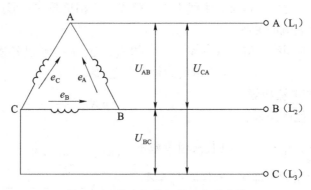

图 4-8 发电机绕组的三角形连接

显然，$U_{AB} = U_A$，$U_{BC} = U_B$，$U_{CA} = U_C$，此说明发电机绕组做三角形连接时，线电压就等于电源每相绕组的相电压，即 $U_L = U_P$。如果每相电动势为 220 V，则三角形连接时，$U_L = U_P = 220$ V。

4.3 三相负载的连接

三相交流电路中负载的连接方式有星形和三角形两种。图 4-9（a）所示为发电机绕组的三角形连接。如果负载的额定电压等于电源的相电压，则三相负载就做星形连接，如图 4-9（b）所示；如果负载的额定电压等于电源的线电压，则三相负载应做三角形连接，如图 4-9（c）所示；对于单相负载，可按负载的额定电压等于电源相（线）电压的原则，接在相（线）电压上，如图 4-9（a）、（d）所示。

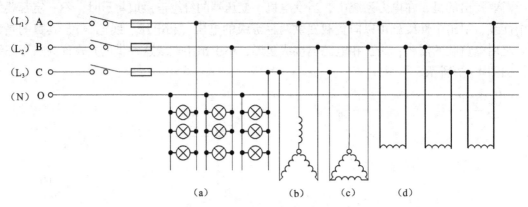

图 4-9 负载的连接方式

(a) 单项负载（相电压）连接；(b) 三相负载星形连接；
(c) 三相负载三角形连接；(d) 单相负载（线电压）连接

4.3.1 负载的星形连接和中线的作用

1. 负载的星形连接

如图 4-10 所示，将三相负载 Z_A、Z_B、Z_C 的一端分别接到 A 线、B 线和 C 线上，而每个负载的另一端连在一起后，再接到中线上去，就成为三相负载的星形连接。

（1）线电流与相电流的关系。

通过各火线的电流叫线电流，如图 4-10 中的 I_A、I_B、I_C。通过各相负载的电流叫相电流，如图 4-10 中的 I_a、I_b、I_c。当三相负载做星形连接时，$I_A = I_a$，$I_B = I_b$，$I_C = I_c$，所以 $I_L = I_P$，即线电流与相电流相等。

（2）相电压与电流的关系。

$I_A = \dfrac{U_A}{Z_A}$，$I_B = \dfrac{U_B}{Z_B}$，$I_C = \dfrac{U_C}{Z_C}$，如果三相负载的阻抗大小及性质完全相同，即 $Z_A = Z_B = Z_C = Z_P$，就叫作对称三相负载。

因为三相电源相电压是对称的，即有效值相等，仅相位互差 120°，所以 3 个相电流相等，各相电流与该相电压之间的相位差也相等，即对称三相电流，那么负载中线电流等于 0，因而不用中

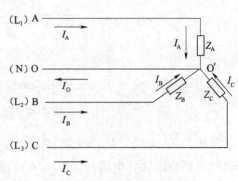

图 4-10 负载的星形连接

线时，对电路也没有影响，这样中线可以省略，就构成了三相三线制。三相三线制电路在工业中用得较多，俗称动力线，主要用于三相对称负载，如三相电动机负载。

2. 负载不对称时中线的作用

如果负载不对称，但电路中有中线时，不论各相负载大小如何，负载的相电压总是等于电源的相电压，即负载的相电压仍是对称的。但当中线断开后，不对称负载的相电压就不相等了，阻抗小的其相电压减小，阻抗大的其相电压增高，这将造成电气设备烧毁，所以任何时候中线上都不能装熔断器，且在输电时中线常用钢丝，以防中线断开。

4.3.2 负载的三角形连接

三相负载做三角形连接，即依次把一相负载的末端和下一相负载的始端相接，组成一个封闭的三角形，如图4-11所示。

1. 线电压与相电压的关系

各相负载是直接接在电源的两个相线之间，所以，每相负载不论对称与否相电压就是相应的电源线电压，即 $U_P = U_L$。

2. 线电流与相电流的关系

在负载为三角形连接时，相电压就是线电压，即有

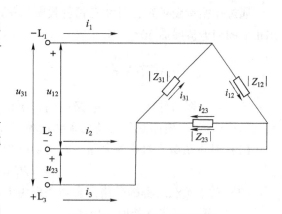

图4-11 负载的三角形连接

$$U_P = U_L \tag{4-12}$$

但相电流 I_P 和线电流 I_L 是不等的，各相负载电流分别为

$$\dot{I}_{12} = \frac{\dot{U}_{12}}{Z_{12}} \tag{4-13}$$

$$\dot{I}_{23} = \frac{\dot{U}_{23}}{Z_{23}} \tag{4-14}$$

$$\dot{I}_{31} = \frac{\dot{U}_{31}}{Z_{31}} \tag{4-15}$$

各相负载的电压与电流之间的相位差分别为

$$\varphi_{12} = \arctan \frac{X_{12}}{R_{12}} \tag{4-16}$$

$$\varphi_{23} = \arctan \frac{X_{23}}{R_{23}} \tag{4-17}$$

$$\varphi_{31} = \arctan \frac{X_{31}}{R_{31}} \tag{4-18}$$

负载的线电流可用基尔霍夫电流定律得到

$$\dot{I}_1 = \dot{I}_{12} - \dot{I}_{31}$$

$$\dot{I}_2 = \dot{I}_{23} - \dot{I}_{12} \tag{4-19}$$

$$\dot{I}_3 = \dot{I}_{31} - \dot{I}_{23} \tag{4-20}$$

如果负载对称，即

$$|Z_{12}| = |Z_{23}| = |Z_{31}| = |Z| \tag{4-21}$$

$$\varphi_{12} = \varphi_{23} = \varphi_{31} = \varphi \tag{4-22}$$

则负载的相电流也是对称的，即有

$$I_{12} = I_{23} = I_{31} = I_P = \frac{U_P}{|Z|} \tag{4-23}$$

$$\varphi_{12} = \varphi_{23} = \varphi_{31} = \varphi = \arctan\frac{X}{R} \tag{4-24}$$

通过作相量图可知，对称三相负载做三角形连接时，线电流是相电流的$\sqrt{3}$倍，但线电流比相应的相电流滞后30°。

4.4 三相电功率

三相电功率的计算与单相电路相同，不论三相电路电源或负载是何种形式（星形连接或三角形连接），电路总的有功功率必定等于各相有功功率的和。

（1）对于负载不对称的电路，有功功率为

$$P = P_1 = P_2 = P_3 \tag{4-25}$$

（2）对于负载对称的电路，有功功率为 $P = 3U_P I_P \cos\varphi$

一种情况：星形连接时，由于

$$U_L = \sqrt{3} U_P \tag{4-26}$$

$$I_L = I_P \tag{4-27}$$

则 P 可表示为

$$P = \sqrt{3} U_L I_L \cos\varphi \tag{4-28}$$

另一种情况：三角形连接时，由于

$$U_L = U_P \tag{4-29}$$

$$I_L = \sqrt{3} I_P \tag{4-30}$$

则 P 也可表示为

$$P = \sqrt{3} U_L I_L \cos\varphi \tag{4-31}$$

所以对于对称负载三相电路，有功功率可通过线电压、线电流的有效值或相电压、相电流的有效值求得，即

$$P = 3U_P I_P \cos\varphi \tag{4-32}$$

$$P = \sqrt{3} U_L I_L \cos\varphi \tag{4-33}$$

式中，φ 角仍为相电压与相电流之间的相位差。

同理可得出三相无功功率和视在功率

$$Q = 3U_P I_P \sin\varphi = \sqrt{3} U_L I_L \sin\varphi \tag{4-34}$$

$$S = 3U_P I_P = \sqrt{P^2 + Q^2} \tag{4-35}$$

在实际工作中，因为在线路上测量线电压和线电流比测量相电压和相电流方便，所以三相对称功率的表达式一般多采用线电压和线电流表示。

学生工作页（三）

项目二　交流部分					
任务一	正弦交流电的基本知识				
班级		学号		姓名	

本任务车辆电工岗位达标要求：
1. 理解正弦量的三要素。
2. 相量表示法（相量表达式、相量图）。
3. 初相的取值范围。

能力训练

观察电路图，完成工作任务。

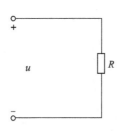

1. 交流电压 u 的三要素分别是什么？

2. 试写出正弦交流电 u、i 的相量表达式。

续表

3. 试画出正弦交流电 u、i 的相量图。 4. 能不能将正弦交流电 u、i 的相量图画在同一图中，为什么。 	
学生自评	
我的心得： 建议或提出问题	
教师评价	

学生工作页（四）

项目二 交流部分				
任务二	单一参数的交流电路			
班级		学号		姓名

本任务车辆电工岗位达标要求：
1. 了解交流电对不同负载的作用。
2. 掌握纯电阻电路，u 与 i 的相位关系。
3. 掌握纯电感电路，u 与 i 的相位关系。
4. 掌握纯电容电路，u 与 i 的相位关系。

能力训练

观察电路图，完成工作任务。

1. $u = 317\sin(314t + 30°)$ V，$R = 10$ Ω。

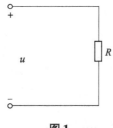

图 1

（1）试求出纯电阻电路中，正弦交流电的电流 i。

（2）试写出纯电阻电路中，电压、电流的相量表达式。

（3）试求出纯电阻电路中，电压、电流的相位差。

（4）试求出纯电阻电路中有功功率和无功功率。

（5）试作出纯电阻电路中，电压、电流的相量图。

2. $u = 317\sin(314t + 30°)$ V，$X_L = 10$ Ω。

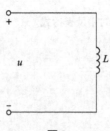

图 2

(1) 试求出纯电感电路中,正弦交流电的电流 i。

(2) 试写出纯电感电路中,电压、电流的相量表达式。

(3) 试求出纯电感电路中,电压、电流的相位差。

(4) 试求出纯电感电路中,有功功率和无功功率。

(5) 试作出纯电感电路中，电压、电流的相量图。

3. $u = 317\sin(314t + 30°)$ V，$X_C = 10$ Ω。

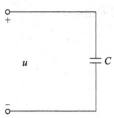

(1) 试求出纯电容电路中，正弦交流电的电流 i。

(2) 试写出纯电容电路中，电压、电流的相量表达式。

(3) 试求出纯电容电路中，电压、电流的相位差。

续表

（4）试求出纯电容电路中，有功功率和无功功率。

（5）试作出纯电容电路中，电压、电流的相量图。

学生自评
我的心得：   建议或提出问题

教师评价

学生工作页（五）

项目二　交流部分		
任务三	三相交流电	
班级	学号	姓名

本任务车辆电工岗位达标要求：

1. 了解Y接法。
2. 了解△接法。
3. 了解相电压、线电压关系。

能力训练

1. 观察电路图 1，完成工作任务。

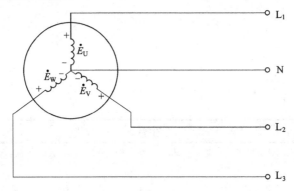

图 1

（1）如图 1 所示，是三相电源的什么接法？

（2）L_1、L_2、L_3、N 分别表示什么，是几相几线制？

（3）在图1中标出相电压和线电压。

（4）相电压、线电压在数值上和相位上有什么关系？

2. 观察电路图2完成工作任务。

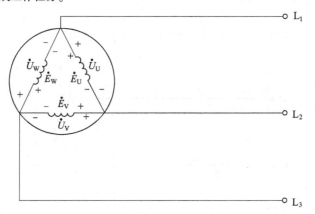

图2

（1）如图2所示,是三相电源的什么接法？

（2）L_1、L_2、L_3 分别表示什么，是几相几线制？

（3）相电压、线电压在数值上和相位上有什么关系。

3. 观察电路图 3，完成工作任务。

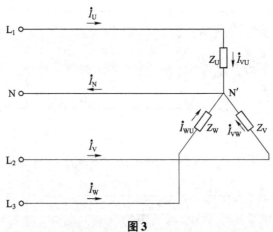

图 3

（1）如图 3 所示，是三相负载的什么接法？

（2）L_1、L_2、L_3、N 分别表示什么，是几相几线制？

（4）相电流、线电流在数值上和相位上有什么关系？

4. 观察电路图4，完成工作任务。

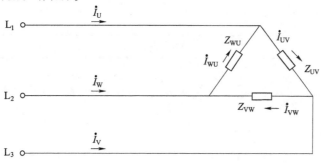

图 4

（1）如图4所示，是三相负载的什么接法？

续表

(2) L_1、L_2、L_3 分别表示什么,是几相几线制?

(3) 相电流、线电流在数值上和相位上有什么关系?

学生自评
我的心得: 建议或提出问题

教师评价

学生工作页（六）

项目二　交流部分				
任务四	功率因数的提高			
班级		学号		姓名	

本任务车辆电工岗位达标要求：
1. 了解什么是功率因数。
2. 了解如何提高功率因数。

能力训练

观察电路图，完成工作任务。

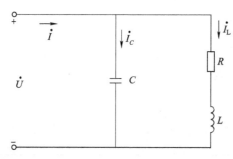

1. 什么是功率因数，为什么要提高功率因数？

2. 电路中的负载呈现什么性质？

续表

3. 如何提高功率因数？

4. 试画出增加电容前后，电路中总电压和总电流的相量图，说明功率因数是如何提高的。

学生自评

我的心得：

建议或提出问题

教师评价

项目三

磁路及常用低压器件

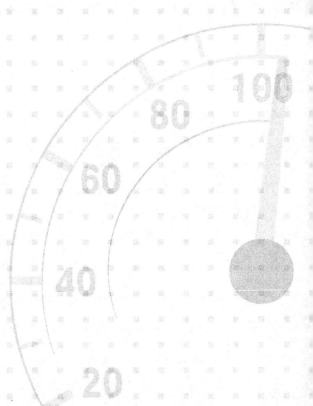

任务 5

电流的磁场

电生磁，磁又可生电。电与磁是密切联系的；同样，磁路与电路是相互关联的，在许多的实际应用中是不能孤立分析的。如电工测量仪表、电磁开关、继电器、电动机、变压器等电工设备，它们都是根据电与磁的相互转化、相互作用原理制成的。

5.1 磁的基本知识

1. 磁铁的性质

磁铁能够吸引铁、钴、镍等物质的性质叫作磁性。如果让磁铁吸引铁屑，可看到在磁铁的两端吸引的铁屑最多，这两端就叫作磁铁的磁极。任何一个磁铁都有两个磁极。如果将磁针用线悬挂支架支撑起来，使它能在水平面内自由转动，那么当它停下来时，总是一个磁极指向北方，一个磁极指向南方，把指北的磁极叫作北极（N极），指南的磁极叫作南极（S极）。

如果将一根磁铁悬挂起来，使它能自由转动，并用另一根磁铁的磁极去接近它，如图5-1所示，可以发现N极和N极相互排斥，S极和S极也相互排斥，只有N极和S极相互吸引，可见同性磁极相斥，异性磁极相吸。这现象也说明，在磁铁的周围空间有力的存在，我们把这种力叫作磁力，而把磁铁周围有磁力作用的空间称为磁场。磁极之间的磁场和电一样也是一种特殊物质。

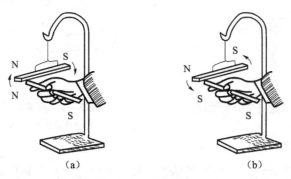

图 5-1 磁性现象
（a）同性相斥；（b）异性相吸

2. 磁场及其表示方法

磁场虽然看不见摸不着，但通过实验可以证明它的存在。例如，在一块玻璃板上面均匀地撒上铁粉，在玻璃下面放一块磁铁，可清楚地看到铁粉在磁力作用下，排列成有规律的线条,如图 5-2（a）所示。这些线条都是从磁铁的一极到另一极,我们称它为磁力线。因此,可用磁力线将磁场形象地表示出来,如图 5-2（b）所示。

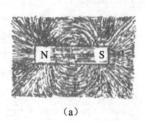 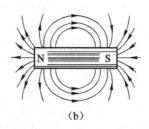

图 5-2　条形磁铁的磁场

(a) 实物图；(b) 磁力线

磁力线有以下特性：磁铁外部的磁力线是从北极到南极,磁铁内部的磁力线是从南极到北极；磁力线是闭合曲线,不中断、不交叉；磁力线具有缩短自己长度的倾向,因此有张力；同向的磁力线相斥,异向的相吸；磁力线易于通过钢、铁和其他铁磁物质。

5.1.1　电流的磁场

1. 通电直导体的磁场

把一条直导线平行地放在磁针的上方,给导线通电,磁针就发生偏转,如图 5-3 所示,这说明不仅磁铁能产生磁场,电流也能产生磁场。如果用磁力线表示磁场,那么通电直导体周围磁场的磁力线就是以导体为中心的一组圆,如图 5-4（a）所示,这些同心圆都在跟导体垂直的平面上。磁力线方向与电流方向的关系,可用右手螺旋法则确定：用右手握住导线,让伸直的大拇指所指的方向跟电流方向一致,那么弯曲的 4 指的方向就是磁力线的环绕方向,如图 5-4（b）所示。

 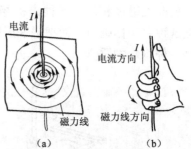

图 5-3　直导体通电流时的磁现象　　　　图 5-4　直导体周围的磁场

(a) 直导体的磁场；(b) 右手螺旋法则

2. 环形电流的磁场

环形电流磁场的磁力线是一些围绕环形导线的闭合曲线,在环形导线的中心轴线上磁力线和环形导线的平面垂直,如图 5-5 所示。环形电流的方向跟它的磁力线方向之间的关系,可用右手定则来判定：让右手弯曲的 4 指和环形电流的方向一致,那么伸直的大拇指的方向为环形导线中心轴线上磁力线的方向。

3. 通电线圈（螺线管）的磁场

把磁针靠近通电线圈时,磁针将会被通电线圈吸引或排斥,这说明通电线圈很像条形磁铁，周围也存在磁场，其一端相当于北极，另一端相当于南极。通电线圈内磁力线的方向是（即磁极的极性）和电流的方向有关，其方向可用右手螺旋法则来确定：用右手握住线圈，让弯曲的 4 指所指的方向跟电流的方向一致，那么，大拇指所指的方向就是线圈内部磁力线的方向（即北极的方向），如图 5-6 所示。线圈的圈数越多，通过的电流越大，线圈的磁场也就越强。在线圈内的磁场最强，而接近线圈两端的磁场逐渐减弱。

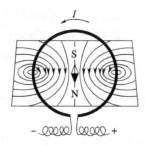

图 5-5　环形导线周围的磁力线分布

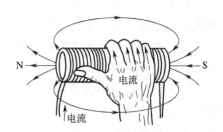

图 5-6　通电线圈磁场的磁力线

从上面可知，电和磁是相互依赖而存在的，凡是有电流的地方都存在磁场，人们把这种现象称为电流的磁效应。

5.1.2　磁的基本物理量

1. 磁通

磁场不仅有方向性，而且在磁场内各处磁性的强弱是不相同的，靠近磁极处最强，离磁极越远越弱。磁通就是指垂直于磁场的某一面积 A 上所穿过的磁力线的数目，反映了磁导体某个范围内磁力线的多少，如图 5-7 所示。磁通用 Φ 表示，在国际单位制中，磁通的单位是韦伯（Wb），简称韦。实用中还用麦克斯韦（Mx）作为磁通的单位。它们之间的关系是：$1\ Mx = 10^{-8}\ Wb$。

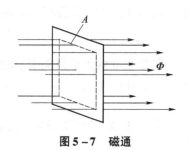

图 5-7　磁通

2. 磁感应强度

磁感应强度是用来描述磁场中各点磁场强弱和方向的物理量，用 B 表示。它的方向就是该点磁场的方向，可用右手螺旋定则来确定；它的大小可用磁力线的疏密来表示，磁力线密的地方表示磁感应强度大。倘若磁场中各电磁感应强度的大小相等、方向一致，则这个磁场叫均匀磁场，均匀磁场的磁力线是一组疏密均匀、方向一致的平行线。

在均匀磁场中，磁感应强度等于垂直穿过单位面积的磁力线数目，即

$$B = \frac{\Phi}{A} \tag{5-1}$$

在式（5-1）中，Φ 的单位是 Wb（韦伯），A 的单位是 m^2，磁感应强度 B 的国际单位是特斯拉（T），简称特，即

$$1\ T = 1\ Wb/m^2$$

工程中常用到一个较小的单位 Gs（高斯）来表示磁感应强度。

$$1\ Gs = 10^{-4}\ T$$

3. 磁导率

如果用一个通电的线圈去吸引铁块，然后在线圈中插入一根铜棒也去吸引同一铁块，最后把铜棒换成铁棒再去吸引铁块，就会发现前两种情况线圈对铁块的吸力都不大，而含有铁棒的线圈吸力却大得多。上述实验表明，同一个线圈磁性的强弱（即磁感应强度的大小），不但与电流有关，而且与磁场中的介质有密切关系。为了表征介质的磁性，引入导磁系数这个物理量，它用符号 μ 表示，单位是亨/米（H/m）。对不同的介质，导磁能力很弱的物质叫非铁磁物质，如铝、铜、木材、空气等。铁磁物质的导磁系数是非铁磁物质的几十倍到几百万倍。可见，要想使通电螺线管产生的磁场加强，除增加电流外，更重要的就是在螺线管中插入铁磁物质制成的铁芯。

磁导率值大的材料，导磁性能好。所谓的导磁性能好，指的是这类材料被磁化后能产生很大的附加磁场。

不同的物质有不同的 μ，在真空中的磁导率为 μ_0，由实验测得为一常数，其值为

$$\mu_0 = 4\pi \times 10^{-7} \text{ H/m}$$

4. 磁场强度

磁场中因各种物质的磁导率不同，即磁场相同而导磁物质不同，则磁感应强度不同。这就给计算磁感应强度带来麻烦，为此引出另一个物理量——磁感应强度 H。它与物质磁导率无关，与载流导体的形状、电流的大小等有关。

磁场中某点磁场强度的大小等于该点的磁感应强度的数值除以该点的磁导率，磁场强度的方向与该点磁感应强度的方向相同，即

$$H = \frac{B}{\mu} \tag{5-2}$$

磁场强度的大小只决定于励磁电流、导线的几何形状、匝数及位置，而与磁介质的性质无关。磁场强度 H 是矢量，其单位是 A/m（安/米）。

5.2 磁性材料的磁性能

5.2.1 磁饱和性

铁磁性材料磁化所产生的磁场不会随外磁场的增强而无限增强，当外磁场增大到一定的值时，全部磁畴的磁场方向都转到与外磁场方向一致，这时铁磁性材料内的磁感应强度将达到饱和值，这一点充分反映在如图 5-8 所示的磁化曲线（$B-H$ 曲线）上 b 点（膝点）到 c 点（饱和点）的范围。由图 5-8 可见，磁化曲线具有如下特点：

Oa 段：随 H 增大，B 几乎是直线上升；

ab 段：随 H 增大，B 的增长变慢；

bc 段：随 H 增大，B 增长极慢，铁磁材料内部的磁场达到了饱和值 B_m。

5.2.2 磁滞性

所谓磁滞，就是在外磁场 H 做正负变化（如线圈中通以交变电流）的反复磁化过程中，磁性材料中磁感应强度 B 的变化总是落后于外磁场 H 的变化，磁性材料反复磁化后，可得

到如图 5-9 所示的磁滞回线。剩磁现象就是铁磁材料磁滞性的表现。

（1）当线圈中的励磁电流 i 由零向正方向增长时，铁芯被磁化，产生的磁感应强度 B 按磁化曲线变化（0-1 段）。

（2）当线圈中的励磁电流 i 由正方向值降至零时（$H=0$），铁芯磁化获得的磁性尚未完全消失，B 按 1-2 段变化。

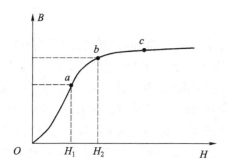

图 5-8 铁磁材料的 $B-H$ 关系示意图

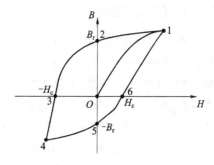

图 5-9 磁滞回线

此时，铁芯中所保留的磁感应强度称为剩磁 B_r。

（3）当线圈中的励磁电流 i 过零向反方向增长时，B 按 3-4 段变化。

（4）当线圈中的励磁电流 i 由反方向值降至零时（此时 $H=0$），B 按 4-5 段变化。此时，铁芯中也有剩磁 B_r。

（5）当线圈中的励磁电流 i 由零向正方向增长时，B 按 5-6-1 段变化。磁电流 i 如此不断交替变化，B 按 1-2-3-4-5-6-1 不断循环变化，形成图 5-9 所示闭合曲线。

磁性材料都有磁滞性，即当 $H=0$ 时，B 不为零，铁芯中有剩磁 B_r，剩磁有时是有用的，有时无用。要使铁芯中的剩磁消失，通常改变线圈中励磁电流的方向，也就是改变磁场强度的方向进行反向磁化，如图 5-9 中的 2-3 和 5-6 段所示。使 $B=0$ 时的值，称为矫顽磁力 H_c。

需要指出：磁材料的磁化曲线和磁滞回线是通过实验方法测得的；磁材料不同，其磁化曲线和磁滞回线也不同。

5.2.3 铁磁材料的分类

铁磁材料根据磁滞回线的不同形状，铁磁材料基本上分为软磁材料、硬磁材料和矩磁材料三大类。

（1）软磁材料，如纯铁、铸铁、硅钢。这类材料的磁滞回线狭窄，剩磁和矫顽磁力均较小，撤去外磁场后，磁性大部分消失，在交变磁场作用下，磁滞损耗小，所以适用于交变磁场下工作的电器。例如一些电子设备中的电感元件，或变压器、电动机、发电机的铁芯都必须用软磁材料制造，交流电磁铁、继电器、接触器也必须用软磁材料，以使在切断电流后没有剩磁，也可做计算机的磁芯、磁鼓以及录音机的磁带、磁头等。

（2）硬磁材料，如碳钢、钨钢、钴钢及铁镍合金等，这类材料的磁滞回线较宽，剩磁和矫顽磁力都较大，必须用较强的外加磁场才能使它磁化，而且一经磁化，磁性不易消失。这类材料适用于制造永久磁铁。

(3) 矩磁材料，如镁锰铁氧体等，磁滞回线接近矩形，在计算机和控制系统中，用于计算机存储器的磁芯，用作记忆元件、开关元件和逻辑元件。

5.3 磁路基本定律

5.3.1 磁场对电流的作用

把一段水平的直导线放在竖直方向的磁场中，没有通过电流时导体在磁场里不动。当导体通电后，导体要向外运动，如图5-10所示，显然，磁场对通电导体有力的作用。通电导体在磁场里受力的作用，实际上是磁场与磁场相互作用的结果。图5-11（a）所示的磁场的方向为从左到右，通电导体的磁场方向根据右手法则，是以导体为中心的一顺时针方向的圆环。从图5-11（a）中可见，导体下边的两个磁场的磁力线方向相反，互相抵消一些，磁力线变得稀疏，即合成磁场减弱；而导体上边两个磁场的磁力线方向相同，磁力线加密，即合成磁场增强，结果造成磁力线弯曲，如图5-11（b）所示。由于磁力线有缩短的倾向，迫使导体向下运动，所以导体受到一个向下的力。

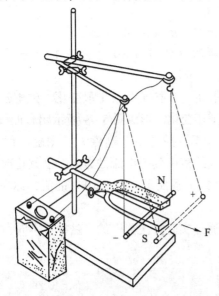

图5-10 通电导体在磁场中受到力的作用

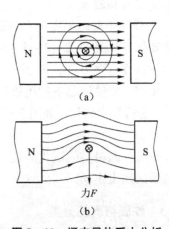

图5-11 通电导体受力分析

如果改变图5-11中导体里的电流方向，或改变磁场方向，导体的运动方向都将相应改变。磁场方向、电流方向和磁场对电流作用方向三者之间的关系，可用左手定则确定：伸开左手掌，使大拇指和其余4根手指垂直，让磁力线穿过手心，4根手指顺着电流的方向，那么大拇指所指向的方向就是磁场对通电导线的作用力的方向，如图5-12所示。实验表明，磁场越强，导体中电流越大，在磁场中导体越长，导体受力也就越大。导体和磁场方向垂直时，导体受的力最大；若导体与磁场方向一致，则导体所受力等于0。如果导体与磁场方向成某一角度 α，如图5-13所示，导体长度为 L（m），通过的电流为 I（A），磁感应强度为 B（T），则通电导体所受的力 F（N）可表示成：$F = BIL\sin\alpha$。

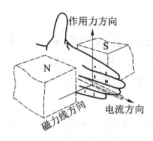
图 5-12 用左手定则判定
导体的受力方向

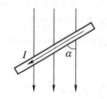
图 5-13 电流方向与磁场
方向不垂直的情形

5.3.2 电磁感应

1. 感应电动势的产生

如图 5-14 所示,在电磁铁的 N、S 极间放一根导体 ab,导体的两端分别与电流计的两个接线柱连接。当导线做切割磁力线运动时,电流计的指针就会偏转,这表示闭合电路里有电流通过。当导线在磁场里不动时,则电流计的指针不会偏转,这说明闭合电路里没有电流通过。可见,闭合电路的一部分导体在磁场里做切割磁力线运动时,电路里就会产生电流。再如,在图 5-15 中,将一个线圈的两端接到电流计上,此时电流计指针不会偏转,因为这时电路没有电源。但如果把一条形磁铁很快插入线圈,电流计指针就偏转,表明线圈中有电流通过。但如果磁铁与线圈保持相对静止,电流计指针就不偏转了,表明线圈中没有电流通过。可见只有当磁铁与线圈间有相对运动,通过线圈回路内的磁通发生变化时,线圈中才会产生电流。

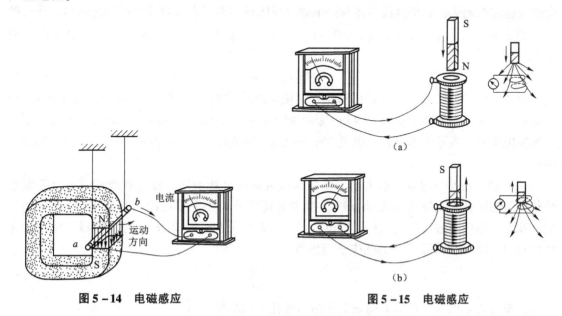

图 5-14 电磁感应   图 5-15 电磁感应

当闭合电路的部分导体在磁场里做切割磁力线运动或穿过闭合电路内的磁力线发生变化时,闭合电路里会产生感应电流,由电磁感应产生的电动势,叫作感应电动势;由感应电动势推送出来的电流,叫作感应电流。

2. 感应电动势的方向

(1) 线圈中感应电动势的方向。感应电流产生的磁场总是阻碍原磁场的变化,也就是说,当线圈中的磁通要增加时,感应电流就产生一个磁场阻止它增加;当线圈中的磁通要减少时,感应电流所产生的磁场就阻止它的减少,这就是确定感应电流方向的法则,称为楞次定律。

楞次定律为我们提供了一个判断感应电动势或感应电流方向的法则,具体步骤如下:判定原磁通的方向及其变化趋势(即增加还是减少),再根据感应电流的磁场方向与原磁通的变化方向永远相反的原则来确定感应电流的磁场方向;或利用右手螺旋定则判定感应电流的方向,感应电动势的方向与感应电流方向相同。

(2) 直导体切割磁力线时电动势方向。磁场的方向、导体运动的方向、感应电动势的方向三者之间的关系由右手定则来确定,如图5-16所示。

伸开右手,让拇指跟其余4指垂直,并且都跟手掌在一平面内,手心对着磁铁北极,使拇指指向导体运动的方向,则其余4指所指的就是感应电动势的方向。如果导体不动,用外力使磁极运动,也等于使导体做切割磁力线的运动,那么在导体中同样可产生感应电动势。

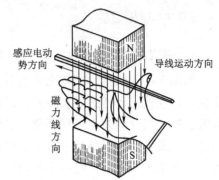

图5-16 导线切割磁力线运动时感应电动势的方向

3. 感应电动势的大小

(1) 直导体中感应电动势的大小。导体在磁场里做切割磁力线运动时,在这段导体上会产生感应电动势,如果这段导体与外电路接成闭合回路,就有感应电流流过回路。当长度为 L 的导体,在感应强度为 B (T) 的均匀磁场中以速度 v (m/s) 运动时,其感应电动势 E (V) 为

$$E = BLv\sin\alpha \tag{5-3}$$

由式(5-3)可见,当导体做垂直切割磁力线运动时,$\alpha = 90°$,$\sin\alpha = 1$,$E = BLv$,感应电动势最大;当导体运动方向跟磁力线方向平行时,$\alpha = 0°$,$\sin\alpha = 0$,$E = 0$,导体中不产生感应电动势,当导体运动方向跟磁力线方向成 α 夹角时,$0° < \alpha < 90°$,$0 < \sin\alpha < 1$,$0 < E < BLv$。

(2) 线圈中感应电动势的大小。当磁铁接近或离开线圈时,穿过线圈的磁通就要发生变化,线圈里就产生感应电动势,这个感应电动势的大小和磁通的变化速率(即变化率)成正比,此结论叫法拉第电磁感应定律。当用 $\Delta\Phi$ 表示在时间间隔 Δt 内 N 匝线圈中的磁通变化量时,则 N 匝线圈产生的感应电动势为

$$E = -N\frac{\Delta\Phi}{\Delta t} \tag{5-4}$$

式中,负号表示感应电动势方向永远和磁通变化方向相反。

在实际应用中,常用楞次定律来判断感应电动势的方向,而用法拉第电磁感应定律来计算感应电动势的大小(取绝对值)。

5.4 磁路欧姆定律

1. 交流铁芯线圈电路中的电磁关系

所谓磁路就是经过磁材料构成的磁通路径，它是一个闭合的通路。闭环线圈通电流的磁路，磁通经过铁芯闭合，铁芯中磁场均匀分布，这种磁路也称为均匀磁路，产生的磁通为主磁通；磁通都经过铁芯和空气隙闭合，磁场分布不均，所以又称不均匀磁路，产生的磁通为漏磁通。

在变压器、电动机和各种铁磁元件等电气设备和测量仪表中，为了使较小的励磁电流产生较大的磁感应强度（磁场），常采用磁导率高的磁性材料做成一定形状的铁芯。图 5-17 所示为交流铁芯线圈电路，线圈的电压和磁通关系如图 5-17（a）所示，电路模型如图 5-17（b）所示。在线圈中加上正弦交流电压 u，则在线圈中产生交变电流 i 及相应的磁动势 iN。此磁动势产生的磁通有两部分：一部分经铁芯形成闭合路径，称主磁通，也称工作磁通；另一部分经空气形成闭合路径，称漏磁通。

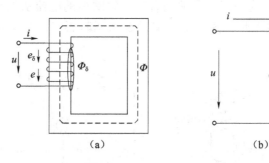

图 5-17 交流铁芯线圈电路
(a) 交流铁芯线圈电路；(b) 电路模型

根据电磁感应现象，Φ 和 Φ_δ 分别产生感应电动势 e 和 e_δ，设 e 和 e_δ 与产生的感应磁通的参考方向符合右手螺旋关系。由于铁芯线圈电阻的电压降和漏磁产生的感应电动势很小，故被忽略，则由电磁感应定律可知

$$u = -e = N\frac{\mathrm{d}\Phi}{\mathrm{d}t} \tag{5-5}$$

设 $\Phi = \Phi_\mathrm{m}\sin\omega t$，则

$$e = -N\frac{\mathrm{d}\Phi}{\mathrm{d}t} = -\omega N\Phi_\mathrm{m}\cos\omega t = 2\pi f N\Phi_\mathrm{m}\sin(\omega t - 90°) = E_\mathrm{m}\sin(\omega t - 90°) \tag{5-6}$$

式中，$E_\mathrm{m} = 2\pi f N\Phi_\mathrm{m}$ 是电动势 e 的幅值。
所以

$$u = -e = 2\pi f N\Phi_\mathrm{m}\sin(\omega t + 90°) = U_\mathrm{m}\sin(\omega t + 90°) \tag{5-7}$$

式中，$U_\mathrm{m} = 2\pi f N\Phi_\mathrm{m}$ 是电压的幅值，而其有效值则为

$$U = \frac{U_\mathrm{m}}{\sqrt{2}} = \frac{2\pi f N\Phi_\mathrm{m}}{\sqrt{2}} = 4.44 f N\Phi_\mathrm{m} \tag{5-8}$$

由此可见，当线圈加上正弦电压时，铁芯中的磁通也是同频率的正弦交流量，相位滞后

电压 90°，在数值上端电压有效值 $U = 4.44fN\Phi_m$。

当电源频率 f、线圈匝数 N 一定时，主磁通的幅值 Φ_m 大小只取决于外施电压的有效值，与磁路性质无关。它是分析变压器、交流电动机、交流接触器等的重要概念。

5.5 交流铁芯线圈电路及功率损耗

铁芯线圈按励磁方式不同，有直流铁芯线圈和交流铁芯线圈。直流铁芯线圈中，由于励磁电流是直流，产生的磁通是恒定的，在线圈和铁芯中没有感应电动势，所以电压、电流关系及功率与一般直流电路相同。而交流铁芯线圈电路，由于铁芯线圈中的磁通是变化的，在线圈中会产生感应电动势，而且还由于铁芯的导磁性能不像空气一样，会发生变化，故交流铁芯线圈在电磁关系、功率损耗等方面和直流铁芯线圈有所不同。

5.5.1 自感

如图 5-18（a）所示，两个灯泡瓦数相同，电阻器的电阻等于线圈的电阻，开关闭合时，L_2 立即亮，L_1 逐渐亮。这是因为开关闭合时，线圈中的电流从无到有，线圈中的磁通也从无到有而产生了感应电动势，这个电动势总是力图阻碍线圈中电流的变化，因此流过 L_1 灯的电流增长慢。

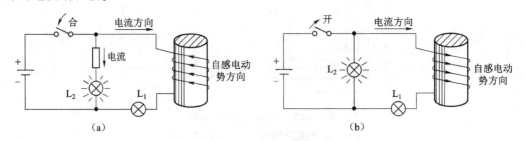

图 5-18 自感现象

在图 5-18（b）中，原来开关已闭合，现在突然将开关打开，灯不是立即暗，而是逐渐暗。这是因为当切断电源时，线圈中电流迅速减小，线圈中磁通也在迅速减小，因此在线圈中产生的感应电动势阻碍电流的减小，使得电流降得慢一些，因此灯泡不会立即熄灭。这种由于线圈本身电流变化而在线圈自身引起的电磁感应现象叫自感现象。在自感现象中产生的感应电动势叫自感电动势。从以上分析可见，当线圈中电流变化时，线圈本身就产生自感电动势来阻碍电流的变化，自感电动势的方向由楞次定律确定：当外电流增加时，自感电流的方向和外电流方向相反；当外电流减小时，自感电流的方向和外电流方向相同。

表示线圈产生自感电动势能力的参数叫自感系数，简称自感或电感，用 L 表示，L 的单位是亨利，用符号 H 表示。较小的电感单位为毫亨（mH）或微亨（μH），它们之间关系是：

$$1\ \text{H} = 1\ 000\ \text{mH},\quad 1\ \text{mH} = 1\ 000\ \mu\text{H}$$

自感电动势除和 L 有关外，还和线圈中电流变化的快慢有关。若电流变化率用 $\dfrac{\Delta I}{\Delta T}$ 表示，则自感电动势 $E_L = \dfrac{-L\Delta I}{\Delta T}$，式中负号表示 E_L 的方向与电流变化方向相反。

电感在电工及电子技术中有着广泛的应用,镇流器就是自感用于电工技术的一例。

5.5.2 互感

在图 5-19 中,如果两个线圈靠得很近,那么第一个线圈产生的磁通就有一部分穿过第二个线圈。因此,当每一个线圈中电流变化时,在第二个线圈中就会产生电动势。这种由于一个线圈中电流的变化,在另一个线圈中产生感应电动势的现象叫作互感,由此产生的感应电动势就叫作互感电动势。互感电动势的方向不但与磁通变化的方向有关,还与线圈的绕向有关。互感电动势的方向虽然仍可以用楞次定律来判断,但是比较复杂。

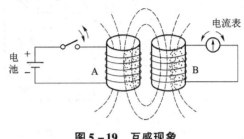

图 5-19 互感现象

互感现象在电工和电子技术中应用很广,如变压器、收音机中的天线线圈等。当然,互感现象在某些情况下也会带来不利影响,这种情况下就要设法减小互感,调整元件的位置或方向,以及加以屏蔽等。

5.5.3 交流铁芯线圈的功率损耗

在交流铁芯线圈中,除了在线圈电阻上有功率损耗 I^2R(称为铜损 ΔP_{Cu})外,处于交变磁化下的铁芯也有功率损耗(称为铁损 ΔP_{Fe}),它有磁滞损耗 ΔP_h 和涡流损耗 ΔP_e 两部分。

1. 磁滞损耗 ΔP_h

铁磁性材料交变磁化时,会产生磁滞现象,磁性材料内部磁畴反复转向,必然克服阻力做功,磁畴间相互摩擦引起铁芯发热。这种在反复磁化过程中的能量损失叫磁滞损耗,用 ΔP_h 表示。

为了减小磁滞损耗,铁芯应选用磁滞回线狭小的软磁材料制造,硅钢是变压器和电动机中常用的铁芯材料。

2. 涡流损耗 ΔP_e

磁性材料不仅有导磁性能,同时又有导电性能。当线圈中通过变化的电流 i 时,在铁芯中穿过的磁通也是变化的。由于构成磁路的铁芯是导体,于是在交变磁通的作用下,铁芯中将产生感应电动势和感应电流,如图 5-20(a)中虚线所示。由于这种感应电流在垂直于磁通方向的平面内环流着,形成的磁力线呈旋涡状,故称涡流。涡流会使铁芯发热,引起的功率损耗称为涡流损耗,用 ΔP_e 表示。

在电机和电器铁芯中的涡流是有害的。因为它不仅消耗电能,使电气设备效率降低,而且涡流损耗转变为热量,使设备温度升高,严重时将影响设备正常运行。在这种情况下,要尽量减小涡流。

减小涡流的方法是铁芯间彼此绝缘,采用表面彼此相互绝缘的硅钢片叠合,做成电气设备的铁芯,如图 5-20(b)所示。它不仅有较高的磁导率,还有较大的电阻率,这样,一方面把产生涡流的区域划小,另一方面增加涡流的路径总长度,相当于增大涡流路径的电阻,因而可以减小涡流。

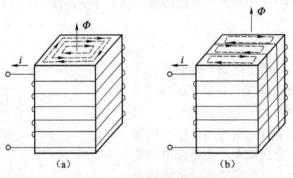

图 5-20 涡流的形成与抑制
(a) 形成；(b) 抑制

任务 6

变压器

变压器是将交流电压升高或降低而不改变其频率的一种电气设备。将电能从发电厂输送到用电的地方，在输电线上要损耗相当一部分功率。由交流电功率 $P = UI\cos\varphi$ 来看，在相同的功率因数下，输送同样大小电功率到用电地点，输电电压 U 越高，输电线路的电流就越小，输电线上的损耗就越小，并且输电线的截面积也可减小，节省了输电材料。因此，为了减小输电线上的损耗和节省材料，目前在远距离输电中都采用高压输电。

但发电机因受绝缘的限制，不能直接发出高电压。同时用电设备需要的电压等级各不相同，如电动机多用 380 V 或 220 V，一般照明使用 220 V，机床照明用 36 V 等，我们不可能用不同电压的发电机来供给这些负载，因此，为了输配电和用电的需要，就要用变压器把同一交流电压变换成同频率的具有不同等级的电压，以满足不同的需要。

6.1 变压器的构造与工作原理

6.1.1 变压器的构造

变压器主要由铁芯、绕组、油箱、变压器油、油枕、油标、绝缘套管、电压分接开关等部件组成，如图 6-1 所示。

1. 铁芯

变压器可按照铁芯的形式分为心式和壳式两类，铁芯好似绕组的心或外壳。心式结构用铁量少，构造简单，绕组安装及绝缘容易，电力变压器多为心式结构。壳式结构机械强度好，用铜量少，散热容易，但制造复杂，用铁量大，小容量单相变压器多为壳式结构。变压器的铁芯用硅钢片叠成，叠片之间相互绝缘减少涡流引起的铁芯发热。为了用料上经济合理和制造上的方便，先将硅钢片冲剪成条形或山字形。为了减少叠装时接缝处的空气隙，增加导磁能力，硅钢片的叠装常采用交叠法。

2. 绕组

绕组用绝缘铜线或铝线绕制而成，通常用模型绕好后套入铁芯。绕组分同心式和交叠式两种。同心式绕组的低压绕组靠近铁芯，高压绕组套在低压绕组的外侧，它们之间都绝缘。在小容量壳式变压器中，一次绕组靠近铁芯，二次绕组则套在外边。同心式绕组多用在心式变压器中或小型壳式变压器中；交叠式绕组的高低压绕组交替放置，多用在壳式电力变压器中或低压大电流的电焊变压器、电炉变压器等特殊变压器中。

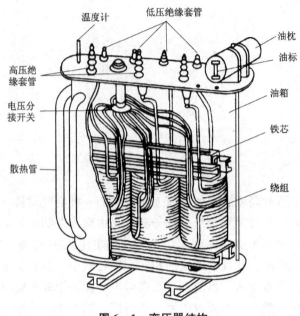

图 6-1 变压器结构

3. 变压器油

变压器在工作时,绕组和铁芯都要发热,因此要解决冷却问题。小型变压器一般靠空气的对流进行冷却。中、大型变压器通常是把整个铁芯和绕组一起放在铁制的油箱中,靠变压器油的对流作用把绕组及铁芯上的热量带给油箱壁或散热器。另外,变压器油也是一种良好的绝缘材料。

4. 油枕

油枕是一个钢板做成的圆筒,卧装在变压器顶盖上。油枕中充以适量的油,油枕与油箱连通,油膨胀时油箱里的油进入油枕,油收缩时油枕里的油又流回油箱,使油箱内的油始终是满的。

5. 绝缘套管

变压器的输出线从油箱内部引到油箱外部时,必须穿过瓷质的绝缘套管,以使带电的导线与接地的油箱绝缘。较低电压的套管一般用简单的瓷套,中间穿过一铜导杆。较高电压的套管在瓷套和导杆之间另加几层绝缘层,瓷套内充以绝缘油。

6.1.2 变压器的工作原理

1. 变压器是根据电磁感应原理制成的

如图 6-2 所示,变压器中和电源相接的绕组叫原绕组(或初级绕组、一次绕组),与用电设备相连接的绕组叫副绕组(或次级绕组、二次绕组),这两个绕组不接通,其间通过"磁"来耦合。与原绕组有关的量,都加注脚 1,如 U_1、E_1、W_1 等;与副绕组有关的量都加注脚 2,如 U_2、E_2、W_2 等。当原绕组接到交流电源上时,原绕组中就有交变电流通过,铁芯中产生的交变磁通通过副绕组时,产生感应电动势,如果有负载接到副绕组上,负载中就有电流通过。

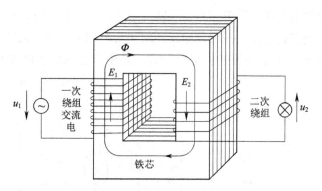

图 6-2 变压器的基本工作原理

2. 原绕组和副绕组中的电动势

当原绕组与交流电源接通后,原绕组中即有交变电流通过,因此就会感应出磁通,该磁通绝大部分通过铁芯而闭合。由于该磁通通过原、副绕组,因此,每匝线圈中产生的感应电动势大小相等、方向相同。

如果原绕组有 N_1 匝,副绕组有 N_2 匝,交流磁通的最大为 Φ_m,根据电磁感应定律,则原、副绕组的感应电动势为

$$E_1 = 4.44fN_1\Phi_m, \quad E_2 = 4.44fN_2\Phi_m \tag{6-1}$$

于是 $\dfrac{E_1}{E_2} = \dfrac{N_1}{N_2}$,如果略去内阻压降,则可认为端电压等于感应电动势,即 $U_1 = E_1$,$U_2 = E_2$,所以 $\dfrac{U_1}{U_2} = \dfrac{N_1}{N_2}$。

可见,原、副绕组的电压之比等于原、副绕组的匝数,利用变压器就能把交流电从一种电压变换成同频率的另一种电压。

当 $K > 1$ 时,$U_1 > U_2$,$N_1 > N_2$,该变压器称为降压变压器;当 $K < 1$ 时,$U_1 < U_2$,$N_1 < N_2$,该变压器称为升压变压器。

3. 原绕组和副绕组中的电流

当副绕组接上负载 R 时,副绕组中就有电流流过。若变压器的损耗忽略不计,则原绕组的视在功率等于副绕组的视在功率:

$$S_1 = S_2, \quad U_1 I_1 = U_2 I_2 \tag{6-2}$$

所以

$$\frac{I_1}{I_2} = \frac{U_2}{U_1} = \frac{N_2}{N_1} = \frac{1}{K} \tag{6-3}$$

这表明变压器工作时,原、副绕组中的电流与它们的匝数成反比。可见,变压器在改变电压的同时,也改变了电流。变压器电压高的一边,因绕组匝数多,电流小,可使用横截面积较小的导线;低压侧绕组匝数少,电流比较大,故用较粗的导线。

6.2 三相变压器的接法

电力工业中,输配电都采用三相制,常常需要把某一电压的三相电压转换成另一电压的三

相电压，变换三相交流电电压，则用三相变压器。因此，三相电压的变换在电力系统中占据着特殊重要的地位。变换三相电压，一种方法是使用 3 台单相变压器，如图 6-3 所示。但这种方法很不经济，常用于大容量的变换；另一种方法是用一台三铁芯柱式的三相变压器。

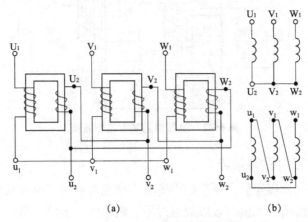

图 6-3　3 台单相变压器组成的三相变压器
(a) 结构图；(b) 电路图

三相变压器有 3 个铁芯柱，每个铁芯柱上套着同一相的原绕组及副绕组，如图 6-4 所示。它由三根铁芯柱和三组高低压绕组组成。高压绕组的首端和末端分别用 U_1、V_1、W_1 和 u_1、v_1、w_1 标示，低压绕组的首、末端分别用 U_2、V_2、W_2 和 u_2、v_2、w_2 标示。三相变压器的原、副绕组都可接成星形（Y）或三角形（△），如图 6-5 所示，因此，总共有 4 种接法：Y/Y、Y/△、△/Y、△/△（分子表示原绕组的接法，分母表示副绕组的接法），其中常用的有 Y/Y 和 Y/△。这里前者表示高压绕组的接法，后者表示低压绕组的接法。如图 6-5 所示这两种接法的接线情况。

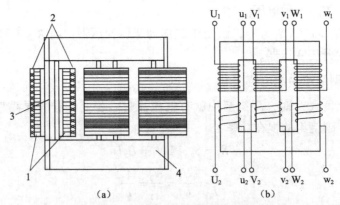

图 6-4　三相心式变压器的构造原理
(a) 三相心式变压器结构图；(b) 三相心式变压器电路图
1—低压绕组；2—高压绕组；3—铁芯柱；4—磁轭

三相变压器比三个单相变压器组合效率高、成本低、体积小，因此应用广泛。三相变压器的额定容量为

$$S_e = \sqrt{3} U_{2e} I_{2e} \tag{6-4}$$

式中，U_{2e}、I_{2e} 分别为副边额定线电压、额定线电流。

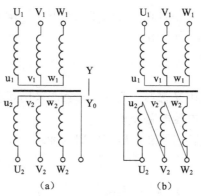

图 6-5 三相变压器绕组的连接

(a) Y/Y接法；(b) Y/△接法

6.3 自耦变压器

自耦变压器原边和副边共用同一个绕组，如图 6-6 所示。自耦变压器的工作原理与普通两个绕组的变压器相同，同样可用来变换电压与电流，即 $\dfrac{U_1}{U_2} = \dfrac{N_1}{N_2} = K$。因此，适当选择副绕组的匝数，在它两端就可得到所需要的电压。

常用的自耦变压器可根据需求，改变副绕组匝数。如图 6-7 所示，其端点可以滑动，这样副边输出的电压就能够连续变化。

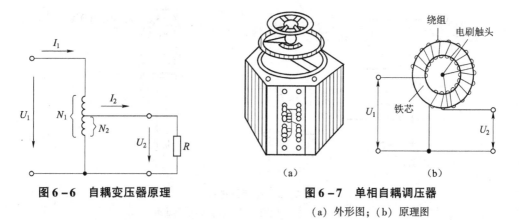

图 6-6 自耦变压器原理

图 6-7 单相自耦调压器

(a) 外形图；(b) 原理图

三相自耦变压器常接成星形，如图 6-8 所示，它可作为三相异步电动机的启动设备。

自耦变压器的优点是：结构简单、节省材料、效率高。但这些优点只有在变压器变比不大的情况下才有意义（一般不大于 2）。应该注意，由于自耦变压器的一次、二次绕组之间有电的直接联系，当高压侧发生接地或二次绕组断线等故障时，高压将直接串入低压侧，容易发生事故；其次，一次和二次绕组不可接错，否则很容易造成电源被短路或烧坏自耦变压器。另外，当自耦变压器绕组接地端误接到电源相线上时，即使二次电压很低，人触及

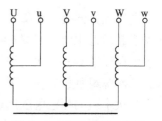

图 6-8 三相自耦变压器

二次侧任一端时均有触电的危险。因此,自耦变压器不允许作为安全变压器来使用。

6.4 仪用互感器

用于测量的变压器称为仪用互感器,简称互感器。采用互感器的目的是扩大测量仪的量程,使测量仪表与大电流或高电压电路隔离。

互感器按用途可分为电流互感器和电压互感器两种。

6.4.1 电流互感器

电流互感器是一种将大电流变换为小电流的变压器,其工作原理与普通变压器的负载运行相同,其工作原理和电路符号分别如图 6-9(a)、(b) 所示。电流互感器的一次绕组用粗导线绕成,匝数很少,与被测线路串联。二次绕组导线细,匝数多,与测量仪表相连接,通常二次绕组的额定电流设计成 5 A 或 1 A。

由于 $\dfrac{I_2}{I_1} = K_i$ (K_i 为电流互感器的电流比),则 $I_2 = K_i I_1$,测量仪表读得的电流 I_2 为被测线路电流 I_1 的 K_i 倍。

电流互感器中经常使用的钳形电流表(俗称卡表),如图 6-9(c) 所示。它是电流互感器的一种,由一个与电流表组成闭合回路的二次绕组和铁芯构成,其铁芯可以开合。测量时,先张开铁芯,将待测电流的导线卡入闭合铁芯,则卡入导线便成为电流互感器的一次绕组,经电流变换后,从电流表就可以直接读出被测电流的大小。

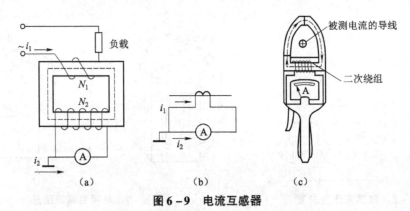

图 6-9 电流互感器

(a) 原理图;(b) 电路符号;(c) 钳形电流表

6.4.2 电压互感器

电压互感器是一个降压变压器,其工作原理与普通变压器空载运行相似,如图 6-10 所示。

电压互感器的一次绕组匝数较多,与被测高压线路并联,二次绕组匝数较少,并连接在高阻抗的测量仪表上。通常二次绕组的额定电压规定为 100 V。

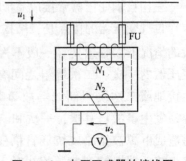

图 6-10 电压互感器的接线图

6.5 变压器的额定值、损耗和效率

为了正确、合理地使用变压器,应当熟悉其额定值及效率。变压器正常运行的状态和条件,称为变压器的额定工作情况。表征变压器额定工作情况下的电压、电流和功率,称为变压器的额定值,它标在变压器的铭牌上。

变压器的主要额定值如下:

(1) 额定电压 U_{1N} 和 U_{2N}。

一次额定电压 U_{1N} 是指根据绝缘材料和允许发热所规定的应加在一次绕组上的正常工作电压有效值。

二次额定电压 U_{2N} 是指一次绕组上加额定电压时二次绕组输出电压的有效值。

三相变压器 U_{1N} 和 U_{2N} 均指线电压。

(2) 额定电流 I_{1N} 和 I_{2N}。

一次、二次额定电流 I_{1N}、I_{2N} 是指根据绝缘材料所允许的温度而规定的一次、二次绕组中允许长期通过的最大电流有效值。三相变压器中,I_{1N} 和 I_{2N} 均指线电流。

(3) 额定容量 S_N。

额定容量 S_N 是指变压器二次额定电压和额定电流的乘积,即二次的额定视在功率,单位为伏安(V·A)或千伏安(kV·A)。

在单相变压器中

$$S_N = U_{2N}I_{2N} \approx U_{1N}I_{1N} \qquad (6-5)$$

在三相变压器中

$$S_N = \sqrt{3}U_{2N}I_{2N} \approx \sqrt{3}U_{1N}I_{1N} \qquad (6-6)$$

额定容量实际上是变压器长期运行时,允许输出的最大功率,反映了变压器传送电功率的能力,但变压器实际使用时的输出功率是由负载阻抗和功率因数决定的。

(4) 额定频率 f_N。

额定频率 f_N 是指变压器应接入的电源频率。我国规定标准工业频率为 50 Hz,使用变压器时一般不能超过其额定值,除此之外,还必须注意:分清一次、二次绕组;工作温度不能过高,防止变压器绕组短路,以免烧毁变压器。

变压器负载运行时,原绕组的有功功率为 $P_1 = U_1I_1\cos\varphi_1$,副绕组给负载输出的有功功率为 $P_2 = U_2I_2\cos\varphi_2$,这里 $\cos\varphi_2$ 为负载的功率因数。由于变压器并不理想,损耗不可避免,输入的有功功率和输出的有功功率之差,就是变压器的损耗。

变压器的效率为

$$\eta = \frac{P_2}{P_1} \times 100\% \qquad (6-7)$$

小型变压器的效率为 80%~90%,大型变压器的效率可达 98% 左右。

任务 7

常用低压电器

在工业生产与日常生活等用电领域中，经常用到一些起控制及保护作用的开关及保护器，它们大都属于低压电器，低压电器是指工作在直流1 500 V、交流1 200 V以下的各种电器，按动作性质可分为手动电器和自动电器两种，下面介绍常用的几种电器。

凡是用来控制电动机启动、停止、调速的电气设备都叫控制电器。控制电器种类很多，常用的手动控制电器有闸刀开关、转换开关、按钮等。自动控制电器则是按照规定信号或电压、电流、温度、时间等变化而自动控制的一类电器，如各种继电器、接触器等。

7.1 主令电器

主令电器是用作接通、分断及转换控制电路，以发出指令或用于程序控制的开关电器。在控制回路中是一种专门用来发布命令、改变控制系统工作状态的电器，可用来控制电动机的启动、停止、制动及调速等。因其在控制回路中，触头只通过较小的电流，因此不需要灭弧装置。常用的有闸刀开关、转换开关、按钮、行程开关等。

7.1.1 闸刀开关

闸刀开关（简称闸刀）是一种用来接通或断开电路的手动低压开关。闸刀开关有单相（两极）和三相（三极）之分。单相闸刀开关用于单相低压照明电路和直流电路；三相闸刀开关用于电压小于380 V的小电流配电系统中，也可用于小容量三相异步电动机的直接启动。用闸刀开关来接通和切断电路时，在闸刀刀刃和刀座之间会产生电弧。电路的电压越高，电流越大，电弧就越大。电弧会烧坏闸刀，严重时还会伤人。

闸刀开关是结构最简单的一种手动电器，它由刀片（刀开关本体）和刀座（静触点）组成，其外形和表示符号分别如图7-1所示。刀片下面装有熔断丝，起保护作用。闸刀开关主要用于不频繁接通和分断电路，或用来将电路与电源隔离，此时又称为"隔离开关"。

安装时，电源线应与静触点相连，负载与刀片和熔断丝一侧相连，这样安装，当断开电源时，刀片不带电。选用刀开关主要选择其额定电压和额定电流，其数值要与所控制电路的电压与电流相符合。

闸刀开关的种类很多，常用的是瓷底胶盖闸刀开关，又称开启式负荷开关，如图7-1所示。它由闸刀开关和熔断丝组合而成。瓷底板上装有进线座、静触头、熔断丝、出线座及3个刀片式的动触头，上面覆有胶盖。胶盖的作用一方面是为了防止人体触及开关带电部分而造

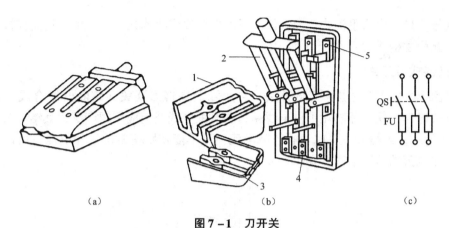

图 7-1 刀开关

(a) 外形；(b) 结构；(c) 符号

1—上胶盖；2—刀片；3—下胶盖；4—接熔断丝的接头；5—刀座

成事故，另一方面是防止触头间发生电弧或熔断丝熔断时烧伤操作人员，因此，必须经常保持胶盖的完整。

瓷底胶盖闸刀开关结构简单、价格低廉、操作方便，因而在低压电路中应用很广。但由于它的额定电流较小，而且没有专门的灭弧装置，容易烧伤触头，所以它只在负荷电流不太大，接通和断开负荷电路不频繁的线路中应用，也可作为小容量（5.5 kW以下）异步电动机不频繁的直接启动和停止之用。由于没有灭弧装置，使用闸刀开关时要拉、合迅速，使电弧很快熄灭。

1. 开启式板用刀开关

HD、HS型开启式板用刀开关主要用于成套配电装置中隔离电源；当开关带有灭弧罩并用杠杆操作时，也能接通和切断负荷电流。开启式板用刀开关外形如图7-2所示。开启式板用刀开关的电气图形符号、文字符号如图7-3所示。

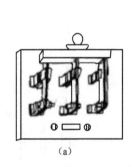

图 7-2 开启式板用刀开关外形

(a) HD系列刀开关；(b) HS系列刀开关

图 7-3 开启式板用刀开关的电气图形符号、文字符号

(a) 一般图形符号；(b) 手动符号；
(c) 三极单投刀开关符号

单投刀开关的型号含义如下：

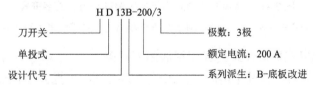

设计代号：11—中央手柄式；12—侧方正面杠杆操作机构式；13—中央正面杠杆操作机构式；14—侧面手柄式。

2. 熔断器式刀开关

HR 型熔断器式刀开关也称刀熔开关，它实际上是将刀开关和熔断器组合成一体的电器。刀熔开关操作方便，并简化了供电线路，在供配电线路上应用很广泛，其结构及图形符号如图 7-4 所示。刀熔开关可以切断故障电流，但不能切断正常的工作电流，所以一般应在无正常工作电流的情况下进行操作。

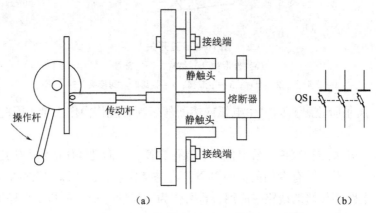

图 7-4　HR 型熔断器式刀开关的结构及图形符号
(a) 结构；(b) 图形符号

3. 负荷开关

负荷开关有开启式负荷开关（胶盖瓷底闸刀开关）和封闭式负荷开关（铁壳开关）两种，其外形与电气图形符号、文字符号如图 7-5 所示。

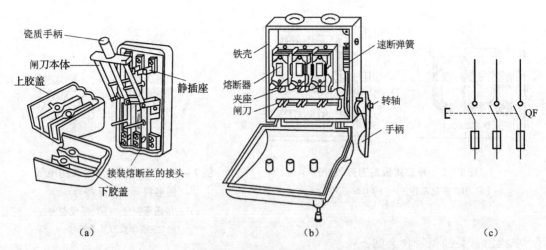

图 7-5　负荷开关的外形与电气图形符号、文字符号
(a) 开启式负荷开关；(b) 封闭式负荷开关；(c) 电气图形符号和文字符号

（1）HK 系列开启式负荷开关（胶盖瓷底闸刀开关）。

HK 系列负荷开关内部装设了熔断丝，因此当其控制的电路发生故障时，可通过熔断丝的熔断而迅速切断故障电路。这种开关没有专门的灭弧装置，拉闸、合闸时操作人员应站在开关的一侧，动作必须迅速果断，以免电弧烧坏触头和灼伤操作人员。

（2）HH 系列封闭式负荷开关（铁壳开关）。

铁壳开关适用于工矿企业、农村电力排灌和电热、照明等各种配电设备中，供手动不频繁地接通与分断电路，以及作为线路末端的短路保护之用。交流 50 Hz、380 V、60 A 及以下等级的开关，还可以作为交流感应电动机的不频繁直接启动及分断使用。它由刀开关和熔断器快速动作机构组成，并有联锁装置使开关闭合不能开启盒盖。

4. 刀开关的使用注意事项

（1）刀开关的刀片应垂直安装，手柄向上为合闸状态，向下为分闸状态。

（2）刀开关的动静触头应有足够大的接触压力，接触良好，以免过热损坏。

（3）刀开关各相分闸动作应一致。

（4）刀开关一般不能用来切断负荷电流，如需要应严格按照产品说明书及安全规程的要求执行。

7.1.2 转换开关

1. 普通转换开关

组合开关（俗称转换开关）在机床电气和其他电气设备中使用广泛。其体积小、接线方式多，使用非常方便。常用于交流 50 Hz、380 V 及以下、直流 220 V 及以下的电气线路中，供手动不频繁地接通或分断电路、换接电源、测量三相电压、改变负载的连接方式、控制小容量交、直流电动机的正反转、Y/△启动和变速转向等。

转换开关的外形及电气图形符号、文字符号如图 7-6 所示，常用的转换开关有 HZ10、HZ5、HZ15 系列。3LB 和 3ST 系列组合开关是引进德国西门子公司的产品。

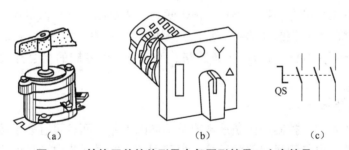

图 7-6 转换开关的外形及电气图形符号、文字符号
(a) HZ10 系列；(b) 3LB 和 3ST 系列；(c) 电气图形符号和文字符号

转换开关由多节触头组合而成，故又称组合开关。转换开关一般用于小容量电动机的直接启动、电气线路的电源引入及机床照明控制电路。它结构紧凑、体积小、操作方便。

图 7-7 所示为 H210-10/3 型转换开关的结构与接线图。它有 3 对动触片和绝缘垫板一起套在附有手柄的绝缘杆上，手柄每次转动 9°，使 3 对动触片同时与 3 对静触片接通和断开。顶盖部分由凸轮、弹簧及手柄等零件构成操作机构，这个机构由于采用了弹簧储能，可使开关迅速闭合及切断。

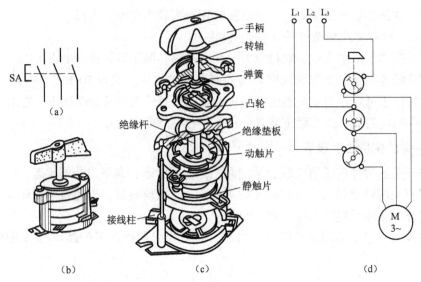

图 7-7 H210-10/3 型转换开关的结构及接线图
(a) 图形符号；(b) 外形；(c) 结构；(d) 接线图

在电动机正反转时，一定要使电动机先经过完全停止的位置，然后才能接通反向旋转电路。每小时的转接次数不宜超过 20 次。

转换开关应根据电源种类、电压等级、所需触头数、电动机的容量选用，开关的额定电流一般取电动机额定电流的 1.5~2.5 倍。

在发电车上转换开关常用来切断或导通电源，或不同工况的选择，如冷却风机的高低速控制、发电机输出电压检测等。

转换开关的种类很多，有单极、双极、三极、四极和多极等几种。

转换开关的常见故障有：接触不良、内部短路、内部断路、机械卡死。

在单元式空调机组的控制电路中，常用到多极组合开关，如 KLC-40 型空调机组中用于工况选择的组合开关 SA1，它有 12 条通路。手动与自动控制的组合开关 SA3，它有 6 条通路。

2. 万能转换开关

万能转换开关可同时控制许多条通断要求不同的电路，而且具有多个挡位，广泛用于各种控制线路的转换、电气测量仪器的转换，也可用于小容量异步电动机的启动、调速和换向控制，还可用于配电装置线路的转换及遥控等。由于其换接的电路多、用途广，故有"万能"之称。万能转换开关以手柄旋转的方式进行操作。万能转换开关如图 7-8 所示。常用的万能转换开关为 LW5、LW6 系列。

(1) 万能转换开关触点通断展开图说明：

纵向虚线表示手柄位置，图 7-8 中有三个位置Ⅰ、0、Ⅱ。

横向空心圆圈表示触点对数，图 7-8 中有 6 对触点。

纵横交叉处黑圆点为手柄在此位置对应的触点接通。

Ⅰ位：1、4、6 触点通。

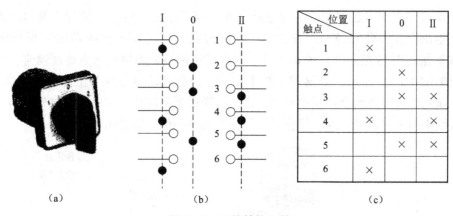

图7-8 万能转换开关

(a) 实物图；(b) 触点通断展开图；(c) 触点通断表

0位：2、3、5触点通。

Ⅱ位：3、4、5触点通。

(2) 万能转换开关触点通断表说明：

横向表示手柄位置，表盘有三个位置Ⅰ、0、Ⅱ。

纵向为触点对数，图7-8中有6对触点。

×为手柄在此位置接通的触点。

Ⅰ位：1、4、6触点通。

0位：2、3、5触点通。

Ⅱ位：3、4、5触点通。

图7-9所示为铁路客车用于供断电、空调控制的转换开关。

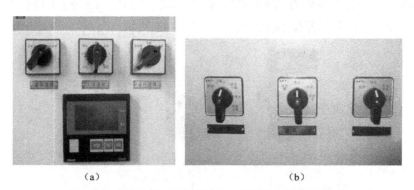

图7-9 铁路客车用于供断电、空调控制的转换开关

(a) 空调控制转换开关；(b) 供断电转换开关

7.1.3 按钮

按钮是一种简单的手动开关，应用很普遍，通常用于发出操作信号，接通和断开电动机及其他电气设备的控制电路，故它的额定电流较小。按钮触点的额定电流一般为5 A。

按钮是专门用来发出信号，短时间接通或分断小电流的电器，其外形和结构如图7-10所示。实际中常用的复合按钮有一对常开触点和一对常闭触点，常开触点平常处于断开状态,当手指按下按钮时触点闭合,使电路接通。当手指松开后,靠复位弹簧的力量使触点分开,将电路断开;常闭触点恰好相反,在平常状态下(即不按按钮时)保持闭合,当用手指按下按钮时触点分开。手指松开后,靠复位弹簧的力量使触点重新闭合,将电路接通。如图7-10(b)所示,当操作者按下按钮时,桥式动触点先与上面的常闭触点分离,然后与下面的常开触点闭合;手松开后,靠复位弹簧返回原位。在一般的电气线路中,启动时只用按钮中的一对常开触点,停止时用另一只按钮中的一对常闭触点。

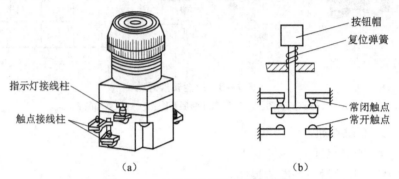

图7-10 按钮的外形及结构示意图
(a) 外形;(b) 结构示意图

按钮主要根据使用场合、所需触点数及颜色来选择。如停止按钮选用红色,以便识别。紧急停止按钮应选用蘑菇形的按钮帽(紧急式),以便紧急操作。

按钮是一种手动操作且一般可以自动复位的主令电器,它适用于交流电压500 V或直流电压400 V以下/电流不大于5 A的电路中,一般情况下它不用来直接操纵主电路的通断,而是在控制电路中发出"指令",通过控制接触器、继电器等自动电器来完成主电路的通断;按钮也用于控制线路的联锁,常用的按钮有LA10、LA18、LA19、LA25等系列。

按钮的实物图、结构示意图和图形符号如图7-11所示。

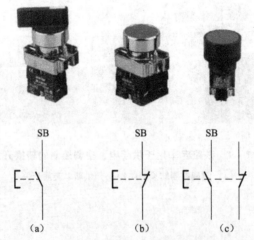

图7-11 按钮的实物图、结构示意图和图形符号
(a) 常开触点;(b) 常闭触点;(c) 复式触点

按钮应牢固,接线应可靠,布置整齐,排列合理。按钮的选择主要根据使用场合、触点数和颜色等来确定。工作中为便于识别不同作用的按钮,避免误操作,国标GB 5226—2008对其

颜色规定如下：
(1) 停止和急停按钮：红色。按红色按钮时，必须使设备断电、停车。
(2) 启动按钮：绿色。
(3) 点动按钮：黑色。
(4) 启动与停止交替按钮：必须是黑色、白色或灰色，不得使用红色和绿色。
(5) 复位按钮：必须是蓝色；当其兼有停止作用时，必须是红色。

列车上用于测试漏电报警装置功能、集便器冲洗的按钮，如图7-12所示。

 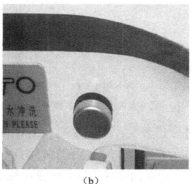

(a) (b)

图7-12 用于测试漏电报警装置功能、集便器冲洗的按钮
(a) 测试漏电报警装置的按钮；(b) 集便器冲洗按钮

7.1.4 行程开关

行程开关就是一种由物体的位移来决定电路通断的开关，在日常生活中我们最易碰到的例子就是冰箱了。当你打开冰箱时，冰箱里面的灯就会亮了起来，而关上门就又熄灭了，这是因为门框上有个开关，被门压紧时灯的电路断开，门一开就放松了，于是就自动把电路闭合使灯点亮。这个开关就是行程开关，如图7-13所示。

图7-13 行程开关

行程开关用于控制机械设备的行程及限位保护。在实际生产中，将行程开关安装在预先安排的位置，当装于生产机械运动部件上的模块撞击行程开关时，行程开关的触点动作，实现电路的切换。因此，行程开关是一种根据运动部件的行程位置而切换电路的电器，它的作用原理与按钮类似。图7-14所示为行程开关的原理和图形符号。

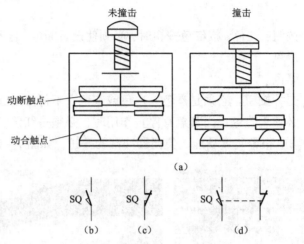

图 7-14 行程开关的原理和图形符号
(a) 行程开关原理；(b) 常开触点；(c) 常闭触点；(d) 负荷行程开关

行程开关又称限位开关，可以安装在相对静止的物体（如固定架、门框等，简称静物）上或者运动的物体（如行车、门等，简称动物）上。当运动的物体接近静止的物体时，开关的连杆驱动开关的接点引起闭合的接点分断或者断开的接点闭合。由开关接点开、合状态的改变去控制电路和机构的动作。将机械位置信号换为电触点信号，以控制运动机构的形成，变换其运动的方向或速度。例如在空调发电车供电系统中，当柴油机冷却风扇的传动皮带断裂时，皮带保护装置将触动位置开关，使柴油机停机，避免柴油机因冷却不良而发生损坏。空调发电车的上燃油箱的油位控制，也采用的是位置开关（俗称液位继电器或浮子开关）。位置开关的作用结构与按钮开关相似。行程开关有很多形式，但基本结构相同，区别仅在于使行程开关动作的传动装置不同，一般有直动式、滚轮式和微动式等，如图 7-15 所示。

1. 直动式行程开关

如图 7-15 (a) 所示，其动作原理与按钮开关相同，但其触点的分合速度取决于生产机械的运行速度，不宜用于速度低于 0.4 m/min 的场所。图 7-16 所示为直动式行程开关实物图。

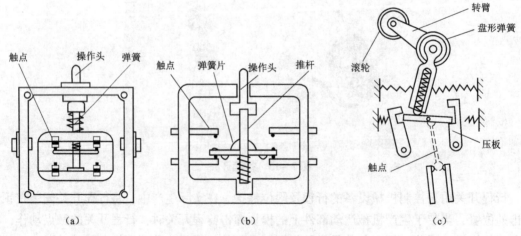

图 7-15 行程开关结构示意图
(a) 直动式；(b) 微动式；(c) 滚轮式

图 7-16 直动式行程开关

2. 滚轮式行程开关

如图 7-17 所示，当被控机械上的撞块撞击带有滚轮的撞杆时，撞杆转向右边，带动凸轮转动，顶下推杆，使微动开关中的触点迅速动作。当运动机械返回时，在复位弹簧的作用下，各部分动作部件复位。

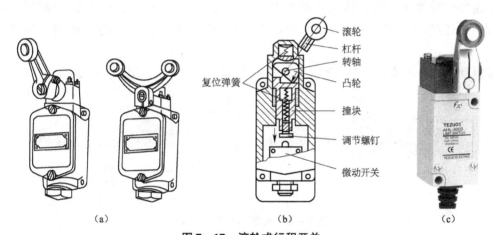

图 7-17 滚轮式行程开关
(a) 外形；(b) 结构；(c) 实物

3. 微动行程开关

微动行程开关是一种施压促动的快速开关，又叫灵敏开关。其工作原理是：外机械力通过传动元件（按销、按钮、杠杆、滚轮等）将力作用于动作簧片上，并将能量积聚到临界点后，产生瞬时动作，使动作簧片末端的动触点与定触点快速接通或断开。当传动元件上的作用力移去后，动作簧片产生反向动作力，当传动元件反向行程达到簧片的动作临界点后，瞬时完成反向动作。微动开关的触点间距小、动作行程短、按动力小、通断迅速。其动触点的动作速度与传动元件动作速度无关。图 7-18 所示为微动行程开关。

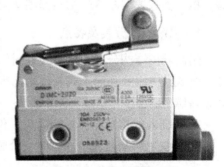

图 7-18 微动行程开关

7.2 自动控制电器

7.2.1 熔断器

熔断器是一种保护电器,在电路中主要用作短路保护。当通过熔断器的电流超过规定值时,它以本身所产生的热量,使熔断器内的熔体在一定时间后自行熔化,从而分断电路,即它可使负载电流顺利通过;当过大的电流流过时,它就熔断,使电路断开,从而起到保护用电设备的作用。

熔断器由熔体和支持件构成。

熔体有丝状或片状,熔体材料通常有两种,一种是由铅锡合金、锌等低熔点的金属制成,这种熔体不易灭弧,多用于小电流电路;另一种是由银、铜等较高熔点的金属制成,易于灭弧,多用于大电流电路。

支持件是指放置熔体的绝缘管或绝缘底座,通过支持件把熔体和外电路联系起来。

熔断器的种类主要有:插入式熔断器(RC 系列)、无填料封闭管式熔断器、有填料封闭管式熔断器、螺旋式熔断器(RL 系列)、半导体器件保护用熔断器、自复式熔断器。

熔断器型号及含义如图 7-19 所示,如型号 RC1A—15/10,RL1—60/300。

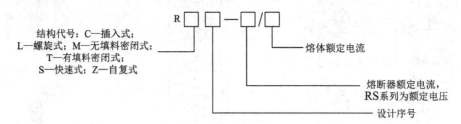

图 7-19 熔断器型号及含义

图 7-20 所示为熔断器的图形符号及文字符号。

插入式熔断器主要应用于额定电压 380 V 以下的电路末端,作为供配电系统中对导线,电气设备(如电动机、负荷电器)以及 220 V 单相电路(例如民用照明电路及电气设备)的短路保护电器。RC1 插入式熔断器的结构如图 7-21 所示。

图 7-20 熔断器的图形符号及文字符号

1. 熔断器的分类及特点

熔断器按结构分有半封闭式和封闭式两类,封闭式中又分有填料和无填料两种。按外形分有管式、螺旋式和插入式。按用途来分有一般工业用熔断器、半导体器件保护用快速熔断器和特殊熔断器。

(1)插入式熔断器:结构简单,价格便宜,分断能力较低,多用于照明电路中。

(2)快速熔断器:快速分断、分断能力高。

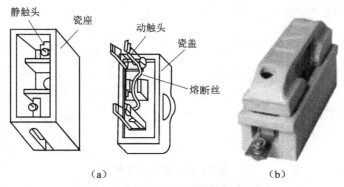

图 7 – 21 RC1 插入式熔断器的结构
(a) 结构;(b) 实物

(3) 瓷插式熔断器。如图 7 – 22 所示,熔断丝装在瓷盖上两动触点之间,电源线和负载分别接在瓷底座两端的静触点上。这种熔断器价格便宜,熔断丝更换比较方便,广泛用于照明线路的短路保护。

(4) 螺旋式熔断器。如图 7 – 23 所示,它主要由瓷帽、熔断管、底座等组成。安装时将熔断管有红点的一端插入瓷帽,然后一起旋入插座。当熔断丝熔断后,小红点自动脱落,表明熔断。螺旋式熔断器可用于工作电压在 500 V 以下的电路、电动机及其控制电路中做短路保护。它的优点是断流能力强,安装面积小,带熔断指示,更换熔管方便且安全可靠。

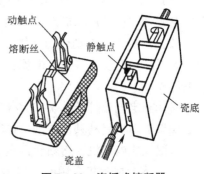

图 7 – 22 瓷插式熔断器

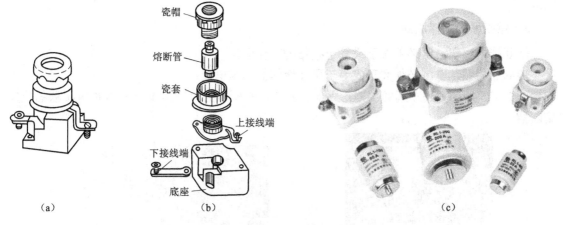

图 7 – 23 螺旋式熔断器
(a) 外形;(b) 结构;(c) 实物

(5) 管式熔断器。有两种形式,一种是无填料封闭管式熔断器,如图 7 – 24 (a) 所示;一种是有填料封闭管式熔断器,如图 7 – 24 (b) 所示。无填料封闭管式熔断能力不大,但保护性好,主要用于交流电压 500 V、直流电压 400 V 以内的电力网和成套点设备中。有填料封闭管式熔断器如图7-24（b）所示，它比无填料管式熔断器断流能力大，主要用于具有较大短路电流的低压配电网。

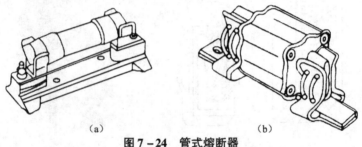

图7-24 管式熔断器

(a) 无填料管式；(b) 有填料管式

2. 熔断器的选择

（1）照明负载或一般非动力负载的支路中。熔体的额定电流等于1～1.1倍支路上所有工作电流之和；或被保护设备的额定电流。

（2）保护1台电动机的熔体。

为了防止电动机启动时电流较大而烧断熔体，不能按电动机的额定电流来选熔体，应按以下计算：

熔体额定电流等于1.5～2.0倍电动机额定电流。

如果电动机启动频繁，则熔体额定电流等于1.5～2.5倍电动机额定电流。

对鼠笼式电动机，熔断丝额定电流应取1.5～2.5倍电动机额定电流。

（3）多台电动机合用的总熔体。

考虑到电动机一般不会同时启动，故熔体的额定电流可粗略地按以下计算：

熔体的额定电流 = 1.5～2.5倍最大一台电动机的额定电流 + 其余各台电动机的额定电流。

3. 熔断器的选择原则

熔断器的额定电压必须大于或等于线路的工作电压。

熔断器的额定电流必须大于或等于所装熔体的额定电流。

图7-25所示为列车用的快速熔断器，图7-26所示为DC600 V客车保护电暖器的快速熔断器。

图7-25 列车用的快速熔断器

图7-26 DC600 V客车保护电暖器的快速熔断器

7.2.2 自动空气开关

低压断路器又称自动空气开关，它的作用是既能带负荷通断电路，又能在短路、过负荷和低电压（或失压）等故障情况下自动跳闸，如图 7 – 27 所示。它主要用在不频繁操作的低压配电线路或开关柜（箱）中作为电源开关使用。它可以在有载情况下通、切断工作电流，同时还可以对电路实施短路、过载、欠压、过流保护。其特点是动作后不需要更换元件，电流值可随时整定，工作可靠、运行安全、切流能力大、安装使用方便。

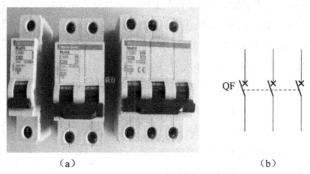

图 7 – 27　低压断路器的实物图和图形符号
(a) 实物图；(b) 图形符号

它的结构形式很多，目前比较通用的有框架式和塑料外壳式。从极数上分有单极、双极、三极和四极等形式。按合闸操作的方式分有直接手动操作、杠杆操作、电磁铁操作和电动机操作等多种形式。按用途可分为快速空气断路器、限流式自动空气断路器、漏电保护空气断路器。自动空气开关主要由触点系统、灭弧系统、各种脱扣器、操作机构和自由脱扣机构等组成。

DI5 – 20 型自动空气开关的外形及结构，如图 7 – 28 所示。

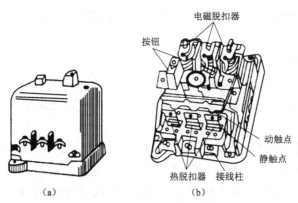

图 7 – 28　DZ5 – 20 型自动空气开关的外形及结构
(a) 外形；(b) 结构

自动空气开关主要由动、静触点，电磁脱扣器，热脱扣器及手动脱扣操作机构等部分组成。有的自动空气开关还带有欠电压脱扣器。电磁脱扣器是一个电磁铁，可作短路保护用。电磁铁线圈串联在主电路中，当电路出现短路时，它就吸合衔铁，使操作机构动作，将主触点断开。热脱扣器由双金属片和发热元件组成，可作过载保护用。发热元件串联在主电路中，当电路过载时，过载电路流过发热元件，使金属片受热弯曲，操作机构动作，将主触点断开。在操作机构上有过载脱扣电流调节盘，用以调节整定电流。如需手动脱扣，则按下分断按钮，使操作机构动作。

自动空气开关的工作原理如图 7-29 所示。

当按下接通按钮时，图 7-29 中的锁链 3 钩住搭钩 4，使串联在主电路中的 3 对主触点闭合，主电路处于接通状态。

当线路正常工作时，电磁脱扣器 6 所产生的吸力不能使它的衔铁 7 吸合。如果线路发生短路产生很大的短路电流，电磁脱扣器的吸力增加，将衔铁吸合。吸合过程中衔铁撞击杠杆 8 将搭钩顶上去，在弹簧 1 的拉力作用下，主触点 2 断开，切断主电路。如果线路上电压下降或失去电压，欠电压脱扣器 11 的吸力减小或失去吸力，衔铁 10 被弹簧 9 拉开，撞击杠杆，将搭钩顶开，主触点 2 断开，切断主电路。当线路过载时，过载电流使发热元件温度升高，双金属片 12 受热弯曲，将杠杆顶开，主触点断开切断主电路。

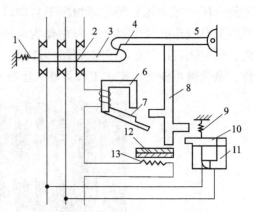

图 7-29 自动空气开关的工作原理
1—弹簧；2—主触点；3—锁链；4—搭钩；
5—轴；6—电磁脱扣器；7, 10—衔铁；
8—杠杆；9—弹簧；11—欠电脱扣器；
12—双金属片；13—发热元件

自动空气开关具有安装方便、操作安全等优点。短路时自动开关将三相电源同时切断，因而可避免电动机的缺相运行。

1. 空气开关型号说明

常见空气开关型号如：DZ47-60 C6，DZ47-60 C20，DZ47LE-63 C60，C65N C32。其型号含义，如 DZ47-60 C20，DZ47LE-60 C20。

DZ47——系列微型断路器（还有很多系列，基本都是厂家命名）；

LE——带漏电脱扣功能；

60——框架等级为 60 A；

C——开关的脱扣（动作）曲线，分 B 型（照明型，3~5 倍额定电流跳闸），C 型（普通型，5~10 倍），D 型（动力型，10~15 倍），以上这些为国家标准；

20——电流值 20 A。

小型断路器的额定电流分为：6 A、10 A、16 A、20 A、25 A、32 A、40 A、50 A、63 A，常用规格为 1P16A、20A、32A；2P20A、32A、63A；3P32A、63A 等。

所以 C20 的意思表示小于等于 20 A 的电流通过可以长时间不跳闸，当电流到 1.45 倍时空气开关会在一个小时内跳开，倍数越大跳闸越快。

2. 空气开关的选用

空气开关是用来保护电线及防止火灾，所以要根据电线的线径大小来选配，而不是根据电器的功率来选配。

如果空气开关选用太大，就起不到保护线路的作用，当线路超载空气开关仍不会跳闸，就会带来安全隐患。

一般常见 1.5 平方线配 C10 的空气开关，2.5 平方线配 C16 或 C20 的空气开关，4 平方线配 C25 的空气开关，6 平方线配 C32 的空气开关。如果电线线径太小，应给大功率电器配专用线。

很多人认为选择额定电流越大的断路器越好，这种认识是极其错误的，电流规格越小的断路器短路跳闸保护的性能越灵敏，保护性能越好，但使用大功率用电设备时，容易引起跳闸误动作。一定要选择合适电流的断路器，并非越大越好或越灵敏越好，否则在遇有短路的情况，极容易引起因线路故障而断路器没有及时跳闸保护的用电事故。

铁路客车使用的空气开关，多用于输配电电路、空调装置主电路、控制电路和发电车各电路，如图 7-30 所示。

(a)

(b)

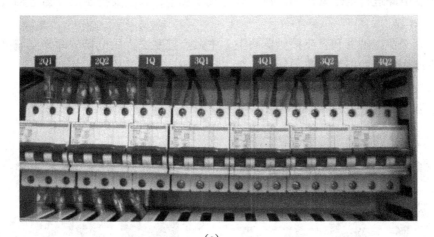
(c)

图 7-30　铁路客车使用的空气开关
(a) 输配电电路的空气开关；(b) 发电车供电电路的空气开关；(c) 空调装置主电路、控制电路的空气开关

7.2.3　电磁铁

电磁铁通常有线圈、铁芯和衔铁三个主要部分，如图 7-31 所示。其工作原理为：当线圈通电后，电磁铁的铁芯被磁化，吸引衔铁动作带动其他机械装置发生联动；当电源断开后，电磁铁铁芯的磁性消失，衔铁带动其他部件被释放。

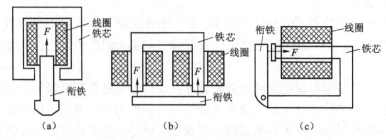

图 7-31 几种电磁铁的构造

(a) 线性直动式电磁铁；(b) 吸盘式电磁铁；(c) 推拉式电磁铁

电磁铁有直流电磁铁和交流电磁铁两大类。

电磁铁在工业应用较为普遍，如继电器、接触器等，利用电磁铁来吸合、分离触点。

7.3 接触器

7.3.1 接触器的基本结构

接触器是一种控制电器，在外信号（按钮或其他电器触点的闭合或断开）的作用下，应用电磁吸力闭合或断开电路的电器，主要用于频繁接通、分断的交、直流主电路。使用接触器可以对主电路进行远距离控制，在客车电气系统中，其主要控制对象为电动机、电加热器等。

接触器有交流接触器和直流接触器两类，主触点控制交流用电器的即为交流接触器，主触点控制直流用电器的即为直流接触器，其工作原理和基本结构大致相似。

接触器按其主触点通过电流的性质，可分为交流接触器和直流接触器，分别如图 7-32 和图 7-33 所示。

图 7-32 交流接触器

图 7-33 直流接触器

在辅助电路和控制电路中使用的接触器均为电磁接触器，交流电磁接触器主要应用在辅助电路中，直流电磁接触器用在控制电路中。两者在具体结构上有差别，但主要结构都是触头系统、电磁机构和灭弧装置。

7.3.2 直流电磁接触器

直流电磁接触器多采用整体软钢制成，衔铁绕磁扼的棱角转动。为了减少吸引线圈安装匝数，以减小电磁结构尺寸，采用了具有极靴的铁芯，选取小的气隙使磁阻减小，选取较大的杠杆比，从而使触头有较大的开距；为了避免由于剩磁带来的衔铁不释放现象，采用 0.1~0.2 mm 紫铜片装在衔铁上叠成。接触器的触头系统采用铜基指形主动触头，直接安装在衔铁上，主静触头为 T 形与弧角一起装于支架上。其为单极常开式，带有由串联的吹弧线圈和石棉水泥灭弧罩构成的磁吹灭弧装置。灭弧罩为迷宫式曲缝结构；常开辅助联锁触头在主触头的两侧，常闭辅助联锁触头在衔铁的另一端。

7.3.3 交流接触器的工作原理

交流接触器适用于交流 50 Hz，电压为 380 V 的电路中操纵负载的接通或断开。它是一种适用于远距离接通和分断电路及交流电动机的电器。交流接触器的工作原理主要用作控制交流电动机的启动、停止、反转、调速，并可与热继电器或其他适当的保护装置组合，保护电动机可能发生的过载或断相，也可用于控制其他电力负载如电热器、电照明、电焊机、电容器组等。交流接触器如图 7-34 所示。

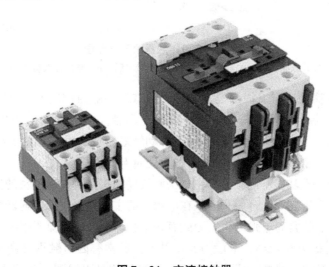

图 7-34 交流接触器

交流接触器是利用电磁吸力而工作的自动电器，常用于接通和断开电动机（或其他用电设备）的主电路。它主要由电磁系统、触点系统、灭弧系统和其他部分组成。其中，电磁系统包括电磁线圈和铁芯，是接触器的重要组成部分，依靠它带动触点的闭合与断开。触点系统是接触器的执行部分，包括主触点和辅助触点。主触点的作用是接通和分断主回路，控制较大的电流，而辅助触点是在控制回路中，以满足各种控制方式的要求。灭弧系统用来保证触点断开电路时，产生的电弧可靠的熄灭，减少电弧对触点的损伤。为了迅速熄灭断开时的电弧，通常接触器都装有灭弧装置，一般采用半封式纵缝陶土灭弧罩，并配有强磁吹弧回路。其他部分包括绝缘外壳、弹簧、短路环、传动机构等。

交流接触器结构示意图及触点如图 7-35 所示，交流接触器的图形符号如图 7-36 所示。

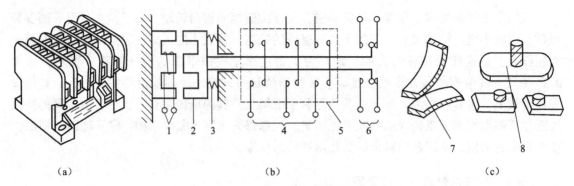

图 7-35　交流接触器

(a) 外形图；(b) 结构示意图；(c) 触点

1—线圈；2—可动铁芯；3—弹簧；4—主触点；5—灭弧罩；6—辅助触点；7—指式触点；8—桥式触点

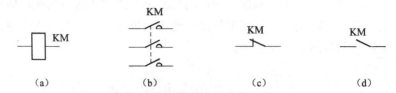

图 7-36　交流接触器的图形符号

(a) 线圈；(b) 主触头；(c) 辅助触点动断；(d) 辅助触点动合

当铁芯线圈通入交流电时，线圈建立磁场，静铁芯在磁力作用下，克服弹簧力，将动铁芯（衔铁）吸合，动触点随动铁芯的吸合与静触点闭合。当线圈断电或外加电压低于吸引线圈额定电压较多时，在反作用弹簧的作用下，动铁芯释放，动、静触点断开。因此，只要控制吸引线圈的电流，就可以控制接触器的触点闭合与断开。

交流接触器的触头按功能不同，分为主触头和辅助触头两种。主触头的接触面较大，允许通过的电流较大，通常有三对动合触头串联在电动机的主电路中，用以通断主电路。但由于主触头通过的电流较大，经常有电弧产生，为此有些接触器还设有灭弧罩以减小电弧。辅助触头的接触面较小，通过的电流较小，一般为 5 A 以下，通常有四对触头（两对动合触头、两对动断触头），常接在控制电路中，用来通断交流接触器的吸引线圈和其他小电流的电器。

交流接触器根据触头的动作分为动合触头和动断触头两种。动合触头是当交流接触器吸引线圈时，触头在复位弹簧的作用下，使接触器的触头由原来断开状态变为闭合状态的触头，线圈断电时，触头在复位弹簧的作用下，使触头恢复为断开状态，即"一动即合"。而动断触头为吸引线圈通电后，该触头由原来闭合状态变为断开状态，线圈断电时，该触头又回到闭合状态，即"一动即断"。

7.3.4　接触器的选择

交流接触器的主要技术参数有：额定电压、额定电流、控制电压等。在选用时，要注意使用环境与参数相匹配。

(1) 接触器触点额定电压应大于负载额定电压。

(2) 接触器主触点额定电流应大于电动机额定电流。接触器在频繁启动、频繁正反转和反接制动工作时，电流较大。为防止触点的损坏，应将主触点额定电流降低一级使用。

(3) 接触器线圈额定电压选择：当线路简单、使用电器较少时，可直接选用 380 V 或 220 V；当线路复杂、用电器较多时，可用 110 V 或 127 V，此时要使用控制变压器。

交流接触器的型号及含义、文字与图形符号如图 7-37 所示。

图 7-37 交流接触器的型号及含义、文字与图形符号
(a) 型号及含义；(b) 文字与图形符号

交流接触器的常见故障有：控制线圈烧损、触点系统接触不良或烧损、铁芯松动引起的电磁噪声、机械卡死等。

7.3.5 真空接触器

真空接触器主要组成部分与电磁接触器相似，所不同的是它的主触头密封在高度真空的玻璃或陶瓷圆筒内，构成真空灭弧室。真空接触器由真空灭弧室、电磁系统、支架等几部分组成，其总体结构有立体布置和平面布置两种。

由于真空既是一种很好的绝缘介质又是一种很好的灭弧介质，因此真空接触器触头只要分开很小距离就能可靠地熄灭电弧，它的开距比其他类型接触器要小得多。

7.3.6 电空接触器

电空接触器接通和分断电路的动作原理为：当电空阀线圈得电时打开气路，压缩空气经电空阀进入传动气缸，通过皮碗推动活塞杆带动动触头向上移动与静触头闭合，接通电路；当电空阀线圈失电时，传动气缸中的压缩空气经由电空阀排入大气，在气缸中反力弹簧作用下，动触头下移与静触头断开，将电路分断。这时，联锁触头组通过装于推杆上的联锁板的上下移动也随之进行分合的联锁转换，使电空接触器不发生误动作。

铁路客车上使用的接触器，多用于电源输配电主电路；空调装置的压缩机、冷凝风机、通风机、预热器的主电路；发电车柴油机冷却风机的主电路；电暖器的主电路，如图 7-38 所示。

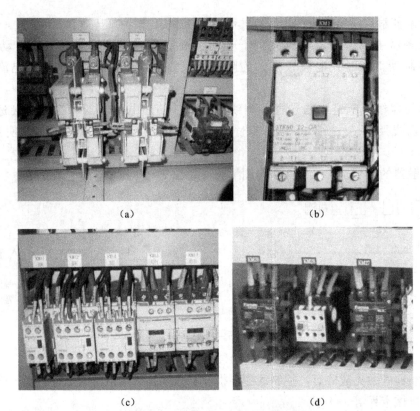

图 7-38 铁路客车上使用的接触器

(a) 用于空调客车主回路的接触器；(b) 用于电源输配电主电路的接触器；
(c) 用于空调装置的冷凝风机、通风机的接触器；(d) 用于空调装置的压缩机预热器的接触器

7.4 继电器

继电器是一种传递信号的电器，它的输入量可以是电压、电流等电量，也可以是热、速度、压力等其他物理量。继电器的输出量则是触点的动作或输出电路参数的变化。由于继电器的触点主要对控制电路实施通、断控制，所以触点系统容量都比较小。因此，继电器结构紧凑，反应灵敏，动作准确、迅速。

继电器一般由感测机构、中间机构和执行机构三个基本部分组成，可分为电磁式继电器和非电磁式继电器两大类。电磁式继电器应用最为广泛，它是以电磁吸合力为驱动动力源的继电器。电磁式继电器所配装的电磁线圈有交流和直流两种，各自构成交流电磁式继电器和直流电磁式继电器。电磁式继电器配装不同功能的电磁线圈后可分别制成电流继电器、电压继电器和中间继电器。

继电器应用很广，按用途可分为控制继电器和保护继电器，其中，热继电器、过电流继电器、欠电压继电器属于保护型继电器；时间继电器、速度继电器、中间继电器属于控制型继电器。按工作原理可分为电磁式继电器、感应式继电器、热敏式继电器、机械式继电器、电动式继电器和电子式继电器等。按反应的参数（动作信号）可分为电流继电器、电压继电器、时间继电器、速度继电器、压力继电器等。按动作时间可分为瞬时继电器（动作时

间小于 0.05 s）和延时继电器（动作时间大于 0.15 s）。按输出形式可分为有触点式继电器和无触点式继电器。图 7-39 所示为电磁式继电器的图形符号。

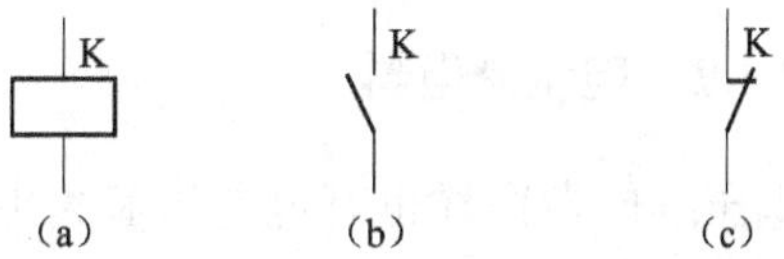

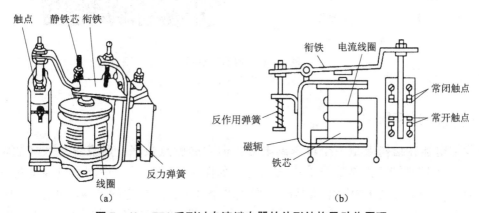

图 7-39　电磁式继电器的图形符号
(a) 吸引线圈；(b) 动合触点；(c) 动断触点

7.4.1 电流继电器

电磁式电流继电器的线圈串联在电路中以反映电路中电流的变化，可分为过电流继电器和欠电流继电器两种。它们的吸引线圈为电流线圈，电流线圈匝数少、线径粗、阻抗小，均串联在主电路中。当主电路电流高于允许值时，触点才发生动作的称为过电流继电器。当主电路低于规定值时，触点发生动作的继电器，则称为欠电流继电器。

过电流继电器在电路正常工作时衔铁不吸合，当电路中的电流超过整定值时衔铁才吸合（动作），如图 7-40 所示。过电流继电器常用作频繁、重载启动的电动机的短路和过载保护。如单元式空调机组控制柜中的 FA6、FA7，就是串联在两台压缩机主回路中，起过流保护作用的继电器。

图 7-40　JT4 系列过电流继电器的外形结构及动作原理
(a) 外形结构；(b) 动作原理

图 7-41 所示为水银式过流继电器；图 7-42 所示为过流继电器符号。

图 7-41　水银式过流继电器

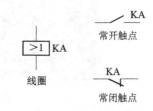

图 7-42　过电流继电器符号

7.4.2 电压继电器

电压继电器同样也有过电压和欠电压两种,如图7-43所示。过电压继电器是当电压超过规定电压上限时触点动作,故常用于交流电路中作过电压保护。欠电压继电器则相反,当电压低于规定电压下限时触点动作。其结构和电流继电器相似,不同之处是它的吸引线圈为电压线圈。电压线圈匝数多、导线细、阻抗大,和负载相并联,如单元式空调机组控制柜中的 FOV(过压)、FLV(欠压)。

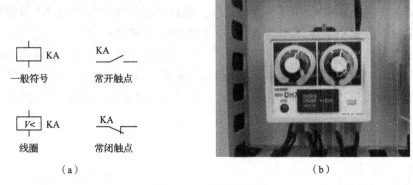

图 7-43 电压继电器
(a) 图形符号;(b) 实物

7.4.3 中间继电器

中间继电器在结构上是一个电压继电器,但它的触点数多、触点容量大(额定电流 5~10 A),是用来转换控制信号的中间元件,如图 7-44 所示。中间继电器能把一个输入信号(一般为电压线圈的通电或断电)变为多个输入信号。它的结构、动作原理和接触器相似。触点的额定电流一般为 5 A 以下。单元式空调机组控制柜中的 KA3、KA4、KA7 均属中间继电器。

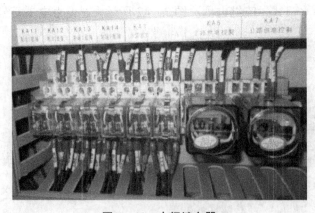

图 7-44 中间继电器

中间继电器主要用途是当其他继电器的触点数或触点容量不够时,可借助中间继电器来扩大它们的触点数或触点容量。

7.4.4 时间继电器

时间继电器是指当吸引线圈通电或断电以后其触点经过一定时间延时后再动作的继电器。时间继电器按其动作原理与构造不同，可分为电磁式、空气阻尼式、电动式和电子式等。

直流电磁式时间继电器一般在直流电气控制电路中应用较广，其表现形式只能实现直流断电延时动作。它的延时精度高，仅由电源频率的稳定性确定，延时范围宽（0.4~72 h）。其缺点是体积小、结构复杂。

空气阻尼式时间继电器是利用空气阻尼作用获得延时的，线圈电压为交流，因交流继电器不能像直流继电器那样依靠断电后磁阻尼延时，因而采用空气阻尼式延时。

空气阻尼式（又称气囊式）时间继电器是利用空气阻尼的原理工作的。它主要由电磁系统、工作触点、气室和传动机构四部分构成，如图7-45所示。

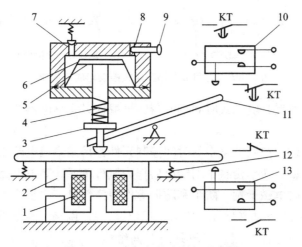

图 7-45 空气阻尼式时间继电器
1—吸引线圈；2—衔铁；3—活塞杆；4—释放弹簧；5—伞形活塞；6—橡皮膜；7—排气孔；8—进气孔；
9—调节螺钉；10—微动开关；11—杠杆；12—复位弹簧；13—瞬时触点

当吸引线圈1通电时，将衔铁2吸下，使铁芯与活塞杆之间有一段距离，活塞杆在释放弹簧4的作用下向下移动。因伞形活塞5的表面固定有一层橡皮膜6，活塞下移时，在膜的上面造成空气稀薄的空间，而下方的压力加大限制了活塞杆下移的速度，只能慢慢下移，当移动到一定位置时，杠杆11使微动开关10动作。可见，延时时间为从线圈通电开始到使微动开关10动作的一段时间。通过调节螺钉9改变进气孔8的大小，就可以改变延时时间的长短。

线圈断电后，在复位弹簧12的作用下使橡皮膜6上升，空气经排气孔7被迅速排出，不产生延时作用，使触点瞬时复位。

这类延时继电器称为通电延时型，它有两个延时触点：一个是延时断开的动断（常闭）触点；另一个是延时闭合的动合（常开）触点。还有两个瞬时动作触点：通电时微动开关的动断触点瞬时断开，动合触点立即闭合。

由于空气阻尼式时间继电器的延时范围较大（有0.4~60 s和40~180 s两种），所以在机床电气控制线路中得到了广泛应用。常用的 JS7 – A 系列空气阻尼式时间继电器有通电延时型和断电延时型两种类型。

只要将空气阻尼式通电延时继电器的铁芯倒装，即将动铁芯置于静铁芯下面，便可得到断电延时的时间继电器。时间继电器在电气控制电路中的符号如图 7 – 46 所示。

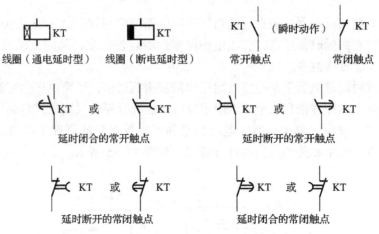

图 7 – 46　时间继电器在电气控制电路中的符号

随着电子技术的发展，电子式时间继电器、可编程时间继电器和数字式时间继电器已广泛应用。

电子时间继电器作为控制电路中的时间控制元件，采用集成电路 555 或 556 作为功能单元的主要元件，用微型大功率密封中间继电器作为执行单元。集成电路的元器件固体封装于一个金属盒内，具有防电磁干扰、防尘和防振等作用使整机工作更为可靠。

吸合延时时间继电器的功能单元主要由稳压电路、RC 网络、时基电路（555 或 556）、输出接口电路及信号显示电路组成。释放延时时间继电器需要在此基础上增加控制电路（虚线表示）。时间继电器的执行单元为小型密封式电磁继电器，对负载实行多路控制。

这类时间继电器定时精度更高，定时时间范围更宽，使用更方便。如空调控制柜中的 KT_1、KT_2、KT_3，发电车的冷却风机低速转高速等，都用的是时间继电器控制的，如图 7 – 47 所示。

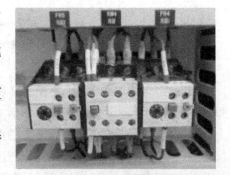

图 7 – 47　时间继电器

7.4.5　热继电器

热继电器是一种具有过载保护特性的过电流型继电器，它利用电流的热效应而使触头动作，如图 7 – 48 所示。

热继电器由热驱动元件（俗称双金属片）、常闭触头、传动机构、复位按钮、调整电流装置等组成，常用于电动机的过载保护。电动机在运行过程中，如果长期过载、频繁启动、欠电压运行或者断相运行等都可能使电动机的电流超过它的额定值。如果超过额定值的量不

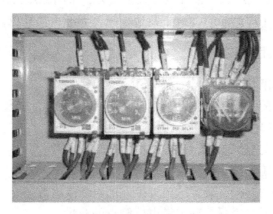

图 7-48 热继电器

大,熔断器在这种情况下不会熔断,这样将引起电动机过热,损坏绕组的绝缘,缩短电动机的使用寿命,严重时甚至烧坏电动机。因此,采用热继电器用于电动机的过载保护以及断相保护,也适用于对其他电气设备的过载保护。热继电器的工作原理示意图如图 7-49 所示。

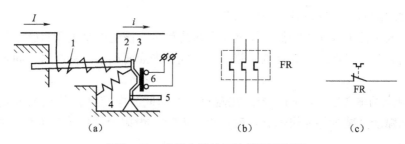

图 7-49 热继电器的工作原理示意图
(a) 结构示意图;(b) 热元件符号;(c) 热开关符号
1—发热元件;2—双金属片;3—扣板;4—弹簧;5—复位按钮;6—动断触点

热继电器的发热元件(电阻丝)绕在具有不同热膨胀系数的双金属片上,串联于电动机的主电路中,而动断触点则串联于电动机的控制电路中。在正常情况下,其电流不超过热元件的额定电流,故产生的热量不足以使双金属片发生很大的弯曲变形,动触点在拉簧的作用下与静触点闭合,使整个电路处于接通状态。当电动机过载,电动机的输入电流超过其额定值时,超载电流使元件发热量增加。当过载电流超过整定电流的 1.2 倍时,双金属片受热发生弯曲变形,推动导板,通过推杆机构将推力传给杠杆,使其绕轴转动,于是常闭触点断开,从而切断控制电路,接触器线圈断电释放,接触器主触点随之断开,电动机便脱离电源而停转,起到了过载保护作用。

热继电器的主要技术数据是整定电流。所谓整定电流是指长期通过发热元件而不动作的最大电流。电流超过整定电流 20% 时,热继电器应当在 20 min 内动作;当过载电流超过整定电流的 50% 时,应当在 2 min 内动作。超过的电流数值越大,则发生动作的时间越短。由于热惯性,热继电器不能作短路保护,而且电动机启动或短时过载时,热继电器不会动作,保证电动机的正常运行。

待热元件冷却后，恢复原状，推杆机构失去动力，常闭触点在拉簧的作用下即可自动复位；待双金属片冷却后（约 1 min），按下复位按钮，即能手动复位。

7.4.6 继电器的选用与保护

继电器按照下列步骤进行选用。

（1）根据输入信号的性质、使用环境、动作频率、寿命要求及工作制度和安装尺寸等因素选择继电器的种类和型号。

（2）根据输入信号的电气参数，选定继电器的输入参数。

（3）根据控制要求确定接点的种类（常开或常闭）。

（4）根据被控回路的多少，确定继电器接点的对数或组数。

（5）根据负载的性质与容量，确定继电器触点的容量。

对于动作频繁的继电器，其触点由于电弧和烧损等故障，会引起其接触电阻发生变化，进而引起继电器线圈输入电压降低，当线圈输入电压低于 85% 额定电压时，继电器不能正常工作，为此，控制电路电压宜选取较高值。当采用低压控制时，建议采用并联型触点，以提高工作可靠性。对于触点接触电阻，应定期进行检查。

当继电器触点用于开断直流感性负载时，一般在额定电压不变的情况下，开断电感性负载的电流只能为开断电阻性负载的 30% 左右。

造成开断电感性负载能力降低的原因是电弧的产生，该电弧是由于自感电势与电缆电压叠加，使得刚分开一点点距离的接点间隙中的空气被击穿而放电。克服这种间隙可以采用以下三种办法：

（1）在触点两端并联电阻和电容。在触点断开瞬间，电容器存储电感负载的能量，使供给触点的电弧能量减少并加快熄灭；触点再闭合时，电阻会限制电容对触点的放电电流，避免触点烧损。

（2）在电感负载两端并联电容和电阻。

（3）在电感两端并联续流二极管。

CRH2 型动车组总配电盘、控制继电器盘使用了可靠性高的继电器，即采用印刷电路板型多极继电器，这些继电器电路配置在不同的印刷电路板上。

7.5 电磁阀

电磁阀是指气体或液体流动的管路受电磁力控制开关的阀体。它大量应用在液体机械、空调系统、组合机床、自动机床及自动生产线中，是工业自动化的一种重要元件。其结构、符号如图 7-50 所示。

电磁阀的工作原理可简述如下：当吸引线圈不通电时，衔铁由于受弹簧作用与铁芯脱离，阀门处于关闭状态，如图 7-50（a）所示。当线圈通电时，衔铁克服弹簧的弹力而与铁芯吸合，阀门处于打开状态，如图 7-50（b）所示。从而控制了液体或气体的流动，推动油缸或气缸转换为物体的机械运动，完成进给、往复等动作。其电路符号如图 7-50（c）所示，文字符号用 YV 表示。

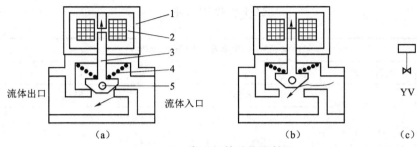

图 7-50 电磁阀的结构和符号
(a) 电磁阀关闭状态；(b) 电磁阀接通状态；(c) 符号
1—铁芯；2—吸引线圈；3—衔铁；4—弹簧；5—阀门

学生工作页（七）

项目三 磁路及常用低压器件					
任务一	磁带回线				
班级		学号		姓名	

本任务车辆电工岗位达标要求：
1. 了解磁的基本物理量。
2. 掌握铁磁材料的分类。
3. 掌握磁带回线的形成。

能力训练

观看下图，完成工作任务

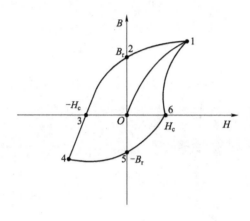

1. 上图是什么曲线，H 和 B 表示什么？

续表

2. 试画出正弦交流电的波形图,结合波形图分析上图形成的过程。

3. 根据上图,可将铁磁材料分成几类?

学生自评
我的心得: 建议或提出问题

教师评价

学生工作页（八）

项目三 磁路及常用低压器件					
任务二	交流铁芯的功率损耗				
班级		学号		姓名	

本任务车辆电工岗位达标要求：

1. 了解什么是自感、互感。
2. 了解功率损耗的种类。

能力训练

观看下图，完成工作任务。

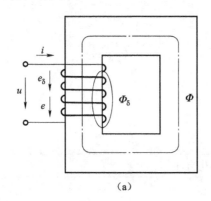　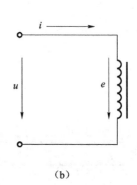

（a）　　　　　　　　　　（b）

1. 什么是磁动势、磁通、磁阻。

2. 结合上图，简述磁路欧姆定律。

续表

3. 交流铁芯线圈的功率损耗有哪几种，是否可以利用这些损耗？
学生自评
我的心得：   建议或提出问题
教师评价

学生工作页（九）

项目三 磁路及常用低压器件		
任务三	变压器	
班级	学号	姓名

本任务车辆电工岗位达标要求：
1. 了解磁路欧姆定律。
2. 了解变压器的作用。

能力训练

观看下图，完成工作任务。

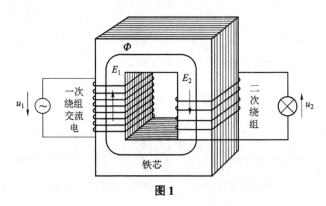

图 1

1. 在图 1 中标出变压器各部分的组成。

2. 变压器除了可以变换电压外，还可以变换什么物理量？

续表

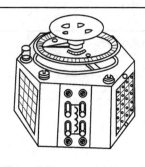 

图 2

3. 图 2 所示为什么变压器，它有什么功能？

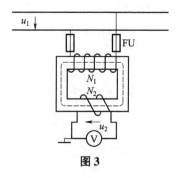

图 3

4. 图 3 所示为什么变压器的原理图，它有什么功能？

学生自评
我的心得： 建议或提出问题

教师评价

学生工作页（十）

项目三　磁路及常用低压器件					
任务四	认识常用低压电器				
班级		学号		姓名	
本任务车辆电工岗位达标要求： 认识主令开关，熟知低压电器的名称、作用。					
能力训练					

试分别说出下列图片中低压电器的名称及其作用。

1.

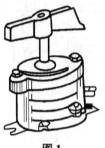

图 1

名称：

作用：

2.

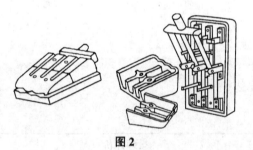

图 2

名称：

作用：

续表

3.

图 3

名称：

作用：

4.

图 4

名称：

作用：

5.

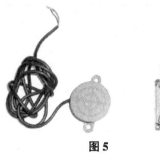

图 5

名称：

作用：

续表

6.

图 6

名称：

作用：

7.

图 7

名称：

作用：

学生自评
我的心得：
建议或提出问题
教师评价

学生工作页（十一）

项目三　磁路及常用低压器件				
任务五	认知接触器			
班级		学号		姓名	

本任务车辆电工岗位达标要求：
了解接触器分类，熟知各种接触器的名称、原理、作用。

能力训练

试说出下列图片中低压电器的名称及其作用

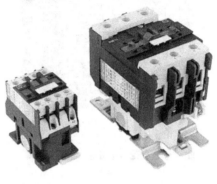

名称：

作用：

学生自评

我的心得：

建议或提出问题

教师评价

学生工作页（十二）

项目三　磁路及常用低压器件			
任务六	认识继电器		
班级		学号	姓名

本任务车辆电工岗位达标要求：
了解继电器分类，熟知各种继电器的名称、原理、作用。

能力训练

试分别说出下列图片中低压电器的名称及其作用。

1.

图 1

名称：

作用：

2.

图 2

名称：

作用：

续表

3.

图 3

名称：

作用：

4.

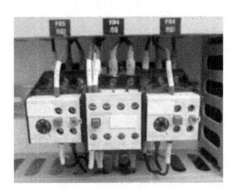

图 4

名称：

作用：

续表

5. 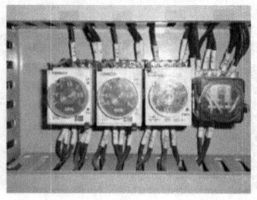 图 5 名称： 作用： 	
学生自评	
我的心得： 建议或提出问题 	
教师评价	

项目四

电机部分

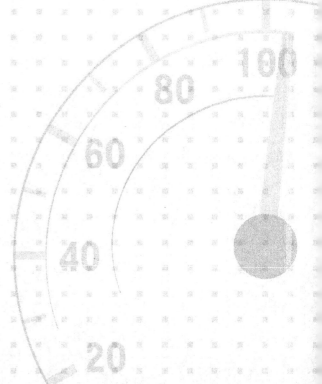

任务 8

直流电机

8.1 直流电动机

直流电动机主要由静止的定子和旋转的转子两大部分组成。定子与转子之间有空隙,称为气隙。定子部分包括机座、主磁极、换向极、端盖、电刷等装置。转子部分包括电枢铁芯、电枢绕组、换向器、转轴、风扇等部件。

直流电动机的结构如图 8-1 所示。直流电动机的横向剖面图如图 8-2 所示。

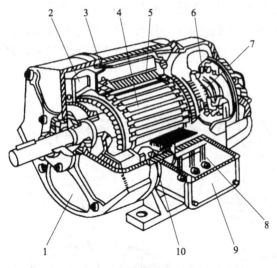

图 8-1 直流电动机的结构
1—端盖;2—风扇;3—机座;4—电枢;5—主磁极;
6—刷架;7—换向器;8—接线板;
9—出线盒;10—换向极

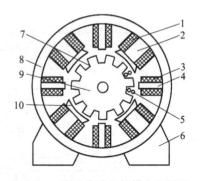

图 8-2 直流电动机的横向剖面图
1—主磁极线圈;2—主磁极;3—换向极线圈;
4—换向极;5—电枢绕组;6—底脚;
7—电枢槽;8—机座(磁轭);
9—电枢铁芯;10—极靴

8.1.1 定子部分

定子是电动机的静止部分,主要用来产生磁场,如图 8-3 所示,它主要包括:

(1) 主磁极。主磁极包括铁芯和励磁绕组两部分。当励磁绕组中通入直流电流后,铁芯中即产生励磁磁通,并在气隙中建立励磁磁场。励磁绕组通常用圆形或矩形的绝缘导线制成一个集中的线圈,套在磁极铁芯外面。主磁极铁芯一般用 1~1.5 mm 厚的低碳钢板冲片叠压铆接而成,主磁极铁芯柱体部分称为极身,靠近气隙一端较宽的部分称为极靴,极靴与极身交接处形成一个突出的肩部,用以支撑励磁绕组。极靴沿气隙表面成弧形,使磁极下气隙磁通密度分布更合理。整个主磁极用螺杆固定在机座上。

主磁极总是 N、S 两极成对出现。各主磁极的励磁绕组通常是相互串联连接的,连接时要能保证相邻磁极的极性按 N、S 交替排列。

(2) 换向极。换向极也由铁芯和绕组构成。中小容量直流电动机的换向极铁芯是用整块钢制成的;大容量直流电动机和换向要求高的电动机,换向极铁芯用薄钢片叠成,换向极绕组要与电枢绕组串联,因通过的电流大,导线截面较大,匝数较少。换向极装在主磁极之间,换向极的数目一般等于主磁极数,在功率很小的电动机中,换向极的数目有时只有主磁极极数的一半,或不装换向极。换向极的作用是改善换向,防止电刷和换向器之间出现过强的火花。

(3) 电刷装置。电刷装置由电刷、刷握、压紧弹簧和刷杆座等组成。电刷是用碳-石墨等做成的导电块,电刷装在刷握的盒内,用压紧弹簧把它压紧在换向器的表面上。压紧弹簧的压力可以调整,保证电刷与换向器表面有良好的滑动接触,刷握固定在刷杆上,刷杆装在刷杆座上,彼此之间绝缘。刷杆座装在端盖或轴承盖上,根据电流的大小,每一刷杆上可以有几个电刷组成的电刷组,电刷组的数目一般等于主磁极数。电刷的作用是与换向器配合引入、引出电流。

(4) 机座和端盖。机座一般用铸钢或厚钢板焊接而成。它用来固定主磁极、换向极及端盖,借助底脚将电动机固定于基础上,机座还是磁路的一部分,用以通过磁通的部分称为磁轭,端盖主要起支撑作用,端盖固定于机座上,其上放置轴承支撑直流电动机的转轴,使直流电动机能够旋转。

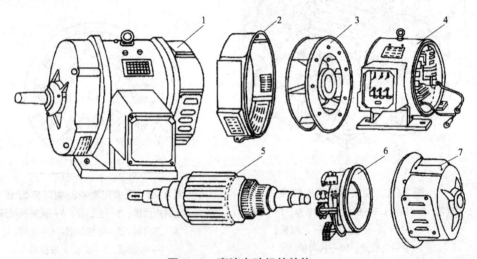

图 8-3 直流电动机的结构
1—直流电动机总成;2—后端盖;3—通风器;4—定子总成;5—转子(电枢);6—电刷装置;7—前端盖

8.1.2 转子部分

转子又称电枢,是电动机的旋转部分,如图 8-4 所示。

1. 电枢铁芯

电枢铁芯是主磁路的主要部分,同时用以嵌放电枢绕组。一般电枢铁芯由 0.5 mm 厚的硅钢片冲制而成的冲片叠压而成。冲片的形状如图 8-4 (a) 所示,以降低电动机运行

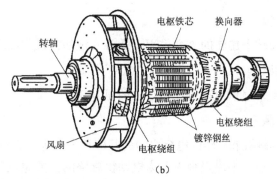

图 8-4 转子结构图

(a) 冲片；(b) 转子

时电枢铁芯中产生的涡流损耗和磁滞损耗。叠成的铁芯固定在转轴或转子支架上。铁芯的外圆开有电枢槽，槽内嵌放电枢绕组。

2. 电枢绕组

电枢绕组的作用是产生电磁转矩和感应电动势，是直流电动机进行能量变换的关键部件，所以叫电枢。它是由许多线圈按一定规律连接而成，线圈采用高强度漆包线或玻璃丝包扁铜线绕成，不同线圈的线圈边分上下两层嵌放在电枢槽中，线圈与铁芯之间以及上、下两层线圈边之间都必须妥善绝缘。为防止离心力将线圈边甩出槽外，槽口用槽楔固定，如图 8-5 所示。线圈伸出槽外的端接部分用热固性无纬玻璃带进行绑扎。

3. 换向器

在直流电动机中，换向器配以电刷能将外加直流电源转换为电枢线圈中的交变电流，使电磁转矩的方向恒定不变；在直流发电机中，换向器配以电刷能将电枢线圈中感应产生的交变电动势转换为正、负电刷上引出的直流电动势。换向器由许多铜质换向片叠成圆柱体，每个换向片套在云母绝缘套筒中，所有套有云母绝缘套的换向片嵌放在金属套筒中，固定成一个整体后浇铸成型，如图 8-6 所示。

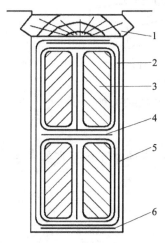

图 8-5 电枢槽的结构

1—槽楔；2—线圈绝缘；3—电枢导体；
4—层间绝缘；5—槽绝缘；6—槽底绝缘

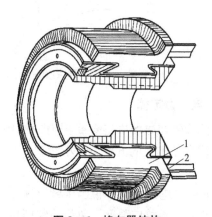

图 8-6 换向器结构

1—换向片；2—连接部分

4. 转轴

转轴起转子旋转的支撑作用，需有一定的机械强度和刚度，一般用圆钢加工而成。

5. 风扇

风扇用来降低电动机在运行中的温升。

6. 气隙

静止的磁极和旋转的电枢之间的间隙称为气隙。在小容量电动机中，气隙为 0.5～3 mm。气隙数值虽小，但磁阻很大，为电动机磁路的主要组成部分。气隙大小对电动机运行性能有很大影响。

8.2 直流电动机的工作原理

包括直流电动机在内的一切旋转电动机，实际上都是依据我们所知道的两条基本原则制造的。一条是：导线切割磁力线运动产生感应电动势；另一条是：载流导体在磁场中会受到电磁力的作用。

8.2.1 两条定律和两条定则

图 8-7（a）所示为通电导体在磁场中，图 8-7（b）所示为导体在磁场中做切割运动。

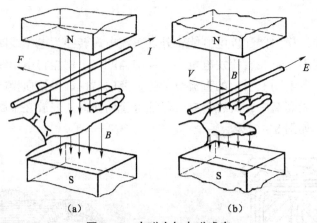

图 8-7 电磁力与电磁感应

(a) 电磁力与左手定则；(b) 电磁感应与右手定则

1. 电磁力定律

载流导体在磁场中将会受到力的作用，若磁场与载流导体互相垂直如图 8-7（a）所示，作用在导体上的电磁力大小为

$$F = BIL \tag{8-1}$$

式中　F——电磁力，单位为牛顿（N）；

　　　B——磁感应强度，单位为特斯拉（T）；

　　　I——导体中的电流，单位为安培（A）；

　　　L——导体的有效长度，单位为米（m）。

2. 电磁感应定律

在磁场中运动的导体将会感应电动势,若磁场、导体和导体的运动方向三者互相垂直如图 8-7(b)所示,则作用于导体中感应的电动势大小为

$$E = BLv \tag{8-2}$$

式中　E ——感应电动势（V）；
　　　B ——磁感应强度（T）；
　　　L ——导体的有效长度（m）；
　　　v ——导体运动速度（m/s）。

3. 左手定则与右手定则

左手定则也称"电动机定则",它是确定通电导体在外磁场中受力方向的定则。其方法是：伸开左手,使拇指与其余四指垂直,并都与手掌在同一平面上,设想将左手放入磁场中,使磁力线垂直地进入手心,其余四指指向电流方向,这时拇指所指的方向就是磁场对电流作用力（电磁力）的方向,如图 8-7(a)所示。

右手定则也称"发电机定则",是确定导体在磁场中运动时导体中感应电动势方向的定则。其方法是：伸开右手,使拇指与其余四指垂直,并都和手掌在同一平面内,假想将右手放入磁场中,让磁力线垂直地从手心进入,使拇指指向导体运动的方向,这时其余四指所指的方向就是感应电动势的方向,如图 8-7(b)所示。

8.2.2　直流电动机的转动原理

1. 电磁转矩的产生

用如图 8-8 所示的直流电动机的物理模型来分析。

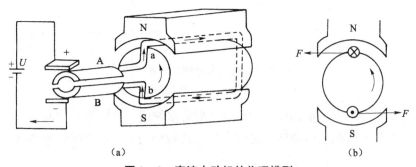

图 8-8　直流电动机的物理模型
(a) 简化模型；(b) 截面图

图 8-8(a)所示为最简单的直流电动机的物理模型,N 和 S 是一对固定的磁极（一般是电磁铁,也可以是永久磁铁）。磁极之间有一个可以转动的铁质圆柱体,称为电枢铁芯。铁芯表面固定一个用 a 和 b 两根绝缘导体构成的电枢线圈,线圈的两端分别接到相互绝缘的两个圆弧形铜片 A 和 B 上。弧形铜片称为换向片,它们的组合体称为换向器。在换向器上放置固定不动而与换向片滑动接触的电刷,线圈 a、b 通过换向器和电刷接通外电路。电枢铁芯、电枢线圈和换向器构成的整体叫作转子或称为电枢。

当接通电源 U 时,直流电流将从 a 边流入,b 边流出,由电磁力定律可知线圈 a 边和 b

边将受到一对大小相等、方向相反的电磁力作用，其方向由左手定则确定，如图 8-8（b）所示。由于这对电磁力不在一条直线上，因此它们将形成一个电磁转矩，使电动机的转子沿逆时针方向加速旋转。

由于换向片随转子一起转动，当线圈转到水平位置时（两磁极中间，即几何中性线上），换向器与电源断开，线圈中没有电流流过，此时线圈没有转矩，但因其惯性作用，使电枢连续运转。当线圈 a 边旋转至 S 磁极附近，b 边旋转至 N 磁极附近时，电枢线圈 ab 中的直流电流将改变方向。此时，电流从线圈 a 边流出，b 边流入，而电磁力和电磁转矩的方向不变，这就保证了转子的连续转动。可见，转子线圈 ab 每旋转半圈，其中的直流电流就改变一次方向，相当于转子线圈接入的是交流电，这正是换向器产生的效果。

由此可知，要使电枢受到一个方向不变的电磁转矩，关键在于：当线圈边在不同极性的磁极下，如何将流过线圈中的电流方向及时地加以变换，即进行所谓"换向"。为此必须增加一个叫作换向器的装置，换向器配合电刷可保证每个极下线圈边中电流始终是一个方向，就可以使电动机能连续的旋转，这就是直流电动机的转动原理。

2. 恒定转矩的产生

由于主极磁场在空间近似于正弦分布，只有一个线圈的直流电动机的电磁转矩是脉动的，如图 8-9（a）所示。当线圈处在主磁极轴线时，转矩最大；线圈位于相邻主磁极之间时，电磁转矩为零。如果使用 2 组电枢线圈，让它们在空间垂直相交（相互角度成 90°）并串联，换向片将增加到 4 片，其转矩波形如图 8-9（b）所示。

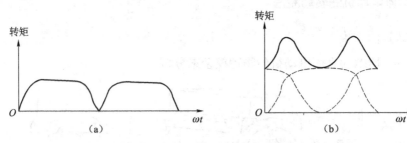

图 8-9　直流电动机的脉动转矩
(a) 一个线圈时；(b) 两个线圈串联时

实际的直流电动机，电枢四周上均匀地嵌放许多线圈，相应地，换向器由许多换向片组成，使电枢线圈所产生的总电磁转矩足够大并且比较均匀，电动机的转速也就比较均匀。

8.3　直流电动机的励磁方式

直流电动机在工作时，电枢绕组通过电刷外接直流电枢电源，用以产生电枢电流；励磁绕组也要通入直流励磁电源，用以产生主磁场。这两个方面协调工作，使得电枢获得一个电磁转矩转动起来。电枢绕组和励磁绕组可以共用一个电源，也可以采用两个电源单独供电。即使是采用一个电源供电，也有不同的连接方式。励磁绕组与电源的连接方式被称为励磁方式。按照不同的励磁方式，直流电动机可以分为他励、并励、串励和复励四种。直流电动机的励磁方式如图 8-10 所示。

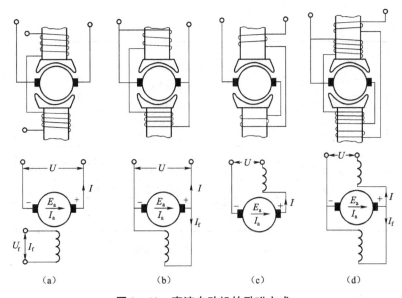

图 8-10 直流电动机的励磁方式
(a) 他励；(b) 并励；(c) 串励；(d) 复励

1. 他励直流电动机

励磁绕组与电枢绕组无连接关系，而由其他直流电源对励磁绕组供电的直流电动机称为他励直流电动机，接线如图 8-10 (a) 所示。符号 M 表示电动机，若为发电机，则用 G 表示。永磁直流电动机也可看作他励直流电动机。

2. 并励直流电动机

并励直流电动机的励磁绕组与电枢绕组相并联，接线如图 8-10 (b) 所示。作为并励发电机来说，是电动机本身发出来的端电压为励磁绕组供电；作为并励电动机来说，励磁绕组与电枢共用同一电源，从性能上讲与他励直流电动机相同。

3. 串励直流电动机

串励直流电动机的励磁绕组与电枢绕组串联后，再接于直流电源，接线如图 8-10 (c) 所示。这种直流电动机的励磁电流就是电枢电流。

4. 复励直流电动机

复励直流电动机有并励和串励两个励磁绕组，接线如图 8-10 (d) 所示。若串励绕组产生的磁通势与并励绕组产生的磁通势方向相同称为积复励。若两个磁通势方向相反，则称为差复励。

不同励磁方式的直流电动机有着不同的特性。一般情况直流电动机的主要励磁方式是并励式、串励式和复励式，直流发电机的主要励磁方式是他励式、并励式和和复励式。

8.4 直流电动机的铭牌及数据

每台直流电动机的外壳上都有一个铭牌，上面标有该电动机的技术数据，主要包括其型号和额定值，如图 8-11 所示。

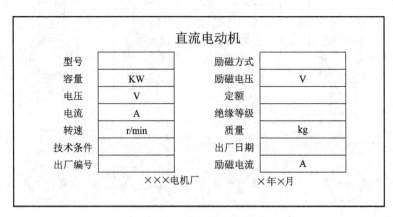

图 8-11 直流电动机铭牌

（1）型号。

型号包含电动机的系列、机座号、铁芯长度、设计次数、极数等。

如中小型直流机的型号 Z4-112/2-1。

Z：直流电动机；4：第四次系列设计；112：机座中心高，单位为 mm；2：极数；1：电枢铁芯长度代号。

（2）额定功率（容量）：对于直流电动机是指在长期使用时，轴上允许输出的机械功率，一般用 kW 表示单位。

（3）额定电压：对于直流电动机是指在额定条件下运行时从电刷两端施加给电动机的输入电压，单位用 V 表示。

（4）额定电流：对于电动机是指在额定电压下输出额定功率时，长期运转允许输入的工作电流，单位用 A 表示。

（5）额定转速：当电动机在额定工况下（额定功率、额定电压、额定电流）运转时，转子的转速为额定转速，单位用 r/min（转/分）表示。直流电动机铭牌往往有低、高两种转速，低转速是基本转速，高转速是指最高转速。

（6）励磁方式：是指励磁绕组的供电方式，通常有自励、他励和复励三种。

（7）励磁电压：是指励磁绕组供电的电压值，一般有 110 V、220 V 等，单位是 V。

（8）励磁电流：在额定励磁电压下，励磁绕组中所流通的电流大小，单位是 A。

（9）定额（工作制）：也就是电动机的工作方式，是指电动机在正常使用的持续时间，一般分为连续制（S1）、断续制（S2~S10）。

（10）绝缘等级：是指直流电动机制造时所用绝缘材料的耐热等级，一般有 B 级、F 级、H 级、C 级。

（11）额定温升：指电动机在额定工况下运行时，电动机所允许的工作温度减去绕组环境温度的数值，单位用 K 表示。

（12）技术条件（标准编号）：国家标准。

8.5 直流发电机

发电机是根据导线在磁场中做切割磁感线的运动而产生感应电动势的原理制成的。

如图 8-12 所示，电枢绕轴逆时针方向旋转，线圈在图 8-12（a）和图 8-12（b）位置下，虽然位于相同磁极下的线圈边不同，但感应电动势方向相同，其两边 ab 和 cd 感应电动势方向由右手定则确定。由于主极磁场在空间呈正弦分布，当线圈转到水平位置时（即几何中性线上），线圈中无电动势产生。虽然线圈中的感应电动势是交变的，但从整个线圈来看，电刷 A 的极性总是为正，电刷 B 的极性总是为负，在电刷 A、B 之间可获得如图 8-13（a）所示的脉动直流电压。与电动机相同，也需要在电枢上装有许多线圈，以使直流发电机获得平稳的输出电压，其波形如图 8-13（b）和 8-13（c）所示。

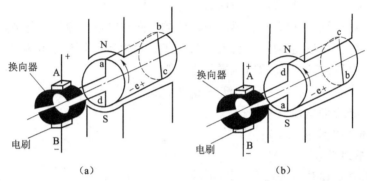

图 8-12 直流发电机发电原理示意图
（a）线圈位置一；（b）线圈位置二

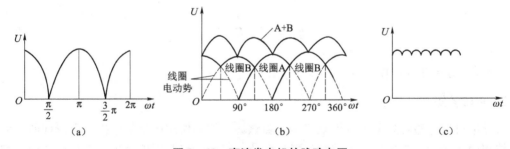

图 8-13 直流发电机的脉动电压
（a）一组线圈时；（b）两组线圈串联时；（c）有许多线圈时

8.6 直流电机中的基本物理量

根据电磁定律可知，无论是直流发电机还是直流电动机，当其运行时，电枢绕组切割了磁场，就要产生感应电势，由于电枢绕组中又有电流通过（带负载），其与磁场的作用就会产生电磁转矩。

1. 电枢感应电动势 E_a

根据实际电机电枢绕组的总导体数和支路数，通过分析计算，可以得出直流电机电枢绕组的感应电动势 E_a，其表达式为

$$E_a = C_e \Phi n \quad (8-3)$$

式中 E_a——电枢电动势（V）；

C_e——电动势常数，$C_e = \dfrac{pN}{60a}$，p、N 和 a 分别为磁极对数、电枢绕组总导体数和并联支路对数，对于已制成的电机有确定值；

Φ——气隙中每极磁通（Wb）；

n——电机转速（r/min）。

由此可见，电动势 E_a 的大小与定子磁场的磁感应强度和电机的转速成正比。直流电机感应电势的方向，由磁场的方向和转速的方向来确定的，只要改变其中任一量的方向，则感应电动势的方向就会改变，其实际方向由右手定则确定。

当直流电机运行于电动状态时，感应电动势的方向与电枢电流的实际方向相反，电机吸收电网电能，故称这时的感应电势为反动电势。正是反电动势限制了电流在电枢中的流动。忽略电机电感时，可得直流电动机电压平衡方程为

$$U = E_a + R_a I_a \quad (8-4)$$

式中 U——电动机电源电压（V）；

E_a——电枢反电动势（V）；

R_a——电枢绕组电阻（Ω）；

I_a——电枢支路电流（A）。

当直流电机运行于发电状态时，感应电动势的方向与电枢电流的实际方向相同，产生的感应电动势通过电刷向外电路供电，此时电流的方向与感应电动势的方向一致。其电压平衡方程为

$$E_a = U + R_a I_a \quad (8-5)$$

式中 E_a——发电机感应电动势（V）；

U——发电机端电压（V）。

2. 电磁转矩 T

直流电机的电磁转矩是由电枢电流与气隙磁场的相互作用产生的电磁力所形成的。由于电枢绕组中各元件所产生的电磁转矩是同方向的，因此，只要根据电磁力理论计算出一根导体的平均电磁力及其转矩，乘上电枢绕组所有的导体数，就可计算出总的电磁转矩。其表达式为

$$T = C_T \Phi I_a \quad (8-6)$$

式中 T——电磁转矩（N·m）；

C_T——电机转矩常数，$C_T = \dfrac{pN}{2\pi a} = 9.55 C_e$，取决于电机结构；

Φ——每极磁通（Wb）；

I_a——电枢电流（A）。

电磁转矩的方向是由电枢绕组电流与磁场方向来确定的，只要改变其中任一个量的方向，则电磁转矩的方向就要改变，其实际方向由左手定则判断。当直流电机运行于电动工作状态时，电磁转矩的方向与转速的方向相同，起驱动作用，说明此时的电机输出了机械能。当直流电机工作于发电（制动）状态时，其电磁转矩的方向与转速的方向相反，是阻转矩，说明此时电机在吸收机械能。

8.7 直流电机的可逆性

1. 直流发电机的运行过程

当原动机拖动电枢旋转时，如图 8-14（a）所示，电枢导体切割 N、S 极磁力线感应电动势，其方向可用右手定则确定。从线圈内部来看，感应电动势 e_a 是交变的，但由于换向器和电刷的作用，将线圈产生的交变电动势改变为电刷两端方向恒定的电动势 E_a，使外电路的电流按一定方向流动。另一方面，电枢上通电导体在磁场中会受到电磁力，并产生与电枢方向相反的电磁转矩 T，即制动转矩，原动转矩 T_1 克服此制动转矩与空载阻转矩 T_0 而做功，而将机械能转换成电能。

直流发电机稳定运行时，转速恒定，其轴上的拖动转矩必须与轴上的阻转矩（制动转矩）保持平衡，直流发电机稳定运行时的转矩平衡方程式为

$$T_1 = T + T_0 \tag{8-7}$$

2. 直流电动机的运行过程

当直流电机与电源接通后，如图 8-14（b）所示。电枢电流 I_a 流过导体产生的电磁转矩 T，其克服负载转矩 T_L 和 T_0，从而驱动电枢旋转。电磁转矩是原动转矩，其方向决定着电动机转向。但是，转动的电枢导体在磁场中切割磁力线会感应电动势 E_a，其方向与电流方向相反，是反电动势，外电源电压克服反电动势送入电流而做功，从而将电能转换成机械能。直流电动机稳定运行时的转矩平衡方程式为

$$T = T_L + T_0 \tag{8-8}$$

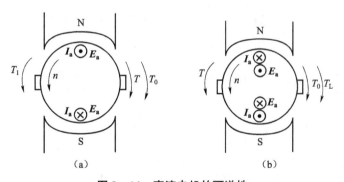

图 8-14 直流电机的可逆性
（a）发电运行；（b）电动运行

3. 直流电机的可逆性

直流电机处于发电状态时（外机械功率输入），对外显示源电动势产生电流输出的同

时，还隐含着电磁阻转矩；直流电机处于电动运行状态时（外电功率输入），对外显示电磁转矩驱动电枢旋转的同时，还隐含着反电动势。所以说，发电机作用和电动机作用同时存在于直流电机这个统一体中，当外界条件改变时，电机表现出相应的外观特点。因此发电机和电动机不是两种电机，而是两种不同的运行状态。

直流电机在一定的条件下，可作为发电机运行，把机械能转变为电能供给直流负载；而在另外的条件下又可把电能转换为机械能拖动机械负载，这就是直流电机的可逆性。但这并不是说是厂商提供的直流机可以不分发电机和电动机了，因为电机是有额定工作状态的，这也是制造厂家为该电机设计的最佳工作状态，若混用会不同程度的偏离最佳工作状态，使电机的性能变坏。

任务 9

交流电机

9.1 交流发电机

图 9-1 所示为交流发电机示意图。磁场可由永久磁铁或电磁铁产生,线圈在磁场中若逆时针转动,由右手定则判断:在 ab 边电流从 a→b,在 cd 边电流从 c→d。电流经滑环、电刷外电路接通。当转过 90°后,在 ab 边电流从 b→a,在 cd 边电流从 d→c,所以流到外电路的电流是交变电流。

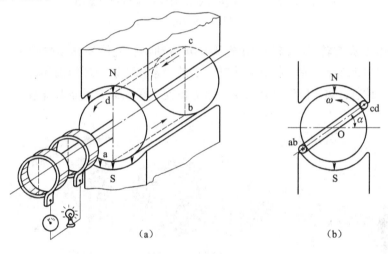

图 9-1 交流发电机示意图

交流电动机按供电方式可分为三相电动机和单相电动机。三相动机按运转情况又可分为同步电动机和异步电动机(感应电动机)。在生产上主要用的是交流电动机,特别三相异步电动机,因为它具有结构简单、坚固耐用、运行可靠、价格低廉、维护方便等优点,而成为电动机中应用最普遍的一种,它被广泛地用来驱动各种金属切削机床、起重机、锻压机、传送带、铸造机械、功率不大的通风机及水泵等。

9.2 三相异步电动机

异步电动机有着众多优点:结构简单、成本较低、使用与维修方便、运行可靠、坚固耐用、运行效率较高等。其缺点是不能经济地实现范围较广的平滑调速;异步电动机是一个感性负载,需从电网吸收无功电流建立磁场,从而使电网的功率因数降低,必须采用相应的无功补偿措施。

9.2.1 三相异步电动机的构造

三相异步电动机的外形及结构示意图如图9-2所示，主要由定子（固定部分）和转子（转动部分）两部分组成，此外还有端盖、风扇、机座等附属部分。

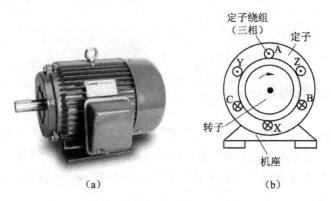

图9-2 三相异步电动机的外形及结构示意图
（a）外形；（b）结构示意图

三相异步电动机按转子结构分：鼠笼型异步电动机、绕线型异步电动机。鼠笼型绕组为自行闭合的对称多绕组，它由插入每个转子槽的导条和两端的环形端环构成，一根导条代表一相，如果去掉铁芯，整个绕组外形就像一个老鼠笼，因此称为鼠笼型绕组，如图9-3所示。

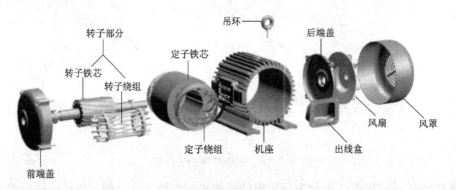

图9-3 鼠笼型异步电动机的拆分图

1. 定子

定子由定子铁芯、定子绕组和机座三部分组成，如表9-1所示。

表9-1 定子组成

定子	定子铁芯	由厚度为0.5 mm的，相互绝缘的硅钢片叠成，硅钢片内圆上有均匀分布的槽，其作用是嵌放定子三相绕组 AX、BY、CZ
	定子绕组	三组用漆包线绕制好的，对称地嵌入定子铁芯槽内的相同的线圈。这三相绕组可接成星形或三角形
	机座	机座用铸铁或铸钢制成，其作用是固定铁芯和绕组

（1）定子铁芯。它是电动机的磁路部分，用厚 0.35~0.5 mm 两面经过绝缘处理的硅钢片叠成，如图 9-4 所示，以减小交变磁通引起的涡流损耗。定子铁芯的内表面冲有沟槽，用来嵌放绕组。定子铁芯固定在机座内。

（2）定子绕组。它是电动机的电路部分，由三相绕组的 6 个线端从内部引到机座外壳的接线盒内，如图 9-5 所示。定子绕组要按电动机铭牌上说明接成星形或三角形，如图 9-6 所示。

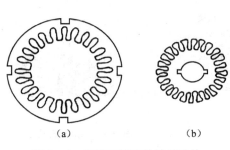

图 9-4 定子和转子的铁芯冲片

(a) 定子；(b) 转子

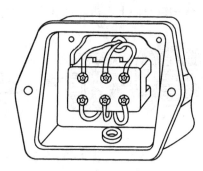

图 9-5 电动机的接线盒

（3）机座。由铸铁或铸钢制成，用来固定定子铁芯和定子绕组。机座的两端有两个端盖，用以支撑转子轴。

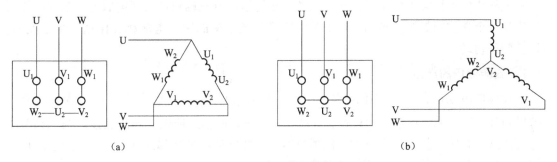

图 9-6 定子绕组的接法

(a) △接法；(b) Y 形接法

2. 转子

转子由转子铁芯、转子绕组和转轴三部分组成，如表 9-2 所示。

表 9-2 转子组成

转子	转子铁芯	由厚度为 0.5 mm 的、相互绝缘的硅钢片叠成，硅钢片外圆上有均匀分布的槽，其作用是嵌放转子三相绕组
	转子绕组	转子绕组有两种形式： 鼠笼式——鼠笼式异步电动机； 绕线式——绕线式异步电动机
	转轴	转轴上加机械负载

(1) 转子铁芯。转子铁芯的硅钢片压装在转轴上。在硅钢片外圆上冲的均匀沟槽称为导线槽。

(2) 转子绕组。转子绕组有鼠笼式和绕线式两种。鼠笼式转子绕组在转子槽内嵌放铜条或铝条如图9-7（a）所示，并在两端用金属环焊接成鼠笼形。中小型异步电动机鼠笼式转子采用熔化的铝浇铸在转子导线槽内，连同短路环、风扇叶等铸成整体，如图9-7（b）所示。绕线式转子绕组和定子绕组一样，也是三相对称绕组，接成星形，3个起始端接在3个互相绝缘的铜滑环上，再经过电刷与外电路连接（如接到电阻器）。绕线式转子如图9-8所示。

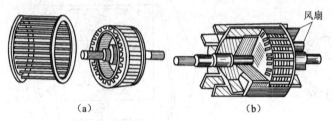

图9-7 鼠笼式转子
(a) 铜条或铝条绕组；(b) 铸铝

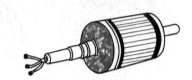

图9-8 绕线式转子

(3) 转轴。用以支承转子，传递转矩。

9.2.2 旋转磁场

三相异步电动机接上电源后，在定子的三相绕组中有三相对称交流电通过。三相对称交流电产生一个在空间旋转的磁场。这个旋转磁场与转子中的感应电流相互作用产生电磁力，从而使转子转动。

1. 旋转磁场的产生

三相感应电动机有3个定子绕组：U_1U_2、V_1V_2、W_1W_2，它们在定子铁芯内表面互差120°排列着。定子绕组可按星形连接，如图9-9（a）所示，或按三角形连接。当三相绕组与电源接通，在定子绕组中有三相电流通过时，三相电流的波形如图9-9（b）所示。设电流的正方向是从绕组始端进入而从末端流出。

(1) 当$t_1=0$时。绕组U_1U_2中的电流$I_U=0$；绕组V_1V_2中的电流I_V为负，电流从V_2端流入，从V_1端流出；绕组W_1W_2中的电流I_W为正，电流从W_1端流入，从W_2端流出。根据右手螺旋定则可知，这时3个绕组产生的合成磁场，其方向如图9-9（a）中的（1）所示，定子的上部为N极，下部为S极。

(2) 当$t_2=T/3$时。电流变化已经过了1/3周期，此时，$I_V=0$，绕组V_1V_2中无电流；绕组U_1U_2中的电流I_U为正，电流从U_1端流入，U_2端流出；绕组W_1W_2中的电流I_W为负，电流从W_2端流入，从W_1端流出。这时3个绕组合成磁场的方向如图9-9（a）中的（2）所示。与$t_1=0$的时刻相比可看出，磁极的位置已沿顺时针方向转过了120°。

(3) 当$t_3=2T/3$时。电流变化经过了2/3周期，此时，$I_W=0$，绕组W_1W_2中无电流；绕组U_1U_2中的电流I_U为负，电流从U_2端流入，U_1端流出；绕组V_1V_2中的电流I_V为正，电流从V_1端流入，从V_2端流出。这时3个绕组电流的合成磁场方向如图9-9（a）中的（3）所示。与$t_2=T/3$的时刻相比，磁极的位置又沿顺时针方向转过了120°。

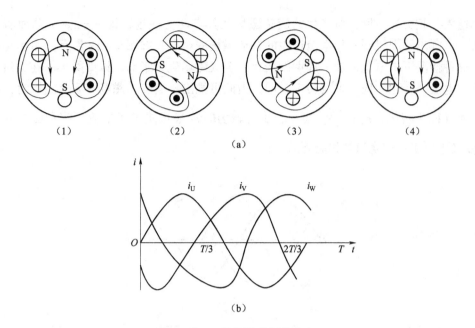

图 9-9 2 极旋转磁场的产生

（4）当 $t_4 = T$ 时。电流已变化了整整一个周期 T，这时，3 个绕组中电流的情况与 $t_1 = 0$ 的时刻相同，所以合成磁场的情况也与图 9-9（a）中的（1）相同。与 $t_3 = 2T/3$ 时相比，可看到，磁极又沿顺时针方向转过了 120°。至此，3 个绕组产生的合成磁场在空间也旋转了一周。电流周期性地不断变化，合成磁场也就不停地旋转。

由上面的分析可见，当定子绕组中通入三相对称电流时，它们共同产生的合成磁场是随电流的变化而在空间不断地旋转，这就是旋转磁场。

2. 旋转磁场的转速

前面讨论的磁场只有两个磁场（即一对磁极），当电流变化一个周期，旋转磁场也相应在空间转过一周。电流按其频率每秒变化 f 周时，则旋转磁场每秒转 f 转。因此，在磁极对数 $p = 1$ 时，旋转磁场每分钟的转速 $n_1 = 60f$。如果每相有两个绕组，三相则有 6 个绕组，把互差 180°的绕组串联起来作为一相，如图 9-10 所示。

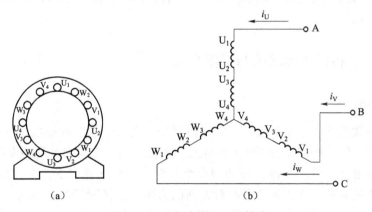

图 9-10 4 极定子绕组及接线

（a）4 极定子绕组；（b）接线

当通入三相交流电后，所产生的旋转磁场就具有两对磁场，即 $p=2$。依前面所述的分析方法，可画出不同时刻三相电流产生的合成磁场的情况，如图 9-11 所示。由图 9-11 可见，在这种情况下，电流完成一周期的变化，合成磁场旋转半周。以此类推，在 3 对磁极的情况下，电流每变化一周，磁场转 1/3 周，由此可推出，当旋转磁场有 p 对磁极时，旋转磁场的转速（同步转速）$n_1 = \dfrac{60f}{p}$。可见，旋转磁场的转速 n_1 决定于电流频率和磁场磁极对数 p，而 p 又决定于三相绕组的组合形式。

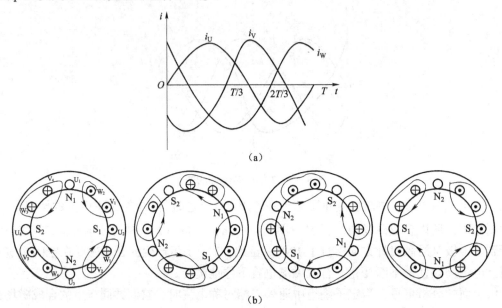

图 9-11 4 极旋转磁场的产生

3．旋转磁场的方向

三相交流电产生的旋转磁场，其旋转方向决定于三相交流电的相序。前面分析过，电流按 A→B→C 次序变化时，旋转磁场按顺时针方向旋转。如果将定子绕组接至电源的 3 根导线中的任意两根对调，则各绕组中的电流的相序将成为 A→C→B，则旋转磁场的方向将变成逆时针方向。因此，要使旋转磁场向反方向旋转，只需将接至电源的 3 根导线的任意两根线对调一下就可以了。

9.3 三相异步电动机的工作原理

1．工作原理

当定子三相绕组通入三相电流后产生旋转磁场，则转子与旋转磁场之间就有相对运动，相当于磁场不动，转子导体以逆时针方向运动切割磁力线，在其中产生感应电动势，闭合的转子导体中就有电流。载流导体在磁场中会受到电磁力的作用，受力的方向由左手定则确定。图 9-12 中的 F 这一对力形成顺时针方向的力矩，于是转子就按顺时针方向旋转起来，转子的旋转方向和磁场的旋转方向相同。因为转子导体电流是靠电磁感应产生的，所以这种交流电动机称为感应电动机。

2. 转差及转差率

转子沿磁场的旋转方向转动，但转子的转速总是小于旋转磁场的转速。因为假如转子的转速能达到旋转磁场的转速，则转子导体与旋转磁场之间就没有相对运动，因而转子导体将不切割磁力线，也就不可能有感应电动势和电流，电动机也就不可能继续运动下去。可见，这种电动机的转子转速永远低于旋转磁场的转速 n_1，故又称异步电动机。旋转磁场的转速 n_1 与转子转速 n_2 之差叫转差。转差与旋转磁场的转速的比值叫转差率，用字母 S 表示，即

$$S = \frac{n_1 - n_2}{n_1} \times 100\%$$

异步电动机在启动瞬间，旋转磁场已产生，而转子尚未转动，此时 $n_2 = 0$，则 $S = 1$。如果转子转速 $n_2 = n_1$（实际不可能），则 $S = 0$，因此 S 的变化在 0～1，即 $0 < S \leq 1$。在额定状态下 $S = 2\% \sim 5\%$。

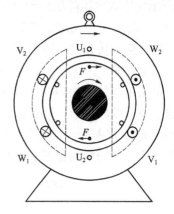

图 9-12 感应电动机的工作原理

9.4 三相异步电动机的启动

电动机与电源接通后，转子由静止开始到稳定运转的一段过程，叫作电动机的启动。在电动机接通电源的瞬间，定子绕组内立即建立起旋转磁场，但转子还是静止的，因此转子与磁场的相对运动速度最大，转子导体中感应出很大的电动势。因为转子导体的电阻很小，转子导体中将通过很大的电流。转子导体中的电流又由定子磁场感应出来的，所以电源就需要供给定子绕组很大的电流。启动时定子绕组中所通过的电流叫作启动电流。随着转子转速的提高，定子绕组电流会减小，并达到额定电流。启动电流为额定电流的 4～7 倍。启动电流大会带来下列问题：

（1）当电动机频繁启动时，经常有比额定电流大得多的电流通过，会使电动机的温升超过允许温升，可能使绕组绝缘损坏；

（2）当电动机容量较大时，很大的启动电流会在输电线上造成较大的电压损失，使负载端电压显著下降，影响同一线路上的其他电气设备的正常工作，如使同一线路上的电灯灯光暗淡、电动机转矩变小等。

为了克服因启动电流大而引起的不良后果，要设法减小启动电流。

9.4.1 鼠笼式电动机的常用启动方法

1. 全压启动

通过开关或接触器将额定电压直接加到定子绕组上使电动机启动的方法称为全压启动。全压启动的优点是所需电气设备少、线路简单，其缺点是启动电流大。它通常适用于 7 kW 以下的电动机，如果电动机的容量超过 7 kW，但小于电源变压器容量的 20% 时，也允许全压启动。

2. 降压启动

利用启动设备将电压适当降低后加在电动机的定子绕组上，以限制启动电流，等到电动

机转速提高后，再使电动机的电压恢复至额定值，这种启动方法称为降压启动。

（1）电阻降压启动。在电动机定子电路中串入电阻，启动时利用串入的电阻起降压作用，待电动机转速升到一定值时，再将电阻去除，使电动机在额定电压下稳定运行。图9-13所示为串联电阻降压启动电路，QS_1、QS_2是开关，FU是熔断器。启动时，先合上电源开关QS_1，电阻R串入定子绕组，加在定子绕组上电压降低，从而降低了启动电流。待电动机转速接近额定转速时，再合上开关QS_2，把电阻R短接，使电动机在额定电压下正常工作。

（2）星形/三角形启动（Y/△启动）。对于正常运转时定子绕组作三角形连接的电动机，可采用这种方法启动。如图9-14所示，先把开关（星三角启动器）推到启动位置，使定子绕组接成星形，然后合上电源开关，电动机定子绕组接入电源后开始转动，待电动机达到最大转速时，再把星三角形启动器推到工作位置，于是定子绕组改成三角形接法连到额定电压上，电动机的转子就上升到额定转速正常运行。

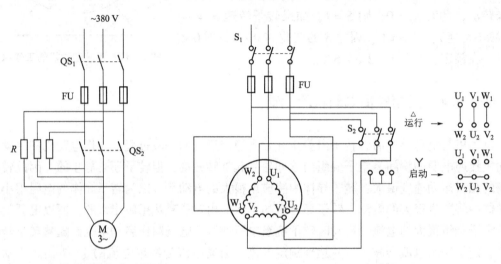

图9-13 串联电阻降压启动电路　　图9-14 Y/△启动原理

由于定子绕组接成星形时绕组的相电压是三角形接法时绕组相电压的$1/\sqrt{3}$，所以Y接法时的相电流也是三角形接法时相电流的$1/\sqrt{3}$，因而，定子绕组接成星形时的启动电流（线电流）是接成三角形时的1/3，这就是这种启动方法的最大优点。它的缺点是启动转矩减小到直接启动时的1/3，因此，它只用于电动机在轻载或空载情况下启动。此外，Y/△启动只能用在正常工作时绕组是三角形接法的电动机。

（3）用自耦变压器启动。这种方法是利用三相自耦变压器来降低启动时加在电动机上的电压，如图9-15所示。启动时，先把开关推到启动位置，这时电动机通过自耦变压器接到电源上。由于自耦变压器是降压的，所以加

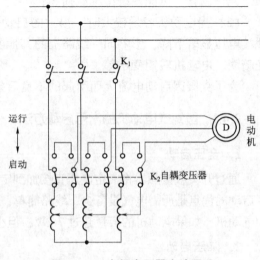

图9-15 自耦变压器启动原理

到电动机定子绕组上的电压较低。当转子达到一定转速时,再把开关推到运行位置,这时电动机接在额定电压上,达到额定转速运转。

若电动机需要较大的启动转矩,可加较高的启动电压(如80%的线电压);若电动机对启动转矩无太大要求,则可加较低的启动电压(如65%线电压),这样可使启动电流更低一些。当然必须有足够的转矩,因为感应电动机的转矩与定子绕组上所加电压的平方成正比。

9.4.2 绕线式异步电动机的启动

绕线式异步电动机的启动是利用在转子电路内串联电阻的方法来减小启动电流的,其启动原理如图9-16所示。

启动步骤如下:在转子电路中串接启动变阻器的全部电阻,将定子绕组接入电源,电动机便开始转动。随着电动机转速的增加,逐渐减小启动变阻器的电阻,直到最后把这些电阻完全切除为止。待转速稳定后,可利用短路转子的装置把电动机转子短路,同时使电刷离开滑环。这样,一方面可以在运行时减少电刷磨损,另一方面又可减少摩擦损失。这种用转子串联电阻启动绕线式电动机的方法,虽然操作比较麻烦,但限制了启动电流,使它不超出额定电流的1倍,并且在加上电阻之后,使功率因数提高,从而有较高的启动转矩。由于绕线式异步电动机的启动性能好,对需要启动转矩大的生产机械常采用绕线式异步电动机来拖动。

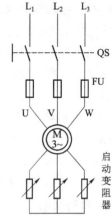

图9-16 绕线式异步电动机的启动原理

9.5 三相异步电动机的反转和制动

9.5.1 反转

在正常运行时,电动机的旋转方向和定子旋转磁场的旋转方向始终是一致的。因此,要改变电动机的旋转方向,就必须改变旋转磁场的方向。从前面对磁极旋转磁场的讨论可知,改变异步电动机旋转方向是很方便的,只要把电动机接至三相电源三根引线中的任意两根对调一下就可以了,具体做法如图9-17所示:接入一个倒顺开关K,当开关与上面接通时,电源的相序是A→B→C,电动机正向运转。当开关与下面接通时,电源的相序相反,则电动机反向运转。在生产实际中,常采用接触器来改变电动机的旋转方向。

9.5.2 制动

由于电动机转动部分有转动惯量,所以当切断电源后,

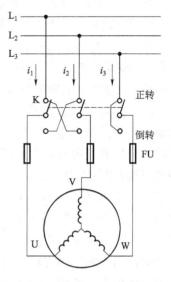

图9-17 用开关使电动机反转

电动机转子由于惯性的作用,将继续转动一段时间才停止下来。在实际使用中,有些生产机械为了缩短辅助工时,提高加工效率,或从安全角度考虑,要求停电后电动机迅速停转,为此,需要对电动机进行制动,强迫它立即停转。三相异步电动机的制动有机械制动和电气制动两种。

1. 机械制动

机械制动可分为外部机械制动和电制动两种。

(1)外部机械制动。外部机械制动是在电动机外部对其转动部分加一足够的机械力,以实现电动机的制动。通常是在转轴上加设闸瓦式制动器,俗称电磁抱闸。当抱闸电磁铁线圈通电时,电磁铁的吸力克服弹簧的作用力,使闸瓦松开,电动机便能自由转动。要使电动机脱离电源后迅速停止,则使电磁铁线圈断电,闸瓦在弹簧作用下紧紧地拖住闸轮,电动机便迅速停下来。调整弹簧可调节制动力矩。外部机械制动比较可靠,起重设备上经常用到。但制动器表面磨损较重,高速时制动会产生强烈振动,而且电动机外部附加制动器会使设备体积增大。

(2)电制动。如果将机械制动装置安置在电动机内部,将使整个结构紧凑、体积缩小,这类电动机称为电制动电动机,常用的有锥形转子电制动电动机、傍磁式制动电动机和杠杆式电制动电动机。电制动电动机比普通电动机结构复杂,工艺要求较高,它因受电动机内部空间限制,制动力还不够大,目前只限于小容量电动机使用。

2. 电气制动

电气制动实质是产生一个与原来转子转动方向相反的制动力矩,迫使电动机迅速停转。常用的电气制动有反接制动和能耗制动两种。

(1)反接制动。当需要立即停机时,利用开关将三相电源任意两相对换,如图9-18所示,使定子绕组的旋转磁场反向,因惯性旋转的转子使受到与原旋转方向相反的力矩而迅速停转。当转子转速降到接近零时,将开关断开。如不及时切断电源,电动机将反向旋转,为此可利用转速继电器与接触器等配合达到上述要求。

反接制动时,旋转磁场与转子的相对转速很大,为旋转磁场转速与转子转速之和,因而电流较大。容量较大的电动机采用反接制动时,需在主回路中串入限流电阻。反接制动简单可靠,但能量消耗大,一般用在电动机容量不大而制动又不频繁的场合。由于反接制动时振动和冲击力较大,会影响机床精度,10 kW 以上的电动机多不采用。

(2)能耗制动。能耗制动可以弥补反接制动的不足,在一些功率较大、制动次数频繁的生产机械上较多采用这种方法。能耗制动的原理如图9-19所示。在电动机定子绕组断开交流电源后(QS_1 断开),立即在任意两相定子绕组中通入直流电(QS_2 接通),在定子绕组中产生一个静止的磁场。由于转子的惯性仍按原方向旋转而切割磁力线,在转子导体里产生感应电动势和感应电流。转子电流与静止磁场相互作用产生一个与旋

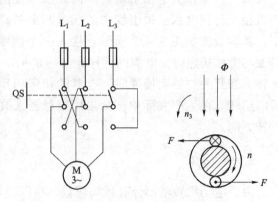

图 9-18 反接制动原理

转方向相反的制动力矩,使电动机迅速停转,最后再断开直流电。这种制动方法实质上是把转子原来"储存"的机械能转变成电能后,消耗在转子的制动上,所以叫作能耗制动。

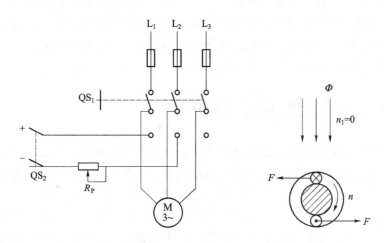

图 9-19 能耗制动原理

调节直流电流的大小就可调节制动力,如果电流选择合适,负载转动惯量不大时,制动过程一般不超过 2 s。

9.6 电动机的选用

根据工作机械的要求,合理选择电动机的容量、种类和形式等,此直接关系到电动机的安全性和稳定性。

1. 电动机容量的选择

电动机的容量(额定功率)应根据工作机械所需功率的大小来选择,选择的原则是,电动机的额定功率应比被带动的工作机械的功率稍大一点。功率越大,电动机未能得到充分利用,而且运行效率低,造成电力和资金的浪费;电动机功率过小,会使电动机过载运行,造成电动机温升增长,使用寿命缩短,甚至堵转,使电动机烧毁。所以应该合理地选择电动机的容量,尽量使电动机在额定负载下运转。

电动机功率的选择应根据工作机械而定。有的机械设备的铭牌上注明需要配套的电动机的容量,可按要求选配。另外,在选择电动机时,还要考虑供电变压器的容量,直接启动时最大一台电动机的功率不得超过供电变压器容量的 30%。

2. 电动机种类的选择

电动机的种类应根据被拖动工作机械的要求进行选择。不需要调速的工作机械,可选用鼠笼式异步电动机。电动机转速的选择应根据它所带动的工作机械要求的转速而定。直接传动时,电动机的转速应与工作机械要求的转速相同;间接传动时,电动机的转速应根据传动装置的情况而定。所以,工作机械大都选用同步转速为 1 500 r/min 的电动机,通过传动装置满足工作机械的转速要求。需要在重载情况下启动,可选用绕线式电动机或高启动转矩电动机。对调速性能要求很高时,宜选用直流电动机。

3. 电动机形式的选择

电动机的防护形式应根据安装地点和工作场所的环境条件进行选择。在灰尘较多的场所，如碾米机厂、水泵房、机加工车间等，应采用封闭式电动机，在有易燃气体，容易引起爆炸的场所，如煤矿井下和有可燃气体的环境，应采用防爆型电动机。电动机的结构形式有卧式和立式两种，卧式电动机的转轴是水平安装的，立式的转轴与地面垂直。结构形式的选择应由电动机和工作机械的安装位置决定。

9.7 异步电动机的基本控制电路

用电动机来带动工作机械使之运动叫作电力拖动。电力拖动由电动机、电动机的控制设备、电动机与工作机械之间的传动装置三部分组成，实现电气自动控制。电动机是电力拖动的原动机，即动力源，它将电能转换成机械能。控制设备由开关、继电器、接触器、启动器、保护装置等按一定的要求组合而成，用以控制电动机的启动、调速、制动或反转等。传动装置是电动机与工作机械之间的传动机构，用来传递动力。不同的生产工作对传动的要求不同，要合理地设计、选择传动装置，使电动机和工作机械达到理想的工作状态。

9.7.1 电动机单向运转控制电路

直接启动即启动时把电动机直接接入电网，加上额定电压，一般来说，电动机的容量不大于直接供电变压器容量的20%～30%时，都可以直接启动。

1. 点动控制

合上开关S，三相电源被引入控制电路，但电动机还不能启动。按下按钮SB，接触器KM线圈通电，衔铁吸合，常开主触点接通，电动机定子接入三相电源启动运转。松开按钮SB，接触器KM线圈断电，衔铁松开，常开主触点断开，电动机因断电而停转，如图9-20所示。

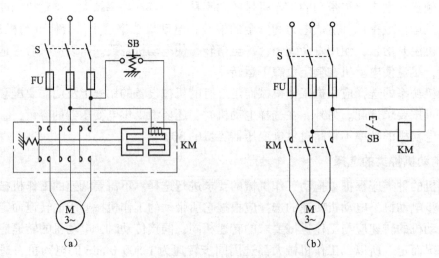

图9-20 三相异步电动机的点动控制原理
(a) 接线示意图；(b) 电气原理图

2. 直接启动控制

（1）启动过程，如图9-21所示。

按下启动按钮 SB_1，接触器 KM 线圈通电，与 SB_1 并联的 KM 的辅助常开触点闭合，以保证松开按钮 SB_1 后 KM 线圈持续通电，串联在电动机回路中的 KM 的主触点持续闭合，电动机连续运转，从而实现连续运转控制。

（2）停止过程，如图9-22所示。

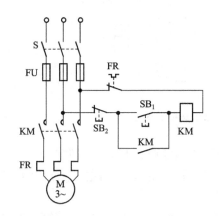

图9-21　三相异步电动机的启动过程　　　　图9-22　三相异步电动机的停止过程

按下停止按钮 SB_2，接触器 KM 线圈断电，与 SB_1 并联的 KM 的辅助常开触点断开，以保证松开按钮 SB_2 后 KM 线圈持续失电，串联在电动机回路中的 KM 的主触点持续断开，电动机停转。与 SB1 并联的 KM 的辅助常开触点的这种作用称为自锁。

控制电路还可实现短路保护、过载保护和零压保护。

起短路保护的是串联在主电路中的熔断器 FU。一旦电路发生短路故障，熔体立即熔断，电动机立即停转。

起过载保护的是热继电器 FR。当过载时，热继电器的发热元件发热，将其常闭触点断开，使接触器 KM 线圈断电，串联在电动机回路中的 KM 的主触点断开，电动机停转。同时 KM 辅助触点也断开，解除自锁。故障排除后若要重新启动，需按下 FR 的复位按钮，使 FR 的常闭触点复位（闭合）即可。

起零压（或欠压）保护的是接触器 KM 本身。当电源暂时断电或电压严重下降时，接触器 KM 线圈的电磁吸力不足，衔铁自行释放，使主、辅触点自行复位，切断电源，电动机停转，同时解除自锁。

9.7.2　正反转控制

1. 简单的正反转控制

图9-23所示为三相异步电动机的正反转控制原理。

（1）正向启动过程。

按下启动按钮 SB_1，接触器 KM_1 线圈通电，与 SB_1 并联的 KM_1 的辅助常开触点闭合，以保证 KM_1 线圈持续通电，串联在电动机回路中的 KM_1 的主触点持续闭合，电动机连续正向运转。

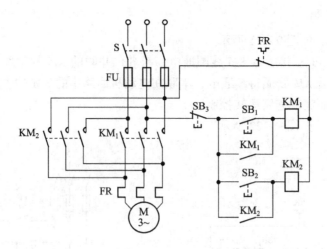

图 9-23　三相异步电动机的正反转控制原理

(2) 停止过程。按下停止按钮 SB_3，接触器 KM_1 线圈断电，与 SB_1 并联的 KM_1 的辅助触点断开，以保证 KM_1 线圈持续失电，串联在电动机回路中的 KM_1 的主触点持续断开，切断电动机定子电源，电动机停转。

(3) 反向启动过程。按下启动按钮 SB_2，接触器 KM_2 线圈通电，与 SB_2 并联的 KM_2 的辅助常开触点闭合，以保证线圈持续通电，串联在电动机回路中的 KM_2 的主触点持续闭合，电动机连续反向运转。

缺点：KM_1 和 KM_2 线圈不能同时通电，因此不能同时按下 SB_1 和 SB_2，也不能在电动机正转时按下反转启动按钮，或在电动机反转时按下正转启动按钮。如果操作错误，将引起主回路电源短路。

2. 带电气互锁的正反转控制电路

将接触器 KM_1 的辅助常闭触点串入 KM_2 的线圈回路中，从而保证在 KM_1 线圈通电时 KM_2 线圈回路总是断开的；将接触器 KM_2 的辅助常闭触点串入 KM_1 的线圈回路中，从而保证在 KM_2 线圈通电时 KM_1 线圈回路总是断开的，如图 9-24 所示。

这样接触器的辅助常闭触点 KM_1 和 KM_2 保证了两个接触器线圈不能同时通电，这种控制方式称为互锁或者联锁，这两个辅助常开触点称为互锁或者联锁触点。

缺点：电路在具体操作时，若电动机处于正转状态要反转时必须先按停止按钮 SB_3，使互锁触点 KM_1 闭合后按下反转启动按钮 SB_2 才能使电动机反转；若电动机处于反转状态要正转时必须先按停止按钮 SB_3，使互锁触点 KM_2 闭合后按下正转启动按钮 SB_1 才能使电动机正转。

3. 带机械互锁的正反转控制电路

图 9-25 所示为带机械互锁的正反转控制电路。

采用复式按钮，将 SB_1 按钮的常闭触点串接在 KM_2 的线圈电路中；将 SB_2 的常闭触点串接在 KM_1 的线圈电路中；这样，无论何时，只要按下反转启动按钮，在 KM_2 线圈通电之前就首先使 KM_1 断电，从而保证 KM_1 和 KM_2 不同时通电；从反转到正转的情况也是一样。这种由机械按钮实现的互锁也叫机械或按钮互锁。

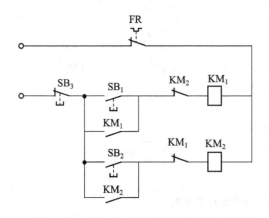
图 9-24 带电气互锁的正反转控制电路

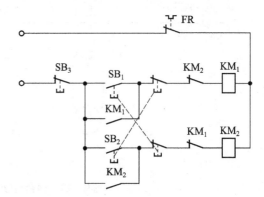
图 9-25 带机械互锁的正反转控制电路

4. 同时具有电气互锁和机械互锁的正反转控制电路

可将上述两种电路结合起来，实现双重联锁控制，如图 9-26 所示，能很好地解决主电路发生短路事故的现象。既安全可靠，又能够实现直接切换电动机的正转和反转。

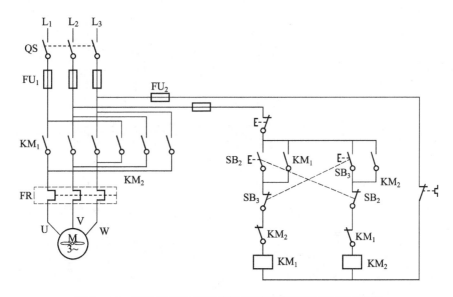
图 9-26 同时具备电气互锁和机械互锁的正反转控制电路

9.7.3 多台电动机的顺序启动控制

在某些设备中，要求几台电动机顺序启动，以满足加工工艺的要求和保证安全生产。顺序启动在控制电路上的规律为：把控制先启动电动机的接触器常开触点串联在控制后启动电动机的接触点线圈回路中。图 9-27 所示为两台电动机顺序启动电路，要求电动机 M_1 启动后才能启动电动机 M_2。在图 9-27（b）控制线路中，需先按 SB_2 按钮，使接触器 KM_1 线圈得电动作，其主触点和自锁触点闭合，M_1 电动机运转。再按 SB_3 按钮，此时接触器 KM_2 才会得电，电动机 M_2 才能启动运转。按停止按钮 SB_1，则两台电动机同时停止。

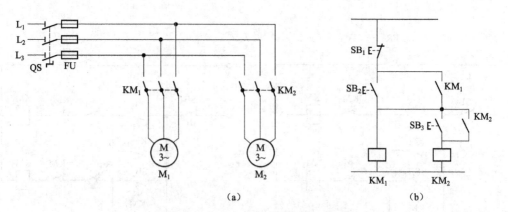

图 9-27 两台电动机顺序启动控制电路
(a) 电动机顺序启动主电路；(b) 电动机顺序启动控制电路

学生工作页（十三）

项目四　电机部分					
任务一	直流电机				
班级		学号		姓名	

本任务车辆电工岗位达标要求：
1. 了解直流电机的结构；
2. 了解直流发电机的工作原理；
3. 了解直流电动机的工作原理；
4. 了解直流电机的励磁方式；
5. 了解直流电机工作的可逆性。

能力训练

1. 试写出直流电动机的各部分名称及主要作用。

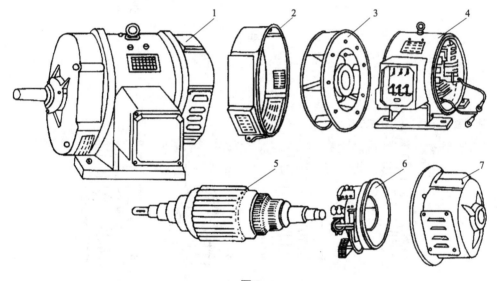

图1

名称：

作用：

2. 简述直流电动机的工作原理。

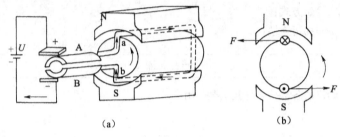

图 2

3. 简述直流电动机的励磁方式。

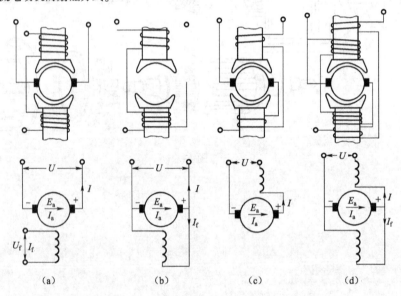

图 3

续表

4. 简述直流发电机的工作原理。

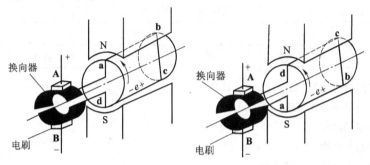

图 4

5. 简述直流电机的可逆性。

学生自评
我的心得： 建议或提出问题

教师评价

学生工作页（十四）

项目四　电机部分				
任务二	交流电机			
班级		学号		姓名

本任务车辆电工岗位达标要求：
1. 了解交流发电机的工作原理。
2. 了解交流电机的结构。
3. 了解旋转磁场的产生。
4. 了解三相异步电动机的工作原理。

能力训练

1. 简述交流发电机（图 1）的工作原理。

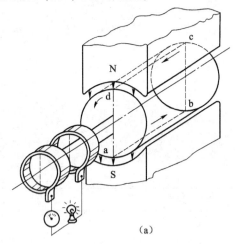
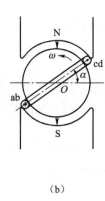

（a）　　　　　　　　（b）

图 1

2. 试写出三相鼠笼式电动机（图2）的各部分名称。

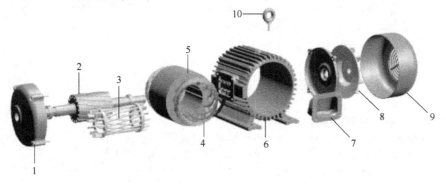

图 2

名称：

3. 简述旋转磁场的产生过程，如图3所示。

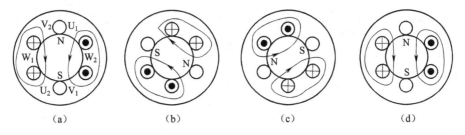

图 3

4. 试画出三相异步电动机工作的原理图，并分析其工作过程。

续表

5. 根据图4，说明三相异步电动机如何实现正转、反转，什么是双重联锁。

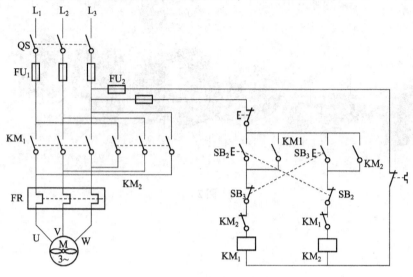

图4

学生自评
我的心得：   建议或提出问题

教师评价

项目五
电子电路应用知识

任务 10

常用半导体元器件

随着半导体制造技术和变流技术的发展，它的应用领域迅猛扩大，相继出现了自关断的电力电子器件（全控型器件），如电力晶体管（GTR）、可关断晶闸管（GTO）、电力场效应晶体管（MOSFET）等，这些可称为第二代电力电子器件。

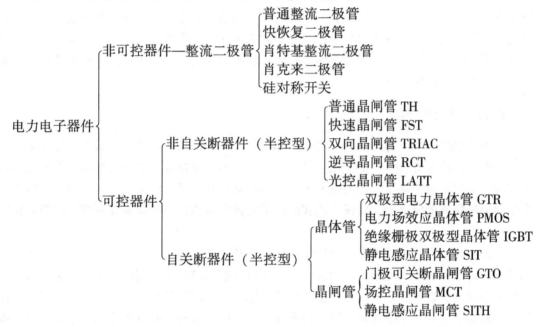

10.1 半导体的基础知识

半导体器件是 20 世纪中期开始发展起来的，具有体积小、重量轻、使用寿命长、可靠性高、输入功率小和功率转换效率高等优点，因而在现代电子技术中得到广泛的应用。半导体器件是构成电子电路的基础。半导体器件和电阻、电容、电感等器件连接起来，可以组成各种电子电路。顾名思义，半导体器件都是由半导体材料制成的，就必须对半导体材料的特点有一定的了解。

10.1.1 半导体的特性

自然界中的各种物质，按导电能力划分为：导体、绝缘体、半导体。半导体导电能力介于导体和绝缘体之间。

（1）热敏性

所谓热敏性就是半导体的导电能力随着温度的升高而迅速增加。半导体的电阻率对温度的变化十分敏感。例如纯净的锗从常温升高到30℃时，它的电阻率几乎减小为原来的1/2。而一般的金属导体的电阻率则变化较小，比如铜，当温度同样升高10℃时，它的电阻率几乎不变。利用热敏性可制成各种热敏电阻。

（2）光敏性

半导体的导电能力随光照的变化有显著改变的特性叫作光敏性。一种硫化铜薄膜在暗处其电阻为几十兆欧姆，受光照后，电阻可以下降到几十千欧姆，只有原来的1%。自动控制中用的光电二极管和光敏电阻，就是利用光敏特性制成的。而金属导体在阳光下或在暗处其电阻率一般没有什么变化。利用光敏性可制成光电二极管、光电三极管及光敏电阻。

（3）杂敏性

所谓杂敏性就是半导体的导电能力因掺入适量杂质而发生很大的变化。在半导体硅中，只要掺入亿分之一的硼，电阻率就会下降到原来的几万分之一。所以，利用这一特性，可以制造出不同性能、不同用途的半导体器件。而金属导体即使掺入千分之一的杂质，对其电阻率也几乎没有什么影响。利用掺杂性可制成各种不同性能、不同用途的半导体器件，例如二极管、三极管、场效应管等。

10.1.2 本征半导体

在电子器件中，用得最多的材料是硅和锗，硅和锗都是四价元素，最外层原子轨道上具有4个电子，称为价电子。每个原子的4个价电子不仅受自身原子核的束缚，而且还与周围相邻的4个原子发生联系，这些价电子一方面围绕自身的原子核运动，另一方面也时常出现在相邻原子所属的轨道上。这样，相邻的原子就被共有的价电子联系在一起，称为共价键结构，如图10-1所示。

本征半导体就是一种纯净的半导体晶体。在热力学温度 $T=0$ K（-273℃）无外部激发能量时，每个价电子都处于最低能态，价电子没有能力脱离共价键的束缚，没有能够自由移动的带电粒子，这时的本征半导体被认为是绝缘体。当温度升高或受光照时，由于半导体共价键中的价电子并不像绝缘体中束缚得那样紧，价电子从外界获得一定的能量，少数价电子会挣脱共价键的束缚，成为自由电子，这一过程叫作本征激发，同时在原来共价键的相应位置上留下一个空位，这个空位称为空穴，如图10-2所示。

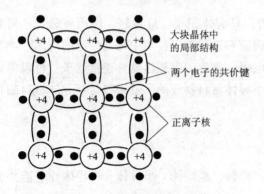

图10-1 硅和锗的共价键结构

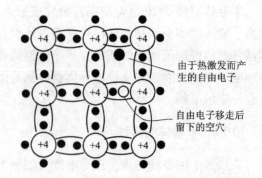

图10-2 本征激发产生电子空穴对示意图

自由电子和空穴是成对出现的,所以称它们为电子空穴对。在本征半导体中,电子与空穴的数量总是相等的。由于共价键中出现了空位,在外电场或其他能源的作用下,邻近的价电子就可填补到这个空穴上,而在这个价电子原来的位置上又留下新的空位,以后其他价电子又可转移到这个新的空位上,如图 10-3 所示。为了区别于自由电子的运动,我们把这种价电子的填补运动称为空穴运动,认为空穴是一种带正电荷的载流子,它所带电荷和电子相等,符号相反。

由此可见,本征半导体中存在两种载流子:电子和空穴。而金属导体中只有一种载流子——电子。本征半导体在外电场作用下,两种载流子的运动方向相反而形成的电流方向相同,如图 10-4 所示。

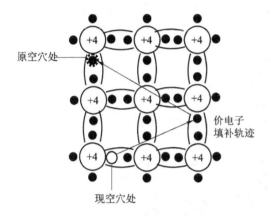

图 10-3 电子与空穴的移动

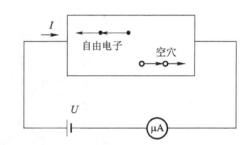

图 10-4 两种载流子在电场中的运动

10.1.3 杂质半导体

自然界中,按照物质的导电能力不同,可将其分为导体、绝缘体和半导体三类。纯净的半导体在常温下几乎是不导电的,又称本征半导体。但如果给本征半导体掺入微量杂质成分、加热提高温度或光照等物理作用下,半导体的导电能力将大大增强,从而变成导体,这就是半导体的导电特性,利用这一特性,可以将半导体制成具备多种性质的电子元器件,如二极管、三极管、热敏元件、光敏元件等。

1. N 型半导体

利用专门的技术和工艺,在纯净的半导体硅(或锗)中掺入微量五价元素(如磷)后,就可成为 N 型半导体,如图 10-5(a)所示。在这种半导体中,自由电子数远大于空穴数,导电以电子为主,故此类半导体亦称电子型半导体。

2. P 型半导体

利用专门的技术和工艺,在硅(或锗)的晶体内掺入少量三价元素杂质,如硼(或铟)等。硼原子只有 3 个价电子,它与周围硅原子组成共价键时,因缺少一个电子,在晶体中便产生一个空穴。这个空穴与本征激发产生的空穴都是载流子,具有导电性能。P 型半导体共价键的结构如图 10-5(b)所示。在 P 型半导体中,空穴数远远大于自由电子数,空穴为多数载流子(简称"多子"),自由电子为少数载流子(简称"少子")。导电以空穴为主,故此类半导体又称为空穴型半导体。

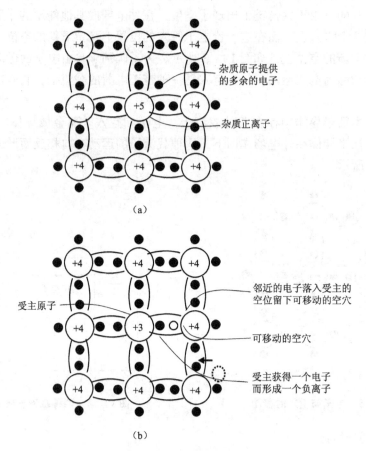

图 10-5 掺杂质后的半导体
(a) N 型半导体；(b) P 型半导体

以上 P 型和 N 型半导体也称作掺杂半导体。

10.2 PN 结及单向导电性

10.2.1 PN 结的形成

在一块完整的晶片上，通过一定的掺杂工艺，一边形成 P 型半导体，另一边形成 N 型半导体，如图 10-6 所示。在交界面两侧形成一个带异性电荷的离子层，称为空间电荷区，并产生内电场，其方向是从 N 区指向 P 区，内电场的建立阻碍了多数载流子的扩散运动，随着内电场的加强，多子的扩散运动逐步减弱，直至停止，使交界面形成一个稳定的特殊的薄层，即 PN 结。因为在空间电荷区内多数载流子已扩散到对方并复合掉了，或者说消耗尽了，因此空间电荷区又称为耗尽层。

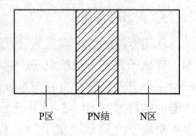

图 10-6 PN 结

10.2.2 PN 结的单向导电特性

在 PN 结两端外加电压，称为给 PN 结加以偏置电压。

1. PN 结正向偏置

给 PN 结加正向偏置电压，即 P 区接电源正极，N 区接电源负极，此时称 PN 结为正向偏置（简称正偏），如图 10-7 所示。由于外加电源产生的外电场的方向与 PN 结产生的内电场方向相反，削弱了内电场，使 PN 结变薄，有利于两区多数载流子向对方扩散，形成正向电流，此时 PN 结处于正向导通状态。

2. PN 结反向偏置

给 PN 结加反向偏置电压，即 N 区接电源正极，P 区接电源负极，称 PN 结反向偏置（简称反偏），如图 10-8 所示。由于外加电场与内电场的方向一致，因而加强了内电场，使 PN 结加宽阻碍了载流子的扩散运动。在外电场的作用下，只有少数载流子形成的很微弱的电流，称为反向电流。应当指出，少数载流子是由于热激发产生的，因而 PN 结的反向电流受温度影响很大。

综上所述，PN 结具有单向导电性，即加正向电压时导通，加反向电压时截止。

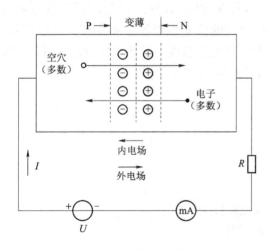

图 10-7　PN 结加正向电压

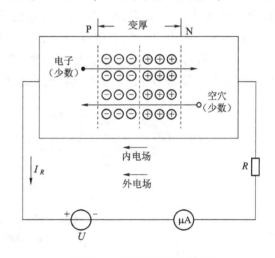

图 10-8　PN 结加反向电压

PN 结具有单向导电性，可由图 10-9 实验电路证实，P 区接电源正极（或高电位端），N 区接电源负极（或低电位端），此时，PN 结上承受的这一作用方向的电压称正向偏置电压，简称 PN 结正向偏置。在正向偏置电压作用下，会产生正向电流。由于 PN 结正向偏置时，直流电阻很小，所以正向电流很大，串联在电路中的灯泡发光。PN 结这时候的工作状态称为正向导通状态。

反之，如图 10-9（b）所示，当 P 区接电源负极（或低电位端），N 区接电源正极（或高电位端）时，PN 结反向偏置，灯泡不发光，说明电路中几乎没有电流。PN 结在一定范围的反向电压作用下，直流电阻很大，这时候的工作状态称为反向截止状态。

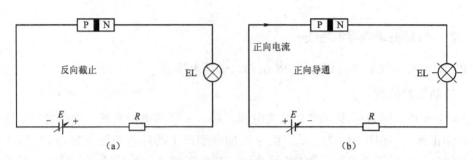

图 10-9 PN 结正向偏置和反向偏置

(a) PN 结反向偏置；(b) PN 结正向偏置

10.3 半导体二极管

10.3.1 基本结构

半导体二极管是一个 PN 结，由接触电极、引出线和管壳构成的。在二极管管壳上标明箭头符号或色点。符号箭头指向为正向导通方向，色点所在一端表示为正极端。二极管的结构和符号如图 10-10 所示。晶体二极管的文字符号为 VD，各种二极管的图形符号如图 10-11 所示，图中"+"极也称为阳极，它是与管子内部 P 型半导体相连接的电极引线；"-"极也称阴极，它是与管子内部 N 型半导体相连的电极引线。显然二极管也具有单向导电性。在其电路符号中的箭头指向同时也表明正向导通时的电流方向。

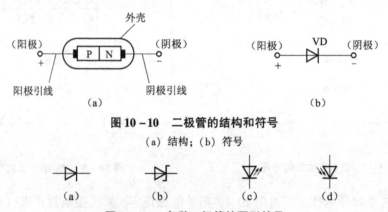

图 10-10 二极管的结构和符号

(a) 结构；(b) 符号

图 10-11 各种二极管的图形符号

(a) 普通二极管；(b) 稳压二极管；(c) 发光二极管；(d) 光电二极管

半导体二极管的种类很多，按材料可分为硅二极管、锗二极管和砷化镓二极管等；按结构可分为点接触型、面接触型二极管；按用途可分为整流、稳压、开关、发光、光电、变容、阻尼等二极管；按封装形式可分为塑封及金属封等二极管；按功率可分为大功率、中功率及小功率等二极管。

点接触型二极管的 PN 结面积和极间电容均很小，允许通过电流较小，工作频率较高，不能承受高的反向电压和大电流，因而适用于制作高频检波和脉冲数字电路里的开关元件以及作为小电流的整流管。面接触型和硅平面型二极管的 PN 结面积大，可承受较大的电流，其极间电容大、工作频率低，因而适用于整流，而不宜用于高频电路中。

晶体二极管两管脚有正、负极之分。电路符号中，三角底边为正极，短杠一端为负极。实物中，有的将电路符号印在二极管上标示出极性；有的在二极管负极一端涂上白色作为负极标记；有的二极管两端形状不同，平头为正极，圆头为负极，使用中应注意识别，如图10-12所示。

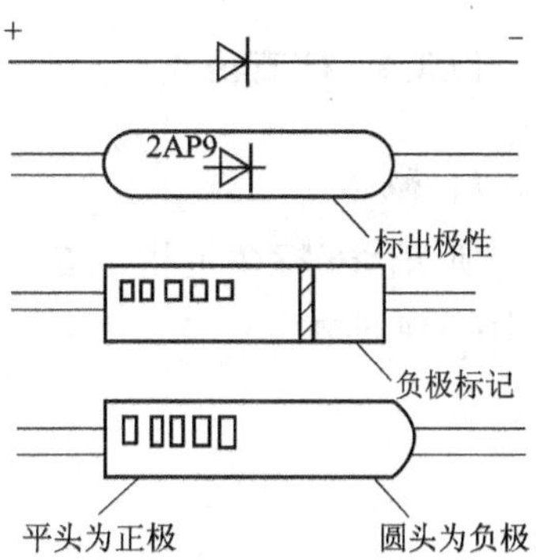

10.3.2 半导体二极管的命名方法

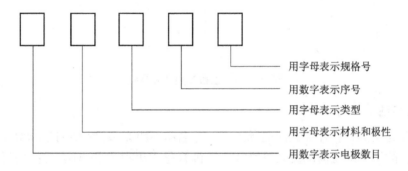

图10-12 二极管的正、负极

半导体器件的型号由五个部分组成，如图10-13所示，其型号组成部分的符号及其意义如2AP9，"2"表示二极管，"A"表示N型锗材料，"P"表示普通管，"9"表示序号。又如2CZ8，其中"C"表示由N型硅材料作为基片，"Z"表示整流管。关于二极管型号的命名方法可参考有关书本内容。

图10-13 半导体器件的型号组成

10.3.3 单向导电性

二极管具有单向导电特性，只允许电流从正极流向负极，而不允许电流从负极流向正极。实验表明，当我们给二极管加正向电压时，如果电压值太小，二极管仍然不导通，处于截止状态。只有加到二极管两端的正向电压高于某个值后，管子才开始导通，这个使管子开始导通的电压值，称为死区电压（硅管为0.5 V、锗管为0.2 V）。导通后，由于自身内阻等原因，二极管两端仍始终维持一定的小电压不变，称二极管的正向压降，简称管压降。导通后的二极管相当于一个阻值很小的闭合开关。在室温下，硅二极管的管压降为0.6~0.8 V，锗二极管的管压降为0.1~0.3 V，温度每升高1℃，它们会降低约2.5 mV。

当给二极管加反向电压时，由于内部的PN结截止，此时二极管不导通，相当于断开的开关，称二极管截止。但当反向电压超过较大的数值时，二极管内部的PN结会被击穿，二极管将反向导通，此时，会在PN结中形成很大的电流并产生很大的热量，由于PN结散热能力差，因而极易形成一种被称为"热击穿"的现象，造成二极管的永久损坏，所以实际应用中必须防止。所以，为了能够更好地散热，大功率二极管都用螺母固定在设备的底板、散热片或散热器上。

10.3.4 伏安特性

1. 概念

所谓伏安特性是指加在二极管两端的电压和流过二极管的电流之间的数量关系,如图 10 – 14 所示。

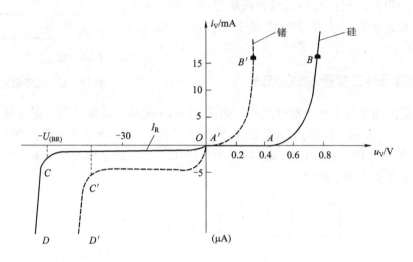

图 10 – 14 二极管的伏安特性

2. 正向特性

死区:在起始部分,外加正向电压较小,外电场不能克服 PN 结内电场对多数载流子所造成的阻力,故这时的正向电流几乎为零,二极管呈现出很大的电阻。这个范围称为死区,相应的电压称为死区电压(或者门槛电压)。

死区电压锗管约为 0.1 V,硅管约为 0.5 V。当正向电压大过死区电压后,内电场被大大削弱,电流增长很快。正向导通压降锗管为 0.2 V,硅管约为 0.7 V。

3. 反向特性

反向饱和电流:由热激发产生的少数载流子,在反向电压作用下将通过 PN 结形成反向电流。但由于少数载流子数目是有限的,因此在反向电压不超过某一范围时,反向电流的大小基本恒定,故通常称其为反向饱和电流。

击穿:如果外加反向电压过高,反向电流就会突然增大,这种现象称为击穿。发生击穿时的反向电压称为反向击穿电压。

PN 结击穿时电流很大,电压也很高,从而烧毁二极管。

发生击穿的过程是很复杂的,当外加反向电压过高时,通过空间电荷区的电子在强电场作用下获得了很大的能量,它们在高速运动中撞击晶体结构中的原子,使更多的电子脱离共价键而出现大量的自由电子和空穴,从而形成很大的反向电流。

4. 温度对二极管伏安特性的影响

加反压时,由于少数载流子是由温度决定的,所以温度上升,反向饱和电流就增大。与此同时,反向击穿电压相应下降。

温度升高，在同样的电流下，所需施加的正向电压可以减小。

温度的上升 P 区和 N 区的少数载流子都要增加，而多数载流子不变。P 区电子的增加将使得 PN 结交界面两边的电子浓度差减小，从而使从 N 区扩散到 P 区的电子数减少。同理，从 P 区扩散到 N 区的空穴也将减少。空间电荷区必然变窄表明内电场强度下降了。因此为维持一定的正向电流，所需的外加电压就可以降低。

10.3.5 主要参数

二极管的参数很多，就其主要参数介绍如下：

1. 最大整流电流 I_F

最大整流电流是指二极管长时间使用时，允许流过二极管的最大正向平均电流。当电流超过这个允许值时，二极管会因过热而烧坏，使用时务必注意。

2. 反向峰值电压 U_{RM}

它是保证二极管不被击穿而得出的反向峰值电压，一般是反向击穿电压的一半或三分之二。

3. 反向峰值电流 I_{RM}

它是指在二极管上加反向峰值电压时的反向电流值。反向电流大，说明单向导电性能差，并且受温度的影响大。

10.4 二极管的简易测试

1. 二极管的极性判别

有的二极管从外壳的形状上可以区分电极；有的二极管的极性用二极管符号印在外壳上，箭头指向的一端为负极；还有的二极管用色环或色点来标志（靠近色环的一端是负极，有色点的一端是正极）。若标志脱落，可用万用表测其正反向电阻值来确定二极管的电极。

将万用表置于 $R \times 100$ 或 $R \times 1\,000$（Ω）挡 [$R \times 1$ 挡电流太大，$R \times 10$（kΩ）挡电压太高，都易损坏管子]。用万用表的黑表笔和红表笔分别与二极管两极相连。对于指针式万用表，当测得电阻较小时，与黑表笔相接的极为二极管正极；当测得电阻很大时，与红表笔相接的极为二极管正极，如图 10-15 所示。对于数字万用表，由于表内电池极性相反，数字表的红表笔为表内电池正极，实际测量中必须要注意。对于数字万用表，还可以用专门的二极管挡来测量，当二极管被正向偏置时，显示屏上将显示二极管的正向导通压降，单位是毫伏。

2. 性能测试

二极管正、反向电阻的测量值相差越大越好，一般二极管的正向电阻测量值为几百欧姆，反向电阻为几千欧姆到几百千欧姆。如果测得正、反向电阻均为无穷大，说明内部断路；若测量值均为零，则说明内部短路；如测得正、反向电阻几乎一样大，这样的二极管已经失去单向导电性，没有使用价值了。

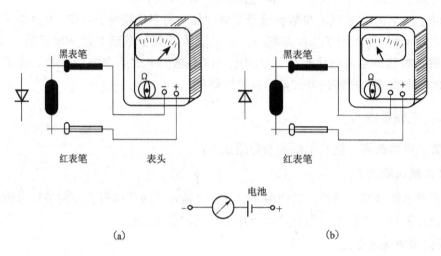

图 10–15 万用表测试二极管
(a) 电阻小；(b) 电阻大

一般来说，硅二极管的正向电阻在几百到几千欧姆，锗管小于 1 kΩ，因此如果正向电阻较小，基本上可以认为是锗管。若要更准确地知道二极管的材料，可将管子接入正偏电路中测其导通压降：若压降在 0.6～0.7 V，则是硅管；若压降在 0.2～0.3 V，则是锗管。当然，利用数字万用表的二极管挡，也可以很方便地知道二极管的材料。

10.5 二极管的等效

二极管是一种非线性元件，根据分析手段及应用要求，器件电路模型将有所不同。例如，借助计算机辅助分析，则允许模型复杂，以保证分析结果尽可能精确，而在工程分析中，则力求模型简单、实用，以突出电路的功能及主要特性。半导体二极管的单向导电性决定了它可以作为一个受外加电压控制的开关使用（对其电阻电压特性根据实际情况适当近似），在频率没有超过其极限值时，可以视作理想开关。

1. 静态开关特性

由二极管的伏安特性曲线可以看出：外加电压大于开启电压以后，二极管才导通，而且二极管电压变化很小，约 0.7 V（硅），二极管呈现很小的电阻，正向电流 i 随外输入电压变化，这时，二极管可以视作具有 $U_{VD}=0.7$ V 的闭合开关，若输入电压 U_i 较大，可以忽略 0.7 V 压降；当外加反向电压时，反向电流 i 极小近似为 0，二极管呈现很高的电阻，二极管截止，这时，二极管可以视作断开的开关。综上所述，在数字电路中二极管就是一个压控开关。

2. 动态开关特性

二极管并非理想开关，内部结构决定了二极管的开、关需要一定的时间。在低速开关电路中，这种由截止到导通和由导通到截止的转换时间可以忽略，但在高速开关电路中必须考虑。

若二极管两端输入电压频率非常高时,以至于低电平的持续时间小于它的反向恢复时间,二极管将失去其单向导电的开关作用。

10.6 特殊二极管

10.6.1 稳压二极管

稳压二极管也是由 PN 结构成的,但由于其掺杂重及散热条件好,并采用特殊的制造工艺,使其工作在二极管的反向击穿区处于反向击穿状态,此时,管子两端的电压几乎保持恒定,这就是所谓的稳压。尽管如此,但稳压二极管在使用过程中也应注意限制流过管子的电流,使之不超过允许值,反向电压消失后,稳压器就可恢复正常。稳压二极管如图 10 - 16 所示。

稳压二极管可以用来稳定负载两端的电压,条件是:① 必须负载并联。② 稳压二极管必须承受反向电压。③ 必须串联限流电阻起电压调节作用。

稳压管和一个合适的电阻相串联,就可起到稳定电压的作用,如图 10 - 17(a)所示。电阻的选择要保证在输入和负载的变化下,稳压管工作在正常击穿区范围。

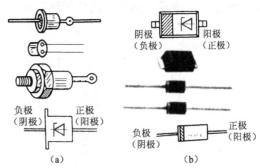

图 10 - 16 稳压二极管

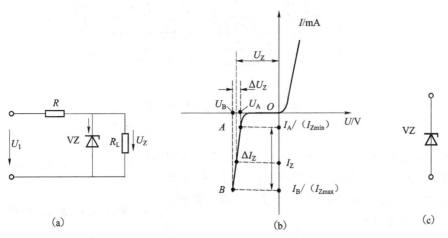

图 10 - 17 稳压二极管的应用电路、伏安特性曲线和符号
(a) 稳压二极管的应用电路;(b) 伏安特性曲线;(c) 符号

在电子线路中稳压二极管工作在特性曲线的反向击穿区,击穿电压从几伏到几十伏,在反向击穿状态下正常工作而不损坏是其重要特点,通过实验得出其伏安特性如图 10 - 17(b)所示。稳压二极管的符号如图 10 - 17(c)所示,一般用于直流电路中的稳压。

稳压二极管的主要技术参数有:

稳定电压 U_Z,指管子正常工作时两端电压;

最大稳定电流 I_{Zmax}、最小稳定电流 I_{Zmin}，指稳压管正常工作时的电流范围；

动态电阻的 R_Z，指管子在正常工作范围内，管子两端电压 U_Z 的变化量和管子中电流 I_Z 的变化量之比，R_Z 越小性能越好；

温度系数，指 U_Z 随温度的变化量，不同结构和材料有正负之分。当稳压管稳定电流小于最小稳定电流 I_{Zmin} 时，没有稳定作用；大于最大稳定电流 I_{Zmax} 时，管子因过流而损坏。

10.6.2 发光二极管

发光二极管（又称 LED）是具有一个 PN 结的半导体光电器件，它与普通二极管一样具有单向导电性，当有足够的正向电流通过 PN 结时，便会发光。常见的发光二极管有：塑封 LED、金属外壳 LED、圆形 LED、异形 LED 及 LED 数码管等，如图 10-18 所示。它们广泛应用在显示、指示、遥控和通信领域。发光二极管常被用于交流电源指示。

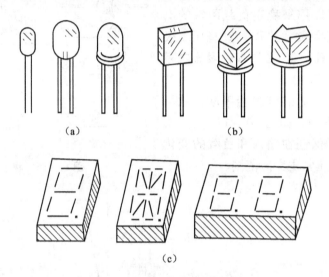

图 10-18 发光二极管的外形
(a) 塑封 LED；(b) 异形 LED；(c) LED 数码管

发光二极管的图形符号如图 10-19 所示，常被用于交流电源指示。发光二极管的主要参数也有最大工作电流 I_{FM} 和最大反向电压 U_{RM}。使用时不得超过这两项参数值，否则会使发光二极管损坏。

图 10-19 发光二极管电路符号

发光二极管一般分为普通发光二极管、红外线发光二极管和激光二极管。

1. 普通发光二极管

普通发光二极管工作在正偏状态。检测发光二极管，一般用万用表 $R \times 10\ \text{k}\Omega$ 挡，方法和普通二极管一样，一般正向电阻 15 kΩ 左右，反向电阻为无穷大。

2. 红外线发光二极管

红外线发光二极管工作在正偏状态。用万用表 $R \times 1\ \text{k}\Omega$ 挡检测，若正向阻值在 30 kΩ 左右，反向为无穷大，则表明正常，否则红外线发光二极管性能变差或损坏。

3. 激光二极管

根据内部构造和原理，判断激光二极管好坏的方法是通过测试激光二极管的正、反向电阻来确定好坏。若正向电阻为 20~30 kΩ，反向电阻为无穷大，说明正常，否则，要么激光二极管老化，要么损坏。

10.6.3 光电二极管

光电二极管的结构和一般二极管相似，只是它的外壳是透明的玻璃，它的符号如图 10-20 所示。光电二极管在电路中一般是处于反向工作，在没有光照时，其反向电阻很大，管子中只有很小的电流；当有光照时，其反向电阻大大减小，反向电流也随之增加，显然电流的大小和光照强度有关，光照越强，电流也越大。它用于光电继电器、触发器及光电转换的自动测控系统中。

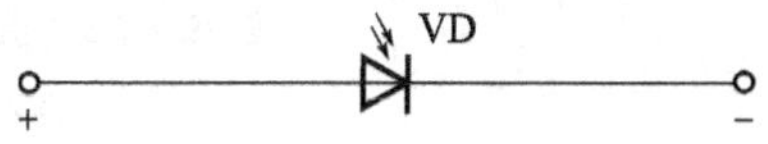

图 10-20 光电二极管的电路符号

10.6.4 LED 数码管

LED 数码管是将若干个发光二极管按一定图形组织在一起的显示器件。应用较多的是七段数码管，分为共阴极数码管和共阳极数码管两种。图 10-21（a）所示为共阴极数码管内电路，包括 8 个 LED（7 段笔画和 1 个小数点）的负极连接在一起接地，外电路按需要给不同笔画的 LED 正极加上正电压，就可以使数码管显示出相应数字。例如，给 b、c、g、f 四端加正电压时，数码管显示"4"。

图 10-21（b）所示的是共阳极数码管内电路，8 个 LED 的正极连接在一起接正电压，外电路按需要使不同笔画的 LED 负极接地，从而使数码管显示出相应数字。

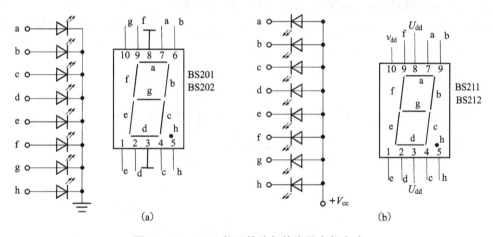

图 10-21 LED 数码管外部管脚及内部电路
(a) 共阴极 LED；(b) 共阳极 LED

10.6.5 变容二极管

变容二极管是利用 PN 结电容可变原理制成的半导体器件，它仍工作在反向偏置状态。它的电路符号和压控特性曲线如图 10-22 所示。

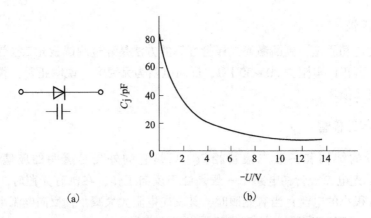

图 10-22 变容二极管的电路符号和压控特性曲线

(a) 电路符号；(b) 压控特性曲线

10.6.6 光电耦合器

把发光二极管和光电管（光电三极管或光电二极管）封装在同一个管壳内就构成光电耦合器。它是以光为媒介传输电信号的器件，还可实现输入输出之间的电隔离。光电耦合器的外形如图 10-23 所示。

光电耦合器符号如图 10-24（a）所示，图中左边是发光二极管，右边是光电三极管，其工作原理是：当在输入端加上电压信号时，发光二极管发光，光电三极管受光照后即产生光电流，由输出端引出，于是实现了电-光-电的传输和转换，如图 10-24（b）所示。光电耦合器有各种不同的结构类型，图 10-25 所示为几种不同型号的光电耦合器的内部结构，以供参考。

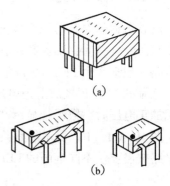

图 10-23 光电耦合器的外形

(a) 塑封式；(b) 双列直插式

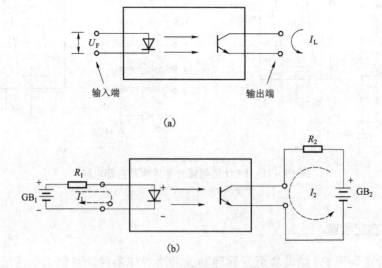

图 10-24 光电耦合器符号及工作原理

(a) 光电耦合器符号；(b) 电-光-电的传输和转换

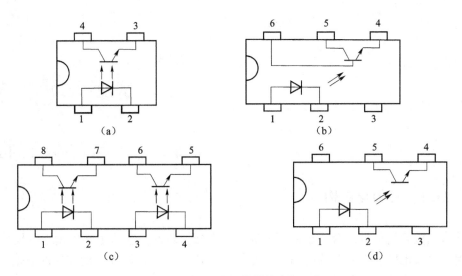

图 10-25　光电耦合器的内部结构
(a) TLF500；(b) PC112；(c) TLF521-2；(d) TLF723

光电耦合器常用于隔离控制，如图 10-26 所示，这是一交流电钻控制电路。其中 VD 为整流二极管，C 为滤波电容，R_2、R_3 为降压电阻，这些元件的作用就是将 220 V 的电源电压经整流、滤波并降压后加到耦合器内的光电三极管的集电极。当按下按钮 SB 时，耦合器内的光电三极管导通，R 上获得控制电压，经 R_4 送至双向晶闸管 VS 的控制极，使 VS 导通，电钻电动机 M 转动。电路中，通过利用光电耦合器的隔离作用，只需 3 V 低电压直流电即可间接控制交流 220 V 电源。

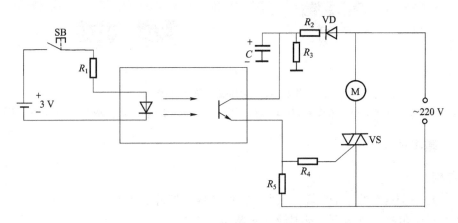

图 10-26　交流电钻控制电路

任务 11
半导体三极管

11.1 外形与结构

半导体三极管简称晶体管,是最重要的一种半导体器件。它的主要用途之一是利用其放大作用组成放大电路,把微弱的电信号(电压、电流、功率)增高到所需要的数值。

半导体三极管是由两个 PN 结构成的三端半导体器件,简称三极管。常用三极管的外形如图 11 – 1 所示。

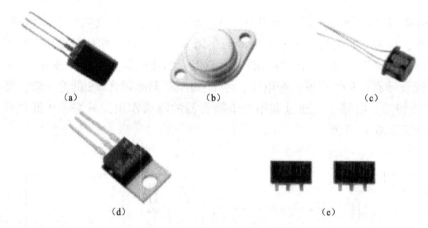

图 11 – 1 常用三极管的外形
(a)普通塑封三极管;(b)大功率三极管;(c)金属封装三极管;(d)功率三极管;(e)贴片三极管

11.1.1 基本结构

1. 结构

三极管是一个具有两个 PN 结、三个电极的半导体器件。

管子有三个电极:基极 B、发射极 E 和集电极 C。

三极管有两个 PN 结:发射结(E、B 极)和集电结(C、B 极)。

有三个区域:基区(中间是很薄且掺杂较少)、发射区、集电区。画有箭头的是发射极,以便与集电极相区别。箭头的方向代表发射结在正向电压下的电流方向。

2. 分类

按结构形式分:NPN 型和 PNP 型。NPN 型的发射极箭头向外,PNP 型的则向内,如图 11 – 2 所示。

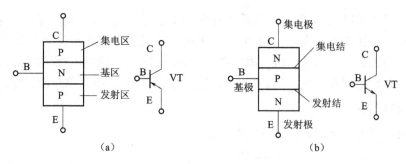

图 11-2 晶体管的结构和符号
(a) PNP 型；(b) NPN 型

按使用的半导体材料的不同分：硅管和锗管。当前国内生产的硅晶体管多为 NPN 型（3D 系列），锗晶体管多为 PNP 型（3A 系列）。

其中由两块 N 型半导体中间夹着一块 P 型半导体的管子称为 NPN 管。而与之相对应，另外一种由两块 P 型半导体中间夹着一块 N 型半导体的管子则称为 PNP 管。

三极管都是由掺入杂质最多的发射区，掺杂最少且最薄的基区和面积最大的集电区构成，由这三个区分别引出的三根金属引线称为发射极、基极和集电极，分别用 E、B、C 表示。其中发射极的箭头方向表示管子中的电流流向。

正常工作时，NPN 管的电流是由集电极 C、基极 B 流入，发射极 E 流出。PNP 管相反，如图 11-3 所示。

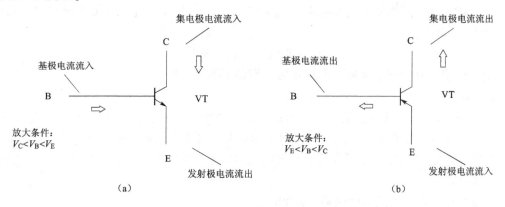

图 11-3 三极管的电流方向
(a) NPN 管；(b) PNP 管

11.1.2 三极管的特性曲线

表示三极管各电极的电压和电流相互关系的曲线称为三极管的特性曲线。

1. 输入特性曲线

（1）概念：输入特性曲线是指集电极与发射极间的电压 U_{CE} 保持为某一恒定值时，加在三极管的基极和发射极间的电压 U_{BE} 与它所产生的基极电流 I_B 间的关系曲线，如图 11-4 所示。

$$I_B = f(U_{BE}) \mid U_{CE} = 常数$$

（2）分析：当 $U_{CE} = 0$ 时，即集电极与发射极短接，这样三极管的发射结与集电结像是两个正向偏置的并联二极管，所以曲线的变化规律和二极管的正向伏安特性一样。

比较 $U_{CE}=2\ V$ 和 $U_{CE}=0\ V$ 的两条输入特性曲线可见，$U_{CE}=2\ V$ 的一条向右移动了一段距离。这是由于对硅管而言，当 $U_{CE} \geq 1\ V$ 时，集电结已反偏，其内电场是可把从发射区扩散到基区的电子的大部分拉入集电区。因此对应于相同的 U_{BE}，流向基极的电流 I_B 比原 $U_{CE}=0$ 时减小。若要使 I_B 保持不变，U_{CE} 增大时，U_{BE} 也必须增大，如此曲线就相应向右移动了。

2. 输出特性曲线

三极管的输出特性曲线如图 11-5 所示。

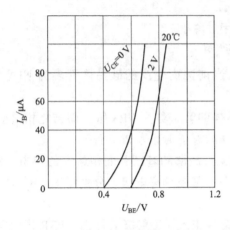

图 11-4　三极管的输入特性曲线　　　图 11-5　三极管的输出特性曲线

（1）输出特性曲线是指当基极电流 I_B 为常数时，集电极电流 I_C 与集电极和发射极间电压 U_{CE} 的关系曲线：

$$I_C = f(U_{CE}) \mid I_B = 常数$$

（2）组成：分为三个区域，即截止区、饱和区和放大区。

① 截止区。

$I_B=0$ 的那一条曲线以下的区域称为截止区。由 PN 结的正向特性可知，当 $U_{BE}<0.5\ V$ 时，发射区基本上没有电子注入基区，对应的集电极电流也接近于零，即已开始截止。为使截止可靠，常使 $U_{BE} \leq 0$，此时发射结和集电结均处于反向偏置状态，相当于一个开关断开。

② 饱和区。

输出特性曲线靠近纵轴的区域为饱和区。

当 $U_{CE}=U_{BE}$ 时，$U_{CB}=0$，此时集电极由于未加反偏，其收集基区电子的能力将大为减弱，即 I_B 不能控制 I_C，晶体管失去放大作用，这种状态称饱和。

当 $U_{CE}<U_{BE}$ 时，发射结和集电结处于正向偏置，呈过饱和状态。U_{CE} 很小，相当于一个开关接通。

③ 放大区。

输出特性曲线近于水平的部分是放大区。在放大区内，集电结加有一定的反向电压，因此发射区发射的大部分电子被集电极收集，近似有 $I_B=I_C$，I_B 所占比例很小。

放大区的特点是发射结处于正向偏置，集电结处于反向偏置。

11.1.3　三极管的电流放大作用

三极管放大作用的实验电路如图 11-6 所示。

1. 电流分配关系

电压源 E_{BB} 使得发射结处于正向导通状态。E_{CC} 加在 C、E 之间，且 $E_{CC} > E_{BB}$，故集电结处于反向截止状态。

改变电路中的可变电阻 R_P，可以看出，基极电流 I_B、集电极电流 I_C、发射极电流 I_E 都发生变化。三极管电流测量数据如表 11-1 所示。

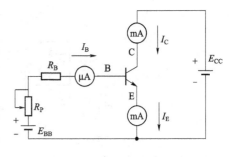

图 11-6 实验电路

表 11-1 三极管电流测量数据

I_B/mA	0.01	0.02	0.03	0.04	0.05
I_C/mA	0.50	1.00	1.70	2.50	3.30
I_E/mA	0.51	1.02	1.73	2.54	3.35

可得出如下结论：

（1）发射极电流等于基极和集电极电流之和，即 $I_E = I_B + I_C$。

（2）集电极电流与基极电流的比值称为电流放大系数，用 β 表示。I_C、I_B 的比值：

$$\frac{I_C}{I_B} = \frac{1.00}{0.02} = 50$$

$$\frac{I_C}{I_B} = \frac{1.7}{0.03} \approx 57$$

$$\Delta I_C / \Delta I_B = \frac{1.7 - 1}{0.03 - 0.02} = 70$$

结论：基极电流较小的变化可以引起集电极电流较大的变化。即基极电流对集电极电流具有小量控制大量的控制作用（电流放大作用）。

2. 载流子的运动规律

（1）发射区向基区发射电子。

由于发射结处于正向偏置，发射区的多数载流子电子很容易越过发射结进入基区，形成电子扩散电流。同理，基区中的多数载流子空穴也会越过发射结形成空穴扩散电流。基区很薄且空穴浓度很低，可以近似认为发射极电流 I_E 就是发射区向基区扩散电流。

（2）电子在基区中的扩散和复合。

由于电子是越过发射结而进入基区的，显然在基区内，靠近发射结的电子要比基区纵深处多，因此基区内电子浓度的差别使得电子继续朝集电结方向扩散，如图 11-7 所示。

电子在扩散过程中，只可能有很少的一部分与基区中空穴复合，而大多数能够扩散到集电结的边沿。伴随着复合，基区中电子不断被电源 E_{BB} 正极端拉走，相当于不断补充基区中被复合掉的空穴。因此在基极就形成一个不大的基极电流 I_B。

（3）电子被集电极收集的过程。

由于集电结在外加电压 E_{CC} 的作用下处于反向偏置状态，因此集电结内电场的增强对基区多数载流子空穴的扩散起阻挡作用，而对从发射区扩散到集电结边沿上的电子来说则是个加速电场。这样，大量扩散到集电结边沿上的电子，将在这个加速电场的作用下漂移穿过集电结到达集电区，形成集电极电流 I_C。

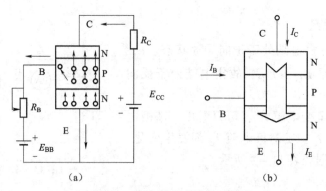

图 11-7 载流子运动规律示意图
(a) 载流子运动规律；(b) 电流分配

三极管的电流放大能力取决于复合和扩散的比例。扩散运动越是超过复合运动，就有越多的电子扩散到集电区，晶体管的电流放大作用也越强。

三极管的电流放大作用内在条件：基区很薄且多数载流子浓度很低。

三极管的电流放大作用外在条件：外加电源一定要使发射结处于正向偏置，集电结处于反向偏置。通俗地用电位来描述的话，就应是 NPN 管子的集电极电位高于基极电位，基极电位高于发射极电位，而 PNP 管则相反。

11.2 场效应管

场效应管（MOS 管），它利用输入电压产生的电场效应来控制输出电流，是一种电压控制性器件。MOS 管工作时只有一种载流子（多数载流子）参与导电，故也称为单极型半导体三极管。

11.2.1 结构

场效应管是一种单极三极管，具有放大和开关功能，它有三个电极，分别是漏极（D）、源极（S）和栅极（G）。输入电阻较普通三极管大得多，有结型和绝缘栅型。

绝缘栅型场效应管按其导电沟道及电性分为：N 沟道增强型、N 沟道耗尽型、P 沟道增强型、P 沟道耗尽型。图 11-8 所示为绝缘栅型场效应管的结构与符号。

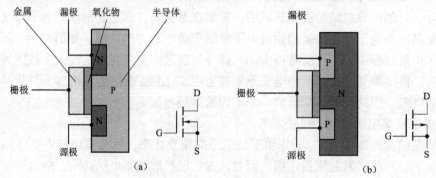

图 11-8 绝缘栅型场效应管的结构与符号
(a) N 沟道场效应管；(b) P 沟道场效应管

场效应管与三极管相比，它有很多突出的优点：

① 它具有极高的输入阻抗（$10^7 \sim 10^{12}$ Ω），因而接入电路中几乎没有栅极电流，整个回路几乎不消耗功率，可以做成高灵敏度的前置放大器，也便于组成直接耦合放大器。

② 场效应管具有多种类型，其电压可正可负，增加了电路应用的灵活性。

③ 场效应管还有很强的抗干扰能力，场效应管的缺点是由于输入阻抗过高很容易造成静电击穿而损坏，特别是 MOS 场效应管，应用时应注意栅极的保护，即在任何时候不能让栅极"悬空"。

11.2.2 电流放大作用

电流受栅－源电压控制，场效应管为电压控制器件，利用电场效应原理，由栅－源电压建立的电场直接控制漏极电流。耗尽型 MOS 管适合于放大作用，增强型 MOS 管适合用作开关管。

为防止栅极绝缘不被破坏，任何时候栅极不能悬空，存放时，各管脚需封在一起，焊接时烙铁必须可靠接地。电路中，需设有栅－源直流通路。

11.2.3 主要参数

直流输入电阻 R_{GS}：栅－源电压与栅极电流的比值，其值一般大于10^9 Ω。

开启电压 $U_{GS(TH)}$ 与夹断电压 $U_{GS(OFF)}$：一定漏－源电压下，使增强型 MOS 管由截止转为导通所需的最小栅－源电压称为开启电压，使耗尽型 MOS 管由导通转为截止所对应的栅－源电压称为夹断电压。

跨导 g_M：一定漏－源电压下，漏极电流的变化量与引起这一变化的栅－源电压变化量的比值称为跨导，表示栅压对漏极电流的控制能力，单位为 μA/V。

11.3 晶闸管

晶闸管（可控硅）是硅晶体闸流管的简称，是实现大容量功率变换和控制的主要器件。它具有体积小、重量轻、效率高、动作迅速、容易维护、寿命长等优点。但过载能力差、抗干扰能力差、控制比较复杂的缺点。

它主要用于下面几个方面：

整流器——把交流电变为固定的或可调的直流电。

逆变器——把固定直流电变成固定或可调的交流电。

斩波器——把固定的直流电压变成可调的直流电压。

交流调压器——把固定交流电压变成可调的交流电压。

周波变流器——把固定的交流电压和频率变成可调的交流电压和频率。

11.3.1 晶闸管的结构

晶闸管从外形上来分，有螺栓形和平板形两种结构，如图 11-9 所示。

螺栓形：安装更换方便但散热差，用于额定电流小于 200 A 的场合。螺栓是晶闸管的阳极 A，它与散热器紧密连接。粗辫子线是晶闸管的阴极 K，细辫子线是门极 G。

平板形：散热效果好但不利安装，用于大于 200 A 的场合。两个平面分别是阳极和阴极,细辫子线是门极。使用时两个互相绝缘的散热器把晶闸管紧紧地夹在一起。

管芯:四层(P、N、P、N)三端(A、K、G)器件,它决定晶闸管的性能。

11.3.2 晶闸管的通断规律

为了弄清晶闸管工作的条件,按图 11-10 做实验。主电源 E_A(可为 3~6 V)和门极电源 E_G(一般为 1.5~3 V)通过双掷双刀开关 S_1 和 S_2 正向或反向作用于晶闸管的有关电极,主电路的通断由灯泡显示。

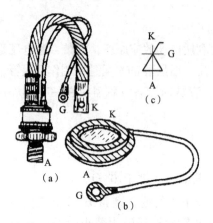

图 11-9 晶闸管的外形及符号
(a)螺栓形;(b)平板形;(c)符号

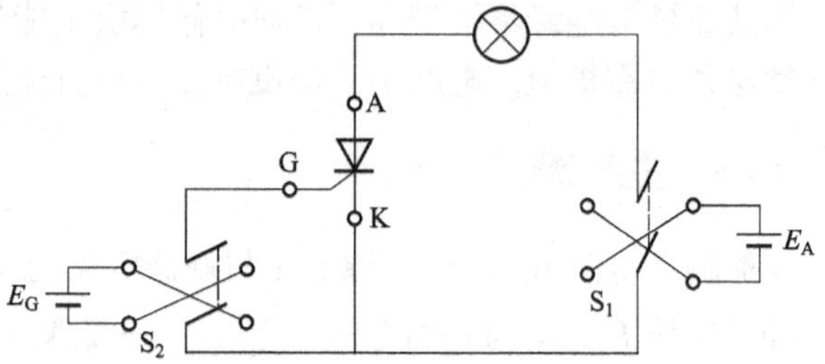

图 11-10 晶闸管工作条件的实验电路

(1)晶闸管阳极接直流电源的正端,阴极经灯泡接直流电源的负端,此时晶闸管承受正向电压;控制极电路中开关 S_2 断开(不加电压)。这时灯不亮,说明晶闸管不导通。

(2)晶闸管阳极和阴极间加正向电压,控制极相对于阴极也加正向电压,这时灯亮,说明晶闸管导通。

(3)晶闸管导通后,如果去掉控制极上的电压,灯仍然亮,说明晶闸管继续导通。之后我们逐渐减小晶闸管阳极和阴极间电流(如去掉阳极正向电压;或者给阳极加反压;或者降低正向阳极电压;增加主回路阻抗等),当电流减小到一定数值时,灯熄灭,说明晶闸管截止。

能保持晶闸管导通的最小电流,通常称为维持电流。

(4)晶闸管阳极和阴极间加反向电压,无论控制极加不加电压,灯都不亮,晶闸管截止。

(5)如果控制极加反向电压,晶闸管阳极回路无论加正向电压,还是反向电压,晶闸管都不导通。

从上述实验可见,晶闸管通断的规律是:

(1)当晶闸管承受反向阳极电压时,不论控制极承受何种电压,都处于关断状态。

(2)当晶闸管承受正向阳极电压时,仅在控制极承受正向电压情况下晶闸管才能导通,正向阳极电压和正向控制极电压两者缺一不可。

我们将加在控制极上的正向脉冲电压称之为触发脉冲。

(3)晶闸管一旦导通,控制极就失去控制作用。

(4)晶闸管关断的条件是使通过晶闸管的电流降低到一定数值以下。

(5)当控制极未加触发电压时,晶闸管具有正向阻断能力。

11.3.3 晶闸管的工作原理

晶闸管是在晶体管基础上发展起来的一种大功率半导体器件,它的管芯是具有 J_1、J_2 和 J_3 三个 PN 结的四层结构,是用扩散工艺制造的,它决定晶闸管的性能,如图 11-11 所示,由最外的 P_1 层、N_2 层引出两个电极,分别为阳极 A 和阴极 K,由中间的 P_2 层引出控制极(门极)G。

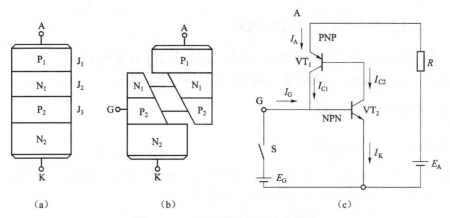

图 11-11 晶闸管的双晶体管模型
(a) 结构示意图;(b) 结构等效图;(c) 实验电路图

我们可以在器件上取倾斜的截面,把晶闸管看成是由 PNP 和 NPN 型两个晶体管连接而成,如果正向电压加到器件上,J_2 结成反偏,PNPN 结构处于阻断状态,只能通过很小的正向漏电流。当器件上加反向电压时,J_1 和 J_3 结成反偏,PNPN 结构也呈阻断状态,只能通过极小的反向漏电流,与一般二极管的反向特性相似。

如果控制极电流 I_G 注入晶体管 VT_2 的基极,即产生集电极电流 I_{C2},它构成晶体管 VT_1 的基极电流,放大成集电极电流 I_{C1},又进一步增大 VT_2 的基极电流,如此形成强烈正反馈,最后 VT_1 和 VT_2 进入完全饱和状态,即晶闸管饱和导通。

VT_1、VT_2 放大系数 $\alpha_1 = \dfrac{I_{C1}}{I_A}$ 和 $\alpha_2 = \dfrac{I_{C2}}{I_K}$。

硅晶体管的共同特性是:在低发射极电流下 α 是很小的,而当发射极电流建立起来后,α 迅速增大。在正常阻断情况下,$I_G = 0$,而 $\alpha_1 + \alpha_2$ 是很小的。因此漏电流稍大于两个单管漏电流之和。如用触发手段使各个晶体管的发射极电流增大以致 $\alpha_1 + \alpha_2$ 趋近于 1 的话,I_A 将趋近无穷大,实现器件饱和导通,实际上由外接负载 R 限制阳极电流;当 I_A 减小到维持电流以下时,$1-(\alpha_1+\alpha_2) \approx 1$,晶闸管恢复阻断状态;当 $\alpha_1 + \alpha_2 > 1$ 时,J_2 反向电流增大,阻挡层中电场很强,反向电流大大增大,雪崩击穿。

11.3.4 晶闸管触发导通的情况

(1) 门极触发:由两个晶体管之间强烈的正反馈使复合晶体管的 $\alpha_1 + \alpha_2 \approx 1$,器件进入饱和导通状态。

(2) 阳极电压作用:正向阳极电压升至相当高的数值,在中间结(集电极结)的少数载流子漏电流会由雪崩效应而增大,而正反馈又导致漏电流的放大,最终使器件导通。

(3) $\dfrac{\mathrm{d}u}{\mathrm{d}t}$ 作用:阳极电压以某高速率上升,则在 J_2 电容 C 中产生位移电流 $i = \dfrac{C\mathrm{d}u}{\mathrm{d}t}$,将导致晶体管的发射极电流增大,并最后引起导通。

(4) 温度作用:在较高结温下,晶体管的漏电流增大,最后引起晶闸管导通。

(5) 光触发:用光直接照射在硅片上,产生电子空穴对,在电场的作用下,产生触发晶闸管的电流。

11.3.5 晶闸管与三极管、二极管的区别

晶闸管与三极管的区别:晶闸管阳极电流与门极电流不成正比关系。

晶闸管与二极管的区别:晶闸管正向导电受门极触发电流控制。

11.3.6 晶闸管的伏安特性

1. 晶闸管的伏安特性曲线

晶闸管的伏安特性曲线是晶闸管阳极与阴极间的电压和它的阳极电流间的关系,如图 11 - 12 所示。晶闸管可视作为一可控制接通的导电开关。

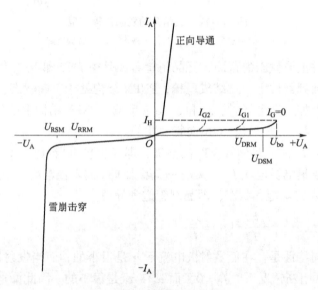

图 11 - 12　晶闸管的伏安特性

2. 正向特性

正向阻断状态(断态):当 $I_G = 0$ 时,在器件两端施加正向电压,J_2 结处于反偏,晶闸管处于正向阻断状态,只流过很小的正向漏电流。

正向导通状态(通态):如果正向电压超过临界极限即正向转折电压 U_{bo},则漏电流急剧增大,器件导通(由高阻区经虚线负阻区到低阻区)。随着门极电流幅值的增大,正向转折电压降低。

正常工作时不许把正向阳极电压加到正向转折电压 U_{bo},而靠加 I_G 使管子导通,I_G 越

大，转折点越低。

即使通过较大的阳极电流，晶闸管本身的压降却很小。导通期间，如果门极电流为零，并且阳极电流降到维持电流 I_H 以下，晶闸管又回到正向阻断状态。

3. 反向特性

反向阳极电压与阳极漏电流的伏安特性，类似二极管的反向特性。

晶闸管处于反向阻断状态时，只有极小的反向漏电流通过，当反向电压超过一定限度，到反向击穿电压后，反向漏电流便急剧增大，导致晶闸管反向击穿而损坏。

11.3.7 门极伏安特性

在给晶闸管施加正向阳极电压的情况下，再在门极加入适当的信号，可使晶闸管由断变通。

晶闸管的门极和阴极间的 PN 结 J_3 的伏安特性称为门极伏安特性，如图 11-13 所示。

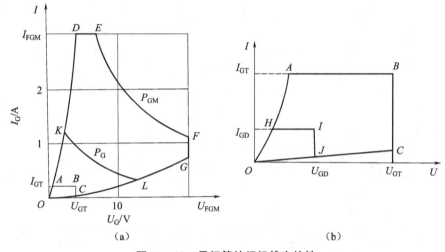

图 11-13　晶闸管的门极伏安特性
（a）门极伏安特性；（b）不可靠触发区伏安特性

曲线 OD——极限低阻伏安特性；
OG——极限高阻伏安特性；
$OHIJO$——不触发区；
$OABCO$——不可靠触发区；
$ADEFGCBA$——可靠触发区；
I_{FGM}——门极正向峰值电流；
U_{FGM}——正向峰值电压；
P_{GM}——允许的瞬时最大功率；
$P_{G(au)}$——平均功率。

当给门极加上一定的功率后，会引起门极附近发热，当加入过大功率时，会使晶闸管整个结温上升，直接影响到晶闸管的正常工作，甚至会使门极烧坏。所以施加于门极的电压、电流和功率是有一定限制的。

可靠触发区就是由门极正向峰值电流 I_{FGM}、允许的瞬时最大功率 P_{GM} 和正向峰值电压 U_{FGM} 划定的区域。此外，门极的平均功率损耗不应超过规定的平均功率 $P_{G(au)}$，如曲线 KL。

11.3.8 晶闸管的动态特性

图 11－14 所示为晶闸管的开通、关断过程及相应的损耗。

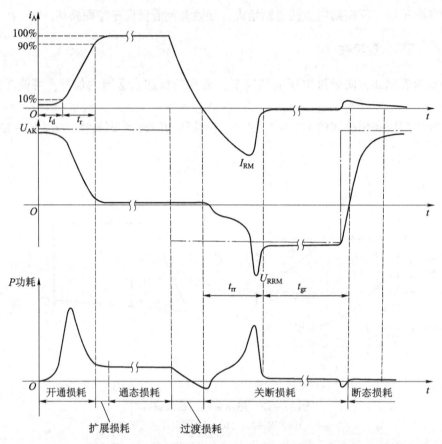

图 11－14　晶闸管的开通、关断过程及相应的损耗

1. 开通时间

延迟时间 t_d：从门极电流阶跃时刻开始，到阳极电流上升到稳态值的 10% 的这段时间。

上升时间 t_r：阳极电流从 10% 上升到稳态值的 90% 所需的时间，表示晶闸管本身的特性。

开通时间 t_{gt}：延迟时间和上升时间之和，即 $t_{gt} = t_d + t_r$。

延迟时间和上升时间受阳极电压的影响甚大，提高阳极电压，J_2 结自建电场增强，J_2 结的表面上电荷层厚度增加，使 P_2 区的有效厚度减小，因而 α_2 增大，可使内部正反馈过程加速，延迟时间和上升时间都可显著缩短。

2. 关断时间

(1) 电路换向关断时间 t_q：电源电压反向后，从正向电流降为零起到能重新施加正向电压为止的时间间隔。

$$t_q = t_{rr} + t_{gr}$$

式中　t_{rr}——反向阻断恢复时间，是电流反向的持续期；

　　　t_{gr}——正向阻断恢复时间。

由于载流子复合过程比较慢，所以正向阻断恢复时间比反向阻断恢复时间长得多，过早地施加正向电压会引起晶闸管误导通。故电路必须给晶闸管提供足够长时间的反向电压，保证晶闸管充分恢复其阻断能力，才能使它工作可靠。

(2) 晶闸管的关断时间与下列因素有关：

① 关断时间与关断前的正向电流成正比。

② 关断时间与外加反向电压、反向电流或反向电流上升率成反比。

③ 关断时间与再次施加正向电压及正向电压上升率成正比。

④ 关断时间与结温成正比。

3. 动态损耗

(1) 损耗曲线：将每一瞬时晶闸管电流与电压相乘，得到从导通到关断整个过程的晶闸管瞬时损耗曲线。

(2) 损耗曲线的组成：

① 通态损耗：晶闸管在稳定导通期的功率损耗。

② 断态损耗：晶闸管在稳定断态期的功率损耗。

③ 开通损耗：在开通过程中出现相当大的瞬时功耗。

④ 关断损耗：在关断过程中出现较大的瞬时功耗。

其中①②两部分属静态损耗，在低频工作时，它是晶闸管发热的主要原因。

③④部分属动态损耗，它们的瞬时值虽大，但持续时间很短，工作频率较高时，必须予以考虑。

此外，还有两部分也属于动态损耗，即扩展损耗和过渡损耗其值都不大。

11.3.9　晶闸管的主要参数

1. 晶闸管的电压定额

(1) 断态重复峰值电压 U_{DRM}。

U_{DRM} 是控制极断路而器件的结温为额定值时，允许重复加在器件上的正向峰值电压。

规定断态重复峰值电压 U_{DRM} 为断态不重复峰值电压 U_{DSM} 的 90%，U_{DSM} 小于正向转折电压 U_{bo}。

晶闸管正向工作时有两种工作状态：阻断状态简称断态；导通状态简称通态。

(2) 反向重复峰值电压 U_{RRM}。

反向重复峰值电压 U_{RRM} 是控制极断路而结温为额定值时，允许重复加在晶闸管上的反向峰值电压。

规定反向重复峰值电压 U_{RRM} 为反向不重复峰值电压 U_{RSM} 的 90%。

(3) 额定电压。

取断态重复峰值电压 U_{DRM} 和反向重复峰值电压 U_{RRM} 中较小的。

选用时，额定电压应为正常工作峰值电压的 2~3 倍，作为允许的操作过电压裕量。

(4) 通态（峰值）电压 U_{TM}。

通态（峰值）电压 U_{TM} 是晶闸管通以 π 倍或规定倍数额定通态平均电流值时的瞬态峰值电压，应该选择 U_{TM} 较小的晶闸管。

2. 晶闸管的电流定额

(1) 通态平均电流 $I_{T(AV)}$。

在环境温度为 +40 ℃ 和规定的冷却条件下，带电阻性负载的单相工频正弦半波电路中，管子全导通（导通角 θ 不小于 170°）而稳定结温不超过额定值时所允许的最大平均电流（即工频正弦半波的通态电流在一个整周期内的平均值），称为通态平均电流 $I_{T(AV)}$。

取通态平均电流 $I_{T(AV)}$ 的整数作为晶闸管的额定电流。

(2) 维持电流 I_H。

在规定的环境温度和控制极断路时，维持晶闸管导通所必需的最小主电流称为维持电流 I_H。

维持电流 I_H 的大小与结温有关，结温越高，则值越小。

(3) 擎住电流 I_L。

擎住电流 I_L 是晶闸管刚从断态转入通态并移除触发信号之后，能维持通态所需的最小主电流。

擎住电流 I_L 的数值与工作条件有关。擎住电流 I_L 为维持电流 I_H 的 2~4 倍。

(4) 断态重复峰值电流 I_{DRM} 和反向重复峰值电流 I_{RRM}。

对应于晶闸管承受断态重复峰值电压 U_{DRM} 和反向重复峰值电压 U_{RRM} 时的峰值电流称为断态重复峰值电流 I_{DRM} 和反向重复峰值电流 I_{RRM}。

(5) 浪涌电流 I_{TSM}。

浪涌电流 I_{TSM} 是一种由于电路异常情况（如故障）引起的并使结温超过额定结温的不重复性最大正向过载电流，用峰值表示。

3. 额定结温 T_{jm}

器件在正常工作时所允许的最高结温称为额定结温 T_{jm}。在此温度下，一切有关的额定值和特性都能得到保证。

11.4 绝缘栅双极型晶体管（IGBT）

11.4.1 IGBT 的基本结构

绝缘栅双极型晶体管（Insulated Gate Bipolar Transistor，简称 IGBT），是由双极型三极管 BJT（双极型三极管）和金属氧化物半导体场效应管（MOS 管）组成的复合全控型电压驱动式功率半导体器件，具有电压控制、输入阻抗大、驱动功率小、导通电阻小、电流密度高，开关损耗低及工作频率高等特性，非常适合应用于直流电压为 600 V 及以上的变流系统。图 11 – 15 所示为 IGBT 的基本结构、等效电路及图形符号。

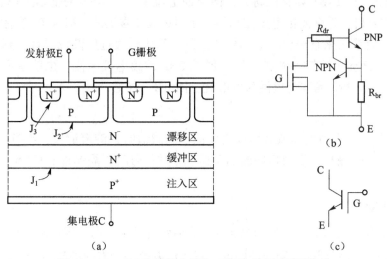

图 11 – 15　IGBT 的基本结构、等效电路及图形符号
(a) 结构图；(b) IGBT 的等效电路图；(c) 图形符号

IGBT 是一个三端器件，三个端子分别为集电极（用 C 表示），发射极（用 E 表示），栅极（用 G 来表示）。图 11 – 15 (a) 所示为 IGBT 基本结构图，注入区与缓冲区之间有一个 PN 结 J_1，当高电平导通 IGBT 时，少子（从 P^+ 基极注入 N^- 层的空穴）由注入区涌入缓冲区，漂移区的电导率得到了调制，增强了 IGBT 的导电率。

从图 11 – 15 (a) 可见，IGBT 由衬底到发射极是一个 PNP 晶体管，其栅极到集电极有一个控制沟道，只要形成沟道，就向 PNP 晶体管提供基极电流，PNP 晶体管的发射极成比例发射空穴，形成 IGBT 的集电极电流。可见，栅 – 发射极电压越高，沟道越宽，基极电流越大，输出电流也越大。因此，IGBT 可等效为一个场效应晶体管和一个 PNP 晶体管组成的达林顿管，如图 11 – 15 (b) 所示，图中电阻 R_{dr} 是 PNP 晶体管基区内的调制电阻，R_{br} 是并联在 NPN 晶体管基极和发射极之间的电阻。

11.4.2　IGBT 的工作原理

N 沟道 IGBT 工作时，通过在栅极 – 发射极间加上阈值电压以上的正电压，在栅极电极正下方的 P 层上形成反型层，也即是沟道，开始从发射极下面的 N^- 层注入电子，该电子为 PNP 型晶体管的少数载流子。从集电极衬底 P^+ 层开始流入空穴，进行电导调制。N 沟道 IGBT 工作时的等效电路如图 11 – 15 (b) 所示。

1. 导通

当器件不加栅压，而在 C、E 间加负偏压时，$U_{CE}<0$，器件的 J_2 结反偏，电流被阻断，使器件具有反向阻断能力；当器件 C、E 间加正偏压时，$U_{CE}>0$，且栅压为零或小于栅阈值电压时，没有形成沟道，故没有阳极电流，器件的 J_1 结反偏，器件具有正向阻断能力。当栅极相对阴极加上足够的正电压，且栅极电压大于栅阈值电压（$U_{CE}>0$，$U_{GE}>U_{th}$）时，沟道导通，电子由 N^+ 层经沟道到漏极，并垂直地流入 N^- 层外延区中，由于电子的流入降低了 N^- 层的电位，加速了 P^+ 层衬底向 N^- 层外延区注入空穴的进程，使器件很快进入导通状态。

正向导通时，J_2 结正偏，衬底 P^+ 层注入的载流子在 N^- 层基区产生电导调制，N^- 层的电导率迅速增加，使 IGBT 具有很高的正向导通电流密度。IGBT 的基本工作状态与 NPN 管无关。IGBT 的开启，是受栅极电压控制的，导通过程非常迅速。衬底 P^+ 层注入的空穴，一部分在 N^- 层外延区与来自沟道的电子复合；另一部分则通过扩散或漂移，到达 J_1 端，由于 J_1 结反偏，这部分空穴被扫入 P 扩散区，形成 PNP 的集电极电流。也就是说，当加正栅压时，形成沟道，给 PNP 晶体管提供基极电流，使 IGBT 导通。

2. 关断

当在栅极加上一个负偏压或者栅极电压低于门限值时，沟道消失，没有空穴注入 N^- 层基区内。即在 IGBT 栅极 – 发射极间施加反压或不加信号时，晶体管的基极电流被切断，IGBT 关断。

3. 反向阻断

当在 IGBT 集电极施加一个反向电压时，J_1 结就会受到反向偏压控制，耗尽层则会向 N^- 层区扩展。因过多地降低这个层面的厚度，将无法取得一个有效的阻断能力。如果过大地增加这个区域尺寸，就会连续地使压降增大。在反向运行状态下，IGBT 集电极端的 PN 结处于截止状态。IGBT 不具备反向阻断能力。

4. 正向阻断

当 IGBT 栅极和发射极短接并在集电极端子上施加一个正向电压时，J_3 结受反向电压控制。此时，仍然是由 N 漂移区中的耗尽层承受外部施加的电压。当集电极和发射极之间的电压为正，且栅极发射极间的电压小于开启电压值时，在 IGBT 的集电极和发射极端子之间仅存在着一个很小的集电极 – 发射极漏电流。该漏电流随集电极 – 发射极的电压增加而略微增加。当集电极 – 发射极间的电压大于某一特定的最高允许的电压值时，IGBT 出现锁定效应。出现锁定现象时，由集电极 – 基极二极管引起的电流放大效应，可能会导致双极型晶体管的开通，从而导致 IGBT 损坏。NPN 型晶体管的基极和发射极区几乎被金属化的发射极所短路，它们之间只是被 P^+ 层区的横向电阻所隔开。

IGBT 开关的作用是：通过加正向栅极电压形成沟道，给 PNP 型晶体管提供基极电流，使 IGBT 导通；反之，加反向栅极电压消除沟道，流过反向基极电流，使 IGBT 关断。

11.5 集成电路

集成电路是利用半导体工艺或厚膜、薄膜工艺，将电阻、电容、二极管、双极型三极管、场效应晶体管等元器件按照设计要求连接起来，制作在同一硅片上，成为具有特定功能的电路。这种器件打破了电路的传统概念，实现了材料、元件、电路的三位一体，与分立元器件组成的电路相比，具有体积小、功耗低、性能好、重量轻、可靠性高、成本低等许多优点。几十年来，集成电路的生产技术取得了迅速的发展，集成电路得到了极其广泛的应用。

图 11 – 16 所示为常见的集成电路外形图。

图 11-16　常见的集成电路外形图

按照集成电路的制造工艺分类,可以分为:半导体集成电路、薄膜集成电路、厚膜集成电路、混合集成电路。

用平面工艺(氧化、光刻、扩散、外延工艺)在半导体晶片上制成的电路称为半导体集路(也称单片集成电路)。

用厚膜工艺(真空蒸发、溅射)或薄膜工艺(丝网印刷、烧结)将电阻、电容等无源元件制作在同一片绝缘衬底上,再焊接上晶体管管芯,使其具有特定的功能,叫作厚膜或薄膜电路。如果再装焊上单片集成电路,则称为混合集成电路。

目前使用最多的是半导体集成电路。半导体集成电路按集成度分类,有小规模(集成了几个门或几十个元件)、中规模(集成了一百个门或几百个元件以上)、大规模(集成了一千个以上元器件)、超大规模(集成了上百万个元器件,芯片面积仅几十平方毫米)集成电路;按功能分类,有数字集成电路和模拟集成电路两大类。

学生工作页（十五）

项目五　电子电路应用知识				
任务一	认识二极管			
班级		学号		姓名

本任务车辆电工岗位达标要求：
1. 了解 PN 结。
2. 二极管的作用。

能力训练

1. 试分析杂质半导体形成的过程。
2. 试画出图 1 的电路符号，简单说明它具有什么特性。

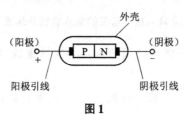

图 1

3. 结合图 2，分析二极管的正向特性、反响特性及温度变化对二极管的影响。

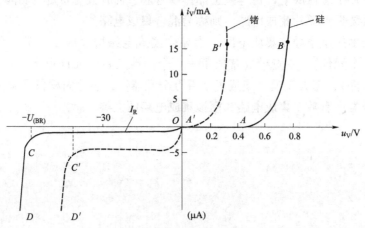

图 2　二极管伏安特性曲线

续表

4. 试分别说出下图中二极管的名称及其作用。

(1)

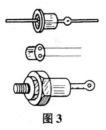

图 3

名称：

电路符号：

作用：

(2)

图 4

名称：

电路符号：

作用：

5. 试分别说出下图电路符号所对应二极管的名称及其作用。

(1)

图 5

名称：

作用：

续表

(2)

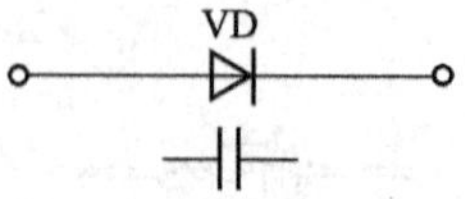

图6

名称：

作用：

(3)

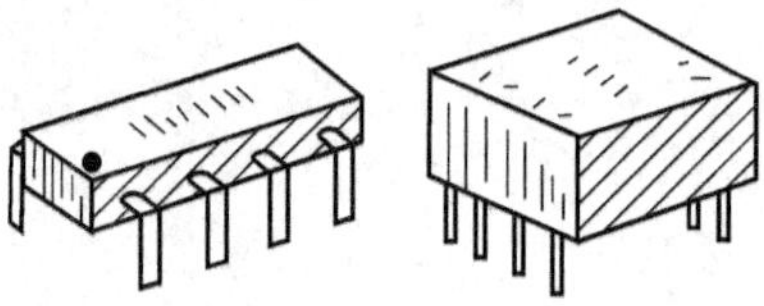

图7

名称：

作用：

学生自评
我的心得：   建议或提出问题
教师评价

学生工作页（十六）

项目五　电子电路应用知识			
任务二	认识三极管及常用半导体器件		
班级		学号		姓名	

本任务车辆电工岗位达标要求：
1. 认识常用三极管的符号。
2. 熟知其他类型的半导体器件。

能力训练

1. 观察电路图（图1），分析三极管如何实现放大作用。

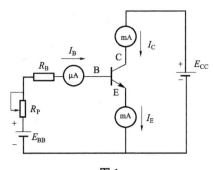

图 1

2. 试分别说出下图中半导体器件的名称及其作用。

(1)

图 2

名称：

电路符号：

作用：

(2)

金属　漏极　氧化物　半导体

栅极

（a）

漏极

栅极

（b）

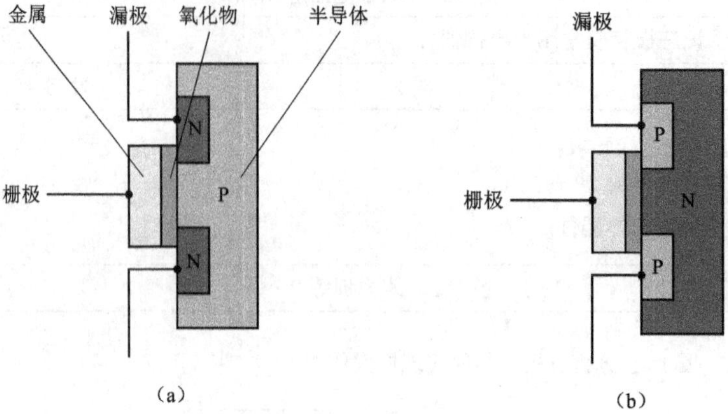

图 3

名称：

电路符号：

作用：

(3)

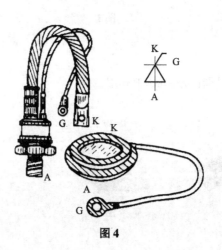

图 4

名称：

电路符号：

作用：

导通条件：

（4）

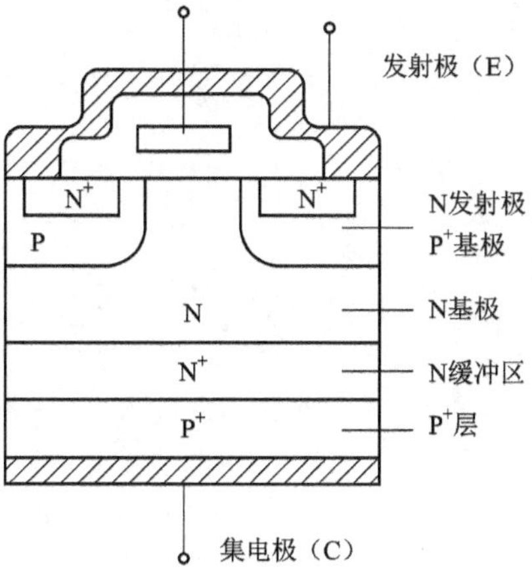

门极（G）
发射极（E）
N发射极
P$^+$基极
N基极
N缓冲区
P$^+$层
集电极（C）

图5

名称：

电路符号：

作用：

学生自评
我的心得：   建议或提出问题

教师评价

项目六

半导体器件的典型应用

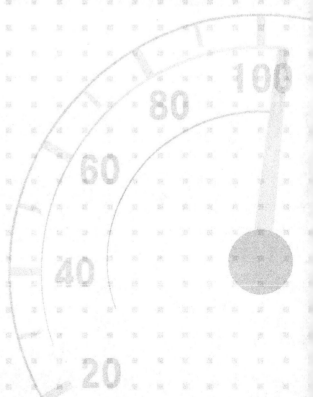

任务 12
简单直流电源

12.1 直流稳压电源的一般框图

单相工频正弦交流电经电源变压器、整流电路、滤波电路和稳压电路转换成稳定的直流电压。直流稳压电源的一般框图如图 12-1 所示,框图中各部分的作用介绍如下:

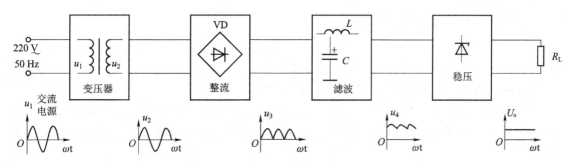

图 12-1 直流稳压电源组成原理框图

1. 电源变压器

电网上提供的单相正弦交流电为 220 V,频率为 50 Hz,而直流稳压电源所需的电压较低,电源变压器就是将交流电源电压 u_1 变换为整流电路所需要的二次交流电压 u_2。

2. 整流电路

利用整流二极管的单向导电性将二次交流电 u_2 变换为单一方向的脉动直流电。在电路分析时,常将二极管视为理想二极管,即正向导通时压降为零,反向截止时电流为零。

3. 滤波电路

由波形图可见,整流后的电压仍含有较大的交流成分。滤波电路能进一步滤除单向脉动直流电的交流成分,保留直流成分,使电压波形变得平滑,从而提高直流电源的质量。常用滤波器件有电容器和电感器。

4. 稳压电路

稳压电路能在电网电压波动或负载发生变化(负载电流变化)时,通过电路内部的自动调节,维持稳压电源直流输出电压基本不变,即保证输出直流电压得以稳定。稳压器件有稳压二极管或三极管作电压调整管,以及各种集成稳压器件。

12.2 单相半波整流电路

在小功率直流稳压电源中,常用单相半波整流电路和单相桥式整流电路来实现整流,单相桥式整流电路用得最为普遍。为了简单起见,分析计算整流电路时把二极管当作理想元件来处理,即认为二极管的正向导通电阻为零,反向电阻为无穷大。

1. 电路组成

图 12-2 所示为单相半波整流电路,其中 T 为电源变压器,二极管 VD 与负载电阻 R_L 串联接在二次交流电压 u_2 上(电路中忽略了电源变压器 T 和二极管 VD 构成的等效总内阻)。

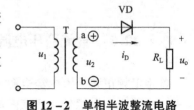

图 12-2 单相半波整流电路

2. 工作原理

设变压器二次交流电压为

$$u_2 = \sqrt{2}U_2\sin\omega t \tag{12-1}$$

式中 u_2——电源变压器二次交流电压有效值;
ω——交流电压角频率 $\omega = 2\pi f$,工频 $f = 50$ Hz。

当 u_2 为正半周时,即 a 为正、b 为负,二极管因承受正向电压而导通,电流 i_D 从 a 流出,经二极管 VD 和负载电阻 R_L 回到 b 点。忽略二极管的正向压降,则负载输出电压 u_o 等于 u_2,即

$$u_o = u_2 = \sqrt{2}U_2\sin\omega t \quad (0 \leq \omega t \leq \pi) \tag{12-2}$$

当 u_2 负半周时,即 a 为负、b 为正,二极管反向截止,忽略二极管的反向饱和电流,电路中没有电流流过。此时负载输出电压 $u_o = 0$,变压器电压 u_2 全加在二极管两端,二极管承受的反向电压为

$$u_o = u_2 = \sqrt{2}U_2\sin\omega t \quad (\pi \leq \omega t \leq 2\pi) \tag{12-3}$$

整流后的电压电流波形如图 12-3 所示,在 u_2 的一个周期内,因二极管的单向导电性,负载电阻 R_L 上得到的是半个周期的整流输出电压 u_o,故称这种电路为半波整流电路。

3. 直流输出电压和输出电流

如图 12-3 所示,负载上得到的是大小变化的单向脉动直流输出电压,可用一个周期内的电压平均值来表示。

单相半波整流电路的输出电压平均值 U_o 为

$$U_o = \frac{1}{2\pi}\int_0^\pi \sqrt{2}U_2\sin\omega t\, d(\omega t) = \frac{\sqrt{2}U_2}{\pi} \approx 0.45U_2 \tag{12-4}$$

输出电流平均值 I_o 为

$$I_o = \frac{U_o}{R_L} = \frac{0.45U_o}{R_L} \tag{12-5}$$

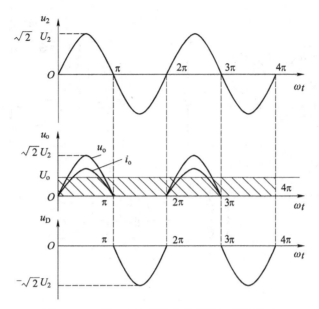

图 12-3 单相半波整流电路的输入输出波形

4. 整流元件的选择

1) 最大整流电流 I_{FM}

二极管与 R_L 串联,流经二极管的电流 I_D 与负载电流 I_o 相等,即

$$I_D = I_o \tag{12-6}$$

可查阅有关半导体器件手册,实际选 I_{FM} 应大于 I_D 的一倍左右,并取标称值。

2) 最大反向工作电压 U_{RM}

二极管截止时承受的最大反向电压就是 u_2 的最大值,即

$$U_{RM} = \sqrt{2} U_2 \tag{12-7}$$

实际选 U_{RM} 大于 $\sqrt{2} u_2$ 的一倍左右,并取标称值。

单相半波整流的优点是电路简单,只需一只二极管,其缺点是输出电压脉动大,电源利用效率低。这种电路仅适用于整流电流较小,对脉动要求不高的场合。

12.3 单相桥式整流电路

12.3.1 电路组成

图 12-4 所示为单相桥式整流电路,在图中四只整流二极管接成桥式。u_2 和 R_L 的连接位置不能互换,否则 u_2 就会被二极管 VD$_1$—VD$_4$ 或 VD$_3$—VD$_2$ 短路。图 12-4 给出了单相桥式整流电路的三种不同画法。通常将四只二极管组合在一起做成四线封装的桥式整流器(或称"桥堆"),四条外引线中有两条交流输入引线(有交流标志),有两条直流输出引线(有 +、-标志)。

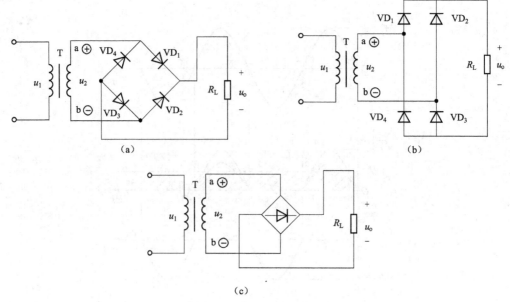

图 12-4 单相桥式整流电路

(a) 单相桥式整流电路；(b) 习惯画法；(c) 简化画法

12.3.2 工作原理

1. 桥式整流电路的工作原理

桥式整流电路的工作原理可结合波形图 12-5 来分析。

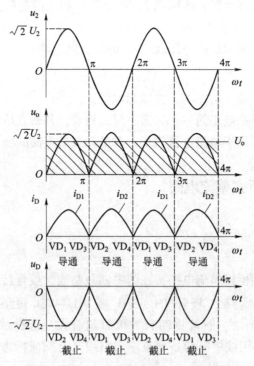

图 12-5 桥式整流电路电压电流波形图

设在 u_2 的正半周时,极性 a 为正、b 为负,整流二极管 VD_1、VD_3 正偏导通,电流 i_{D1} 经 a→VD_1→R_L→VD_3→b,在 R_L 上得到上正下负的输出电压;同时 VD_2、VD_4 反向截止。当 u_2 负半周时,极性 a 为负、b 为正,二极管 VD_2、VD_4 正偏导通,电流 i_{D2} 经 b→VD_2→R_L→VD_4→a,在 R_L 上得到的输出电压的方向与 u_2 正半周时相同;同时 VD_1、VD_3 反向截止。桥式整流电路的电流通路如图 12-5 所示。在 u_2 的一个周期内,四只二极管分两组轮流导通或截止,在负载 R_L 上得到单方向全波脉动直流电压 U_o 和电流 I_o。

2. 直流输出电压和输出电流

如图 12-5 所示,与半波整流比较,单相桥式整流电路的输出电压平均值 U_o 为

$$U_o = 2\frac{\sqrt{2}U_2}{\pi} \approx 0.9U_2 \tag{12-8}$$

输出电流平均值 I_o 为

$$I_o = \frac{U_o}{R_L} = \frac{0.9U_o}{R_L} \tag{12-9}$$

12.3.3 整流元件的选择

1. 最大整流电流 I_{FM}

由图 12-6 可见,流经每只二极管的电流 I_D 是负载电流 I_o 的一半,即

$$I_D = \frac{1}{2}I_o \tag{12-10}$$

实际选 I_{FM} 大于 I_D 的一倍左右,并取标称值。

2. 最大反向工作电压 U_{RM}

由图 12-6 可见,加在截止二极管上的最大反向电压就是 u_2 的最大值 $\sqrt{2}U_2$,即

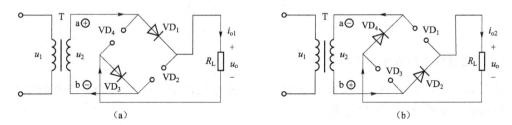

图 12-6 单相桥式整流电路电流通路

$$U_{RM} = \sqrt{2}U_2 \tag{12-11}$$

为安全起见,实际选 U_{RM} 大于 $\sqrt{2}U_2$ 一倍左右,并取标称值。

单相桥式整流的优点是输出电压脉动小、输出电压高、电源变压器利用率高,因此桥式整流电路得到广泛的应用。

12.4 单相半控桥式整流电路

1. 工作原理

图 12-7(a)所示的是单相半控桥式整流电路,其中四个整流元件有两个是晶闸管,

故称为半控桥式。

在 u_2 的正半周（设 a 正 b 负），晶闸管 V_1 处于正向电压下，V_2 处于反向电压下。如果在正半周内，控制极始终未加触发电压，晶闸管就一直不会导通，负载电压 $u_o = 0$。如在 ωt_1 时刻给控制极加触发电压 u_g，晶闸管 V_1 就导通，电流由电源 a 端→V_1→R_L→VD_4→电源 b 端，若忽略 V_1、VD_4 的管压降，负载电压 u_o 与电压 u_2 相等，极性为上正下负。

在 u_2 负半周（设 a 负 b 正），晶闸管 V_2 处于正向电压下，V_1 管处于反向电压下。在 ωt_2 时刻给控制极加触发电压 u_g，晶闸管 V_2 就导通，电流由电源 b 端→V_2→R_L→VD_3→电源 a 端。负载电压 u_o 的大小和极性与正半周相等。

V_2 在第 2 个周期内，电路重复上述过程，其电压波形如图 12-7（b）所示。

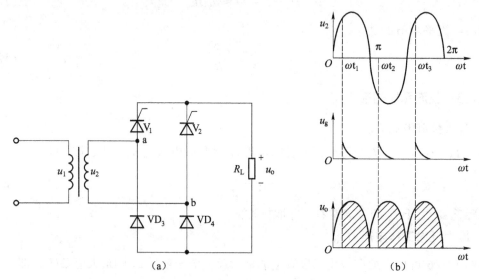

图 12-7 单相半控桥式整流电路
(a) 电路；(b) 电压波形

2. 输出直流电压和电流的计算

由图 12-7（b）可见，半控桥式整流电路的直流输出电压平均值是半波可控整流的 2 倍，即负载上流过的电流平均值为

$$I_L = U_O/R_L \tag{12-12}$$

3. 晶闸管元件的选择

由工作原理和电压波形可知，晶闸管和整流二极管承受的最大正、负电压均为

$$U_M = \sqrt{2} U_2 \tag{12-13}$$

再考虑安全系数 1.5~2 倍，可使晶闸管能安全工作。流过晶闸管的电流为负载电流平均值的一半：$I_F = 1/2 I_L$。

12.5 三相桥式整流电路

当整流负载容量较大，或要求直流电压的脉动要小、易滤波，或要求快速控制时，应采用三相整流装置。

为研究问题方便，假定是在理想情况下，即

（1）整流电路的直流电路中，负载具有足够大的电感；

（2）硅整流管的管压降忽略不计；

（3）交流发电机三相绕组的电感和电阻都忽略不计。其三相电压是对称的且为正弦波形。

三相桥式整流电路的工作原理可用图 12 – 8 说明，图中 U_{AO}、U_{BO}、U_{CO} 为交流发电机三相绕组相电压，它是按正弦波形规律变化的电压的相位差为 120° 电角度。设各相电压波形的关系是：

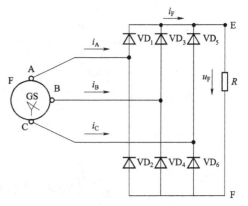

图 12 – 8　三相桥式整流电路的工作原理图

$$U_{AO} = \sqrt{2}U_2\sin(\omega t + 30°) \tag{12-14}$$

$$U_{BO} = \sqrt{2}U_2\sin(\omega t + 150°) \tag{12-15}$$

$$U_{CO} = \sqrt{2}U_2\sin(\omega t + 270°) \tag{12-16}$$

图 12 – 8 中，i_A、i_B、i_C 分别为流过硅整流管中的电流即交流发电机绕组中的相电流。在 $0 \sim \frac{\pi}{3}$ 的时间内，A 相的电压变化到最高点，B 相的电压图所示变化到最低点，而 C 相的电压介于 A 相和 B 相之间。在此期间，硅整流管 VD_1 在正向电压作用下而导通。忽略 VD_1 的管压降，则 E 点电位（图 12 – 8）与 A 点电位相同。由于 B、C 两点电位低于 E 点电位，因此 VD_3、VD_5 在反向电压作用下不能导通。VD_4 的阴极接在最低电位的 B 点，它在正向电压作用下而导通，F 点电位与 B 点相同，致使 VD_2、VD_6 在反向电压作用下而关断。三相桥式整流电路的波形图，如图 12 – 9 所示。

这样，在 $0 \sim \frac{\pi}{3}$ 期间内，只有 VD_1 和 VD_4 两管导通，导通的路径是：A 相→VD_1→负载→VD_4→B 相。负载上的电压，即整流后的电压 U_F 为 A、B 间的线电压 U_{AB}。

在 $\frac{\pi}{3} \sim \frac{2\pi}{3}$ 时期内，A 相电压仍最高，而 C 相电压则变为最低。此时导电路径为：A 相→VD_1→负载→VD_6→C 相。VD_1 和 VD_6 两管导通，整流后的电压 U_F 为 A、C 间的线电压 U_{AC}。

在 $\frac{2\pi}{3} \sim \pi$ 时期内，B 相电压变得最高，而 C 相电压仍为最低，此时导通路径为：B 相→VD_3→负载→VD_6→C 相。VD_3 和 VD_6 管导通，整流后电压 U_F 为 B、C 间线电压 U_{BC}。

在 $\pi \sim \frac{4\pi}{3}$ 时期内，B 相电压仍为最高，而 A 相电压变得最低，导电路径为：B 相→VD_3→负载→VD_2→A 相。VD_3、VD_2 两管导通，整流后的电压 U_F 为 B、A 间的线电压 U_{BA}。

在 $\frac{4\pi}{3} \sim \frac{5\pi}{3}$ 时期内，C 相电压变得最高，而 A 相电压仍为最低，导电路径为：C 相→VD_5→负载→VD_2→A 相。VD_5、VD_2 两管导通，整流后的电压 U_F 为 C、A 间的线压 U_{CA}。

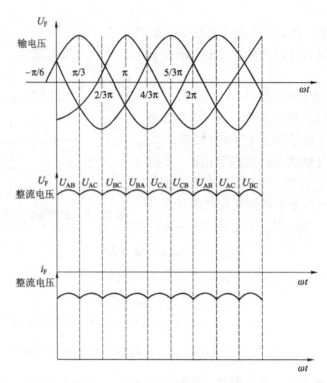

图 12-9 三相桥式整流电路波形

在 $\frac{5\pi}{3} \sim 2\pi$ 时期内，C 相电压仍为最高，而 B 相电压变得最低，导电路径为：C 相→VD_5→负载→VD_4→B 相。VD_5、VD_4 两管导通，整流后的电压 U_F 为 C、B 间线电压 U_{CB}。

从 2π 时期以后，其整流过程重复上述情况。

由此可知：

（1）在任何瞬间，由阳极接电压最高一相与阴极接电压最低一相的两个整流管串联导通，在各相电压的交点上自然换相。

（2）每一桥臂，在整流周期（$\omega t = 2\pi$）内各导通 $120°$，而发电机的每相绕组各通电两次，每次 $120°$，且导电方向相反。

（3）整流后加于负载上的电压为发电机线电压所组成的包络脉动波，在 2π 时间内具有 6 个脉动波，整流管上所承受的最大反向电压等于线电压的最大值。

12.6　滤波电路分析

单相桥式整流电路的直流输出电压中仍含有较大的交流分量，用来作为电镀、电解等对脉动要求不高的场合的供电电源还可以，但作为电子仪表、电视机、计算机、自动控制设备等场合的电源，就会出现问题，这些设备都需要脉动相当小的平滑直流电源。因此，必须在整流电路与负载之间加接滤波器，如电感或电容元件构成的滤波电路，利用它们对不同频率的交流量具有不同电抗的特点，使负载上的输出直流分量尽可能大，交流分量尽可能小，能对输出电压起到平滑作用。

12.6.1 电容滤波电路

1. 单相半波整流电容滤波电路

(1) 电路组成。

单相半波整流电容滤波电路如图 12-10 所示。

由图 12-10 可见,该电路与单相半波整流电路比较,就是在负载两端并联了一只较大的电容器 C(几百~几千微法电解电容)。

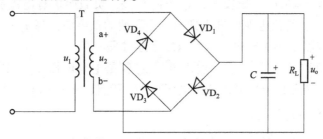

图 12-10 单相半波整流电容滤波电路

(2) 工作原理。

电容滤波的工作原理可用电容器 C 的充放电过程来说明,如图 12-11 所示。

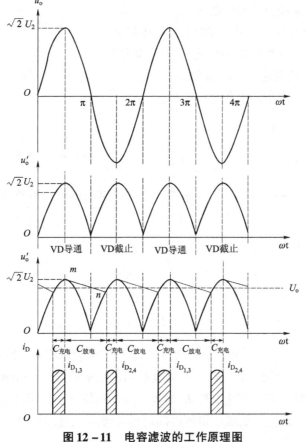

图 12-11 电容滤波的工作原理图

若单相半波整流电路中不接滤波电容器 C，输出电压波形如图 12 - 11 中 u'_o 所示；当接电容器 C 后，直流输出电压的波形如图 12 - 11 中 u_o 所示。

设电容 C 初始电压为零，当 u_2 正半周到来时，二极管 VD 正偏导通，一方面给负载提供电流，同时对电容 C 充电。忽略电源变压器 T 和二极管构成的等效总内阻，电容 C 充电时间常数近似为零，充电电压 u_C 随电源电压 u_2 升到峰值 m 点。而后 u_2 按正弦规律下降，此时 $u_2 < u_C$，二极管承受反向电压由导通变为截止，电容 C 对负载 R_L 放电。

当 u_2 在负半周时，二极管截止，电容 C 继续对负载 R_L 放电，u_C 按放电时的指数规律下降，放电时间常数 $\tau = R_L C$ 一般较大，u_C 下降较慢，负载中仍有电流流过。当 u_C 下降到图 12 - 11 中的 n 点后，交流电源已进入到下一个周期的正半周，当 u_2 上升且 $u_2 > u_C$ 时，二极管再次导通，电容器 C 再次充电，电路重复上述过程。

由于电容 C 与负载 R_L 直接并联，输出电压 u_o 就是电容电压 u_C。则加电容滤波后不仅输出电压脉动减小、波形趋于平滑，纹波电压减小，而且输出直流电压平均值 u_o 升高。

2. 直流输出电压和输出电流

由滤波后的输出电压波形可见，当电容 C 一定时，负载 R_L 越大，放电时间常数 $\tau = RLC$ 越大，放电越慢，直流输出电压越平滑，U_o 值越大。在负载开路时（即 $R_L = +\infty$，$I_o = 0$），如果 $u_2 < u_C$，二极管处在截止状态，则电容 C 无处可放电，所以 $U_o = \sqrt{2} U_2 \approx 1.41 U_2$。负载增大时（即 R_L 减小，I_o 增大），τ 减小，放电加快，U_o 值减小，U_o 的最小值为 $0.45 u_2$。

半波整流电容电路输出外特性如图 12 - 12 所示。

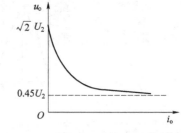

图 12 - 12 半波整流电容电路输出外特性

与无电容滤波时相比，该种电路的外特性较软，带负载能力差。所以，单相半波整流电容滤波电路只用于负载电流 I_o 较小且变化不大的场合。

为取得良好的滤波效果，工程上一般取：

$$R_L C \geq (3 \sim 5) \frac{T}{2} \quad (12 - 17)$$

二次交流电源 u_2 的周期 $\left(T = \dfrac{1}{f} = \dfrac{1}{50 \text{ Hz}} = 0.02 \text{ s}\right)$，则可认为放电时间常数 τ 足够大，这时直流输出电压平均值可按经验公式估算为

$$U_o \approx 1.2 U_2 \quad (12 - 18)$$

输出电流平均值 I_o 为

$$I_o = \frac{U_o}{R_L} = \frac{1.2 U_2}{R_L} \quad (12 - 19)$$

3. 元件的选择

（1）整流二极管。

最大整流电流 I_{FM}：流经二极管的平均电流 I_D 等于负载电流 I_o。因加接电容 C 后，二极管的导通时间缩短（即导通角 $\theta < \pi$），且放电时间常数 τ 越大，θ 角越小。又因电容滤波后输出电压增大，使负载电流 I_o 增大，则 I_D 增大，但 θ 角却减小，所以流过二极管的最大电流要远大于平均电流 I_D，二极管电流在很短时间内形成浪涌现象，易损坏二极管，如图 12 - 11 所示。实际选用二极管时应选：

$$I_{FM} = (2\sim3)I_D = (2\sim3)QI_o \qquad (12-20)$$

最大反向工作电压 U_{RM}：加在截止二极管上的最大反向电压为

$$U_{RM} = 2\sqrt{2}U_2 \qquad (12-21)$$

实际选 U_{RM} 大于 $2\sqrt{2}U_2$ 一倍左右，并取标称值。

（2）滤波电容。

滤波电容的容量由公式（12-17）可得：

$$C > (3\sim5)\frac{T}{2R_L} \qquad (12-22)$$

电容耐压

$$U_C = 2\sqrt{2}U_2 \qquad (12-23)$$

实际选 U_C 大于 $2\sqrt{2}U_2$ 一倍左右，并取标称值。

12.6.2 电感滤波电路

电感滤波电路如图 12-13（a）所示，电感滤波电路中电感 L 与 R_L 串联。利用线圈中的自感电动势总是阻碍电流"变化"原理来抑制脉动直流电流中的交流成分，其直流分量则由于电感近似短路而全部加到 R_L 上，输出变得平滑。电感 L 越大，滤波效果越好。输出电压波形如图 12-13（b）所示。

若忽略电感线圈的电阻，即电感线圈无直流压降，则输出电压平均值为

$$U_o = 0.45U_2 \quad （半波） \qquad (12-24)$$
$$U_o = 0.9U_2 \quad （全波） \qquad (12-25)$$

电感滤波的优点是 I_o 增大时，U_o 减小较少，具有硬的外特性。电感滤波主要用于电容滤波难以胜任的负载电流大且负载经常变动的场合。如电力机车滤波电路中的电抗器。电感滤波因体积大、笨重，在小功率电子设备中不常用（常用电阻 R 替代）。

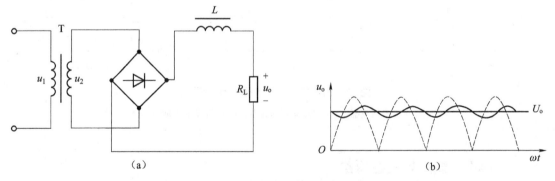

图 12-13 电感滤波电路及电压波形
（a）电感滤波电路；（b）电压波形

12.6.3 复式滤波电路

滤波的目的是将整流后电压中脉动成分滤掉，使输出波形更平滑。电容滤波和电感滤波各有优点，两者配合使用组成复式滤波器，滤波效果会更好。构成复式滤波器的原则是：和

负载串联的电感或电阻承担的脉动压降要大,而直流压降要小;和负载并联的电容分担的脉动电流要大,而直流电流要小。

图 12-14 所示为常见的几种复式滤波器。

1. Γ 形滤波电路

如图 12-14 (a) 所示,将电容和电感两者组合,先由电感进行滤波,再经电容滤波。其特点是输出电流大,负载能力强,滤波效果好,适用于负载电流大且负载变动大的场合。

2. LC π 形滤波电路

如图 12-14 (b) 所示,在 Γ 形滤波前再并一个电容滤波,因电容 C_1、C_2 对交流的容抗很小,而电感对交流阻抗很大,所以负载上纹波很小。设计时应使电感的感抗比 C_2 的容抗大得多,使交流成分绝大多数降在电感 L 上,负载上的交流成分很少。而电感对直流近似为短路,输出直流电压平均值为

$$U_o = 1.2 U_2 \tag{12-26}$$

这种电路特点是输出电压高,滤波效果好,主要适用于负载电流较大而又要求电压脉动小的场合。

3. 阻容 π 形滤波电路

其电路如图 12-14 (c) 所示,它相当于在电容滤波电路 C_1 后再加上一级 RC_2 低通滤波电路。R 对交、直流均有降压作用,与电容配合后,脉动交流分量主要降在电阻上,使输出脉动较小。而直流分量因 $R_L \gg R$,主要降在 R_L 上。R、C_2 越大,滤波效果越好。但 R 太大将使直流成分损失太大,输出电压将降低,所以要合适选择电阻值。这种电路结构简单,主要适用于负载电流较小而又要求输出电压脉动很小的场合。

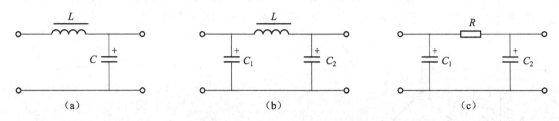

图 12-14 常见的几种复式滤波器

(a) Γ 形滤波器;(b) LC π 形滤波器;(c) 阻容 π 形滤波器

12.7 线性集成稳压器

随着半导体集成技术的发展,集成稳压器的应用已十分普遍。它具有外接元件少、体积小、重量轻、性能稳定、使用方便、价格便宜等优点。

线性集成稳压器种类很多。按工作方式分有串联、并联和开关型调整方式;按输出电压分有固定式、可调式集成稳压器。本节主要介绍三端固定输出集成稳压器 W7800、W7900 系列,三端可调输出集成稳压器 W317、W337 系列。

12.7.1　W7800、W7900 系列三端固定输出集成稳压器

1. W7800、W7900 内部电路框图和系列型号

所谓线性集成稳压器就是把调整管、取样电路、基准电压、比较放大器、保护电路、启动电路等全部制作在一块半导体芯片上。W7800 系列三端固定输出集成稳压器内部电路框图如图 12-15 所示，它属于串联型稳压电路，与典型的串联型稳压电路相比，除了增加了启动电路和保护电路外，其余部分与前述的电路一样。启动电路能帮助稳压器快速建立输出电压。它的保护电路比较完善，有过流保护、过压保护和过热保护等。

图 12-16 所示为三端固定输出集成稳压器的外形和框图。封装形式有金属、塑料封装两种形式。集成稳压器一般有输入端、输出端和公共端三个接线端，故也称为三端集成稳压器。

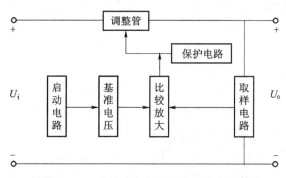

图 12-15　W7800 集成稳压器内部电路框图

三端固定输出集成稳压器通用产品有 W7800（正电压输出）和 W7900（负电压输出）两个系列，它们的输出电压有 5 V、6 V、9 V、12 V、15 V、18 V、24 V 七个挡次，型号后面的两个数字表示输出电压的值。输出电流分三挡，以 78（或 79）后的字母来区分，用 M 表示 0.5 A、用 L 表示 0.1 A、无字母表示 1.5 A。例如，W7805，表示输出电压为 5 V、最大输出电流为 1.5 A；如 W78M15 表示输出电压为 15 V、最大输出电流为 0.5 A；又如 W79L06，表示输出电压为 -6 V，最大输出电流为 0.1 A。

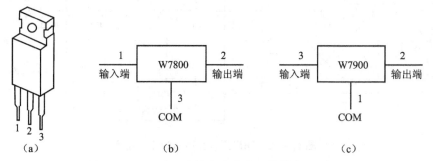

图 12-16　三端固定输出集成稳压器的外形和框图
(a) 外形；(b) W7800 框图；(c) W7900 框图

使用时要注意管脚作用及编号，不能接错。集成稳压器接在整流滤波电路之后，最高输入电压为 35 V，一般输入电压 U_i 比输出电压 U_o 大 $\frac{1}{3} \sim \frac{2}{3}$，稳压器的输入、输出间的电压差

最小在 2~3 V。

2. 固定输出集成稳压器应用

1) 固定输出电压的稳压电路

图 12-17（a）所示为固定正电压输出电路，图 12-17（b）所示为固定负电压输出电路。电路输出电压 U_o 和输出电流 I_o 的大小决定于所选的稳压器型号。图 12-17 中 C_i 用于抵消输入接线较长时的电感效应，防止电路产生自激振荡，同时还可消除电源输入端的高频干扰，通常取 0.33 μF。C_o 用于消除输出电压的高频噪声，改善负载的瞬态响应，即在负载电流变化时不至于引起输出电压的较大波动，通常取 0.1 μF。

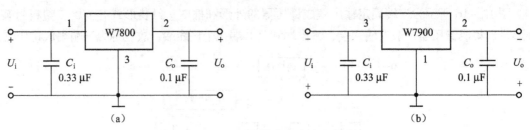

图 12-17 固定输出电压稳压电路
(a)固定正电压输出电路；(b)固定负电压输出电路

2) 固定输出正、负电压的稳压电路

将 W7900 与 W7800 相配合，可以得到正、负电压输出的稳压电源，如图 12-18 所示，图中电源变压器二次电压 u_{21} 与 u_{22} 对称，均为 24 V，中点接地。VD_5、VD_6 为保护二极管，用来防止稳压器输入端短路时输出电容向稳压器放电而损坏稳压器。VD_7、VD_8 也是保护二极管，正常工作处于截止状态，若 W7900 的输入端未接入输入电压，W7800 的输出电压通过负载 R_L 接到 W7900 的输出端，使 VD_8 导通，从而使 W7900 的输出电压钳位在 0.7 V，避免其损坏，VD_7 的作用同理。电路中采用 W78M15 和 W79M15，使输出获得正、负 15 V 的电压。

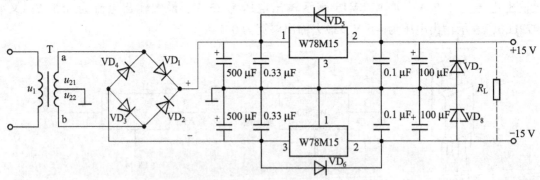

图 12-18 输出正、负电压的稳压电路

3) 扩大输出电流的稳压电路

当负载所需的电流大于的集成稳压器的输出电流时，可采用外接功率管 VT 的方法来扩大输出电流，如图 12-19 所示，图中 VT 和 VD 同为硅管，它们的管压降相等，则 $I_E R_1 = I_{D2} R_2$。在忽略 VT 的基极电流时，$I_C \approx I_E$，$I'_o \approx I_{D2}$，这时可得：

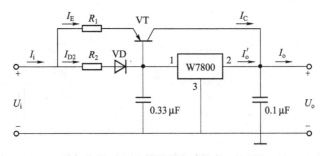

图 12 – 19 扩大输出电流的稳压电路

$$I_o = I'_o + I_C = I'_o + I_E = I'_o + \frac{R_2}{R_1}I_{D2} = \left(1 + \frac{R_2}{R_1}\right)I'_o \tag{12-27}$$

可见只要适当选择 R_2 与 R_1 的比值，就可使电路的输出电流 I'_o 比集成稳压器的输出电流 I'_o 大 $\left(1 + \frac{R_2}{R_1}\right)$ 倍。

4）提高输出电压的稳压电路

当负载所需的电压大于集成稳压器的输出电压时，可采用外接元件的方法来提高输出电压，如图 12 – 20 所示，图中 U'_o 为集成稳压器的输出电压，I_W 是稳压器的静态电流，约几个毫安。R_1 上的电压即为 U'_o，此时输出电压可表示为

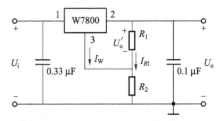

图 12 – 20 提高输出电压的稳压电路

$$U_o = U'_o + (I_W + I_{R1})R_2 = U'_o + \left(I_W + \frac{U'_o}{R_1}\right)R_2 = \left(1 + \frac{R_2}{R_1}\right)U'_o + I_W R_2 \approx \left(1 + \frac{R_2}{R_1}\right)U'_o \tag{12-28}$$

可见只要适当选择 R_2 与 R_1 的比值，就可提高输出电压。据原理将 R_2 改成可调电阻，电路还可变成输出电压可调的稳压电路。

12.7.2 W317、W337 系列三端可调输出集成稳压器

三端可调输出集成稳压器是在 W7800、W7900 的基础上发展而来，它有输入端、输出端和电压调整端 ADJ 三个接线端子。图 12 – 21 所示为 W317、W337 系列三端可调输出集成稳压器的外形和框图。三端可调输出集成稳压器典型产品有 W117、W217 和 W317 系列，它们为正电压输出；负电压输出有 W137、W237 和 W337 系列。W117、W217 和 W317 系列的内部电路基本相同，仅是工作温度不同。1—军品级，金属外壳或陶瓷封装，工作温度范围 –55 ℃~150 ℃；2—工业品级，封装形式与军品级相同，工作温度范围 –25 ℃~150 ℃；3—工业品级，多为塑料封装，工作温度范围 0 ℃~125 ℃。输出电流也分三挡，L 系列为 0.1 A、M 系列为 0.5 A、无字母表示 1.5 A。

三端可调输出集成稳压器的输入电压在 2~40 V 变化时，电路均能正常工作。集成稳压器设有专门的电压调整端，静态工作电流 I_{ADJ} 很小，约为几毫安，输入电流几乎全部流入到输出端，所以器件没有接地端。输出端与调整端之间的电压等于基准电压 1.25 V，如果将调整端直接接地，输出电压就为固定的 1.25 V。在电压调整端外接电阻 R_1 和电位器 R_P，就能使输出电压在一定范围内连续可调。

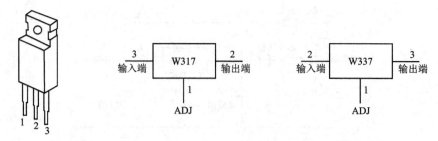

图 12-21　W317、W337 系列三端可调输出稳压器外形与框图

图 12-22 所示为 W317 的典型应用电路，图中 R_1 和 R_P 组成取样电路；C_2 为交流旁路电容，用以减少 R_P 取样电压的纹波分量；C_4 为输出端的滤波电容；VD_2 是保护二极管，用于防止输出端短路时 C_2 放电而损坏稳压器。VD_1、C_1、C_3 的作用与固定输出稳压器相同。R_1 一般选取 120~240 Ω，以保证稳压器空载时也能正常工作。R_P 的选取应根据对 U_o 的要求来定。在忽略 I_{ADJ} 的情况下：

$$U_o = 1.25 + 1.25 \times \frac{R_P}{R_1} = 1.25\left(1 + \frac{R_P}{R_1}\right) \tag{12-29}$$

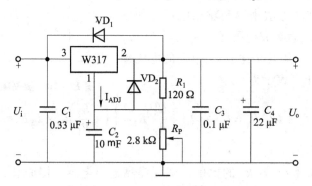

图 12-22　W317 的典型应用电路

任务 13

基本放大电路

在电子仪器和设备中，常须将传感器采集的微弱电信号进行适当的放大后，才能推动执行元件工作。例如，当我们对着扩音机讲话时，话筒先把声音转换为微弱的电压信号，然后再送入扩音机内部的电压放大电路和功率放大电路中，分别进行小信号和大信号放大后，再送给扬声器，使它发出比说话响亮得多的声音，如图13-1所示。

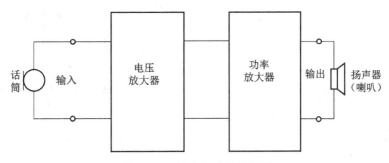

图 13-1 扩音机功能方框图

13.1 基本的共发射极放大电路

如图13-2（a）所示，这是一个最简单、最基本的共发射极放大电路实物连接图，它是由晶体三极管、电阻器、电容器、电源构成的最简单的放大电路。放大电路输入端从信号源（麦克风、录放机等）获取微弱的电信号。放大电路的输出端，连接有被称为负载的扬声器、蜂鸣器等。

将图13-2（a）中的元件实物用各自的电路符号来表示，则可以得到对应的电路原理图13-2（b），它是最简单的共发射极放大电路。比较输入信号电压与输出信号电压的波形曲线能够发现，电路的放大实际上就是把小的输入信号幅度放大许多倍，再从电路的输出端输出，放大后的输出电压幅度比输入电压大许多倍且相位相反，但频率没有改变。

电路原理图中的电源正极用它的电位表示后，可以进一步将图简化为图13-3，这是最常见的电路。NPN 电路中各元件的名称和作用如下：

VT——NPN 型三极管，起电流放大作用。

R_C——集电极负载电阻。其作用是将三极管放大的电流转换成电压形式输出，如果没有它，电路就只有电流放大作用，其阻值一般为几千欧到十几千欧。

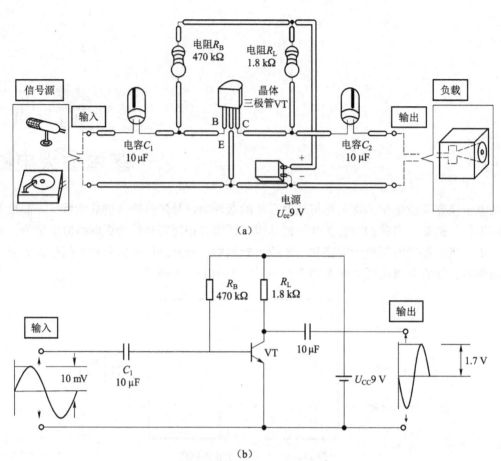

图13-2 基本的共发射极放大电路

(a) 实物连接图;(b) 原理图

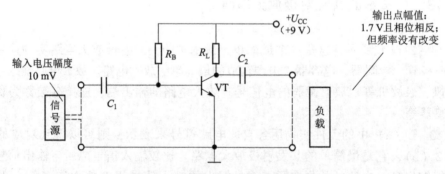

图13-3 简化的共发射极放大电路

R_B——基极偏置电阻。将电源电压降到一个合适的数值,供给发射极正偏电压,以满足放大条件,其阻值一般为几千欧到数十千欧。

C_1、C_2——耦合电容,作用是"隔直通交",阻断直流、传输交流信号。其数值一般十几微法到几十微法。

显然,上述每一个元件都在放大电路中起着不可替代的作用,但必须指出的是,共射极放大电路还有其他形式,它们都是在真实的放大电路不断完善过程中设计出来的。

13.2 分压式偏置共射极放大电路

在实际工作中，为了使放大电路具备稳定的静态工作点、良好的线性放大性能，更多地采用图13-4所示的分压式偏置共发射极放大电路，图中 R_{B1}、R_{B2} 也称基极偏置电阻，其作用是通过分压来固定三极管的基极电压。R_E 称发射极偏置电阻，用于调整稳定三极管的基极电流。C_E 称发射极旁路电容，用于提高交流放大倍数。该电路性能优于前面的基本共发射极放大电路，因而得到广泛的应用。发射极跟随放大电路简称发射极输出器，其结构如图13-5所示，实际上，它是共集电极放大电路，虽然也称为放大电路，但射极输出器的电压放大倍数约等1，几乎没有电压放大作用但有电流放大作用和阻抗变换作用，在这些场合仍具有广泛应用。

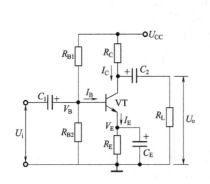

图13-4 分压式偏置共发射极放大电路

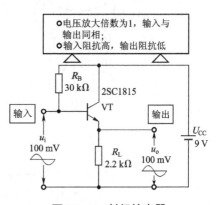

图13-5 射极输出器

13.3 多级电压放大电路

前面介绍的几种放大电路中，都只有一个放大元件（三极管），通称单级电压放大电路。对信号进行放大时，如果单级电压放大电路的放大倍数还不能满足要求，则把几个单级电压放大电路按一定方法连接起来，就构成了多级电压放大电路，如图13-6所示。

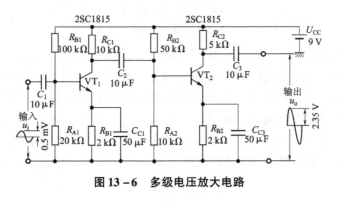

图13-6 多级电压放大电路

13.4 集成运算放大器

随着集成电路技术的发展，可以把上面介绍的各种放大电路采用集成工艺制造在一块小小的半导体芯片上这就形成了集成放大电路。因这类电路早期曾用于模拟电子计算机的运算，所以得名集成运算放大器。现在，集成运算放大器的运用早已超出了"运算"范畴，在信号的发生、处理、检测和放大等方面都获得极其广泛的应用。

13.4.1 运算放大器的外形和符号

运算放大器是电压放大倍数极高的直流放大器集成电路（integrated circuit，简称 IC）。其外观如图 13-7 所示。

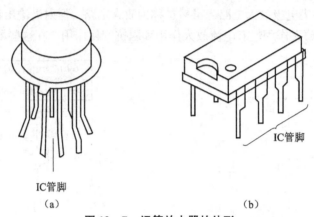

图 13-7 运算放大器的外形
(a) 金属密封式组件；(b) 双列直插式组件

运算放大器的标准符号及惯用符号如图 13-8 所示。

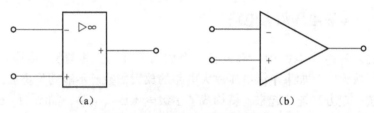

图 13-8 运算放大器的表示符号
(a) 标准符号；(b) 惯用符号

显然，它们与实际外形及管脚有很大的不同，其区别和联系可以通过图 13-9 画出的集成运放 LM356 的内部及管脚配置图来说明。图 13-9 所示为两种不同外形的 LM356，一是金属密封封装外形；另一是双列直插式封装外形，但它们内部结构和管脚的作用却是一样的，其管脚各端子的名称如图 13-9 所示，其中 $+V_{cc}$、$-V_{cc}$ 为电源端子，其对应分别施加正、负电源电压（多为 15 V）；输入端有同相输入端和反相输入端；输出端只有一个；NC 为悬空端子。需要注意的是，在目前的电路图中，仍有不少地方采用惯用符号表示集成运算放大器。

使用运算放大器时，要按图 13-10 所示接上正负直流电源。

在电路图中，为简明清晰，集成运放一般都省略直流电源与接地线，而只画出同相、反相输入端和输出端并绘成如图 13-11 所示电路。

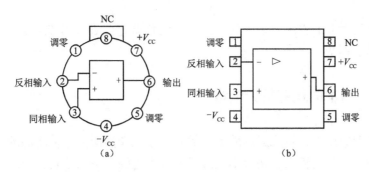

图 13-9 运算放大器 LM356 的内部及管脚配置图

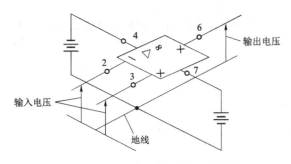

图 13-10 运算放大器的电源连接

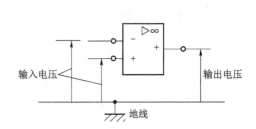

图 13-11 集成运放的简单画图

13.4.2 集成运算放大器的特点

集成运算放大器内部是由多级直接耦合放大电路构成的,因而有着很高的电压放大倍数,运算放大器的电压放大倍数达几千倍。例如,即使电压放大倍数是 10^3 也能将 10 mV 电压放大成 10 V。尽管运算放大器可将微小电压大幅度地放大,但其输出不能超过供给电源的直流电压(一般为 ±15 V)。如果把输入电压按放大倍数放大后,放大器的输出电压值达到电源电压时,输出电压就到达顶点,称为饱和。

正因为运算放大器有着很高的电压放大倍数,所以,哪怕是极微弱的干扰信号进入其内部后,都会被放大许多倍以至影响或淹没正常的有用信号。因此,在设计运算放大器的输入端时,采用了对干扰信号具有抑制作用的差动输入方式,这一方式的特点是电路有两个输入端,一个是同相输入端,另一个是反相输入端,采用这种输入结构能够大大抑制各类干扰信号对电路放大性能的影响。

同样的信号从运算放大器不同的输入端输入,产生的输出信号的相位是不同的,如图 13-12 所示。如果信号从同相输入端输入,则输出信号的相位与输入的相同;反之,如果信号从反相输入端输入,则输出信号的相位与输入的相反。

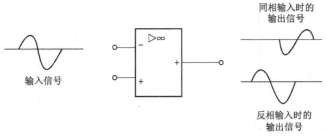

图 13-12 运算放大器的同相与反相输入、输出

另外,运算放大器的输出电阻为几十欧,即使负载电阻在几百欧姆以上的范围内变化,其输出电压也几乎不变。

13.5 基本的运算放大电路

在实际的放大应用中,集成运算放大器的两个输入端能形成三种不同的输入方式,即同相输入、反相输入和差动输入,构成不同形式的放大电路,下面分别介绍。

1. 同相放大电路

如图 13-13 所示,信号由同相输入端送入,反相输入端接地,同时,在输出端与反相端之间跨接了一个电阻 R_F。

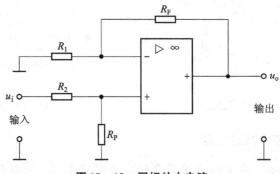

图 13-13　同相放大电路

2. 反相放大电路

如图 13-14 所示,信号由反相输入端送入,同相输入端经 R_2 接地,同时,电阻 R_F 跨接在反相端与输出端之间。

3. 差分输入放大电路

信号检测电路中,需要将两个不同的电压信号进行比较(相减)之后再放大处理,可以同时将两个信号分别送至集成运算放大器的同相输入端和反相输入端,如图 13-15 所示。

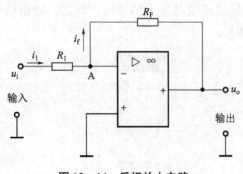

图 13-14　反相放大电路

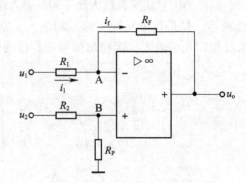

图 13-15　差分输入放大电路

学生工作页（十七）

项目六　半导体器件的典型应用				
任务一	直流稳压电源			
班级		学号		姓名	

本任务车辆电工岗位达标要求：
1. 认识直流稳压电源元器件。
2. 理解电器的变换过程。

能力训练

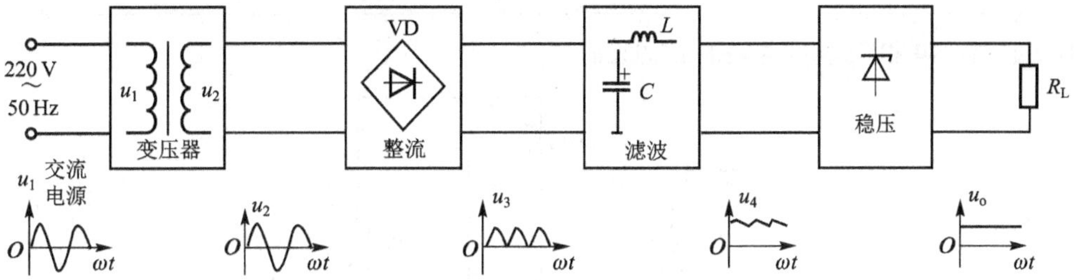

根据上图，简述直流稳压电源的工作过程。

学生自评

我的心得：

建议或提出问题

教师评价

学生工作页（十八）

项目六 半导体器件的典型应用					
任务二	桥式整流电路				
班级		学号		姓名	

本任务车辆电工岗位达标要求：
1. 认识桥式整流电路中的元器件；
2. 理解电器的变换过程。

能力训练

根据图1，简述单相桥式整流电路的工作过程。

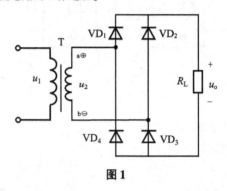

图1

根据图 2，简述电路的工作过程。

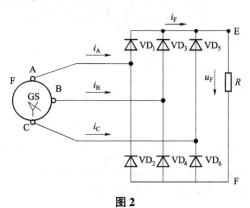

图 2

学生自评
我的心得： 建议或提出问题

教师评价

学生工作页（十九）

项目六 半导体器件的典型应用					
任务三	电气图的识读				
班级		学号		姓名	

本任务车辆电工岗位达标要求：
1. 认识图中元器件。
2. 理解电器的变换过程。

能力训练

观察下列电路图，标出电路中元器件的名称，分析电路的工作过程。

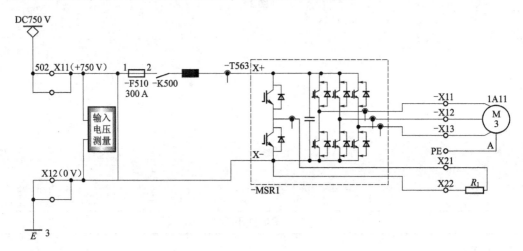

认识图中元器件：

续表

分析电路的工作过程：
学生自评
我的心得： 建议或提出问题
教师评价

项目七

常用电工工具及仪器仪表

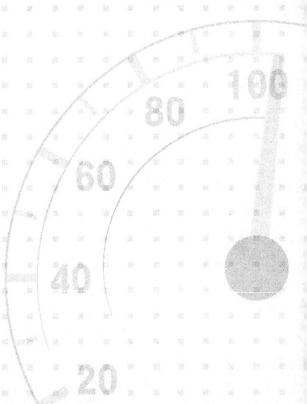

任务 14

常用电工工具与使用

在对电气设备、线路进行安装和维修时，需要正确选择和使用电工工具，以提高工作效率和施工质量，保证安全操作，延长工具使用寿命。常用电工工具包括通用工具和专用工具。下面介绍以车辆电工常用的通用工具为主。

14.1 通用工具

14.1.1 验电器

验电器是检验导线和电气设备是否带电的一种电工常用工具。根据检测电压的高低，又分为低压验电器（即测电笔）和高压验电器，这里主要介绍低压测电笔。

测电笔简称电笔，是用来检测低压导体和电气设备外壳是否带电的安全用具，检测电压的范围为 60～500 V，有钢笔式和螺丝刀式（又称旋凿式或起子式）两种。螺丝刀式低压测电笔如图 14-1 所示。

图 14-1　螺丝刀式低压测电笔

使用测电笔时，必须注意握笔的方向。以手指触及笔尾的金属体，使氖管小窗背光朝向自己，以利于观察；同时要注意笔尖金属体不要触及皮肤，以免触电。因此，在螺丝刀式测电笔的金属杆上，必须套上绝缘套管，仅留刀口部分用于测试。当用电笔测试带电体时，电流经带电体、电笔、人体到大地形成通电回路，只要带电体与大地之间的电位差超过 60 V 时，测电笔中的氖管就发光。

测电笔使用时必须注意：

（1）电工在电气设备、线路和装置检修前，一定要用测电笔验明无电后，才可以开始检修。

（2）测电笔不可受潮，不可随意拆装或受严重振动；使用前务必要在确定有电的电源（如在插座孔内）试测，检查氖管能否正常发光。

（3）测电笔的金属探头能承受的力矩很小，不能作为螺丝刀使用。

14.1.2 剥线钳

剥线钳用来剥削截面在 6 mm² 以下的塑料或橡胶绝缘导线的绝缘层，由钳头和手柄两部分组成，如图 14-2 所示。钳头部分由压线口和切线口构成，分为 0.5～3 mm 的多个直径切口，用于不同规格的芯线剥削。使用时，将要剥削的绝缘长度定好以后，即可把导线放入相应的刃口中（电线必须在稍大于其芯线直径的切口上剥削，否则会损伤芯线），然后将钳柄一握，导线的绝缘层即被割破并被剥线钳自动拉脱。

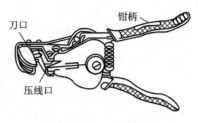

14.1.3 冲击钻

图 14-2 剥线钳

如图 14-3 所示，冲击钻是一种很常用的电动工具，它有两种功能：一种可作为普通电钻使用，用时应把调节开关调到标记为"钻"的位置；另一种可用来冲打砌块、砖墙等建筑面的木榫孔和导线穿墙孔，这时应把调节开关调到标记为"锤"的位置。通常打直径为 6~16 mm 的圆孔。有的冲击钻还可调节转速，有双速和三速之分，使用方法如同电钻。用冲击钻开凿墙孔时，需配专用钻头，规格按所需孔径选配，常用的直径有 8 mm、10 mm、12 mm 和 16 mm 等多种。

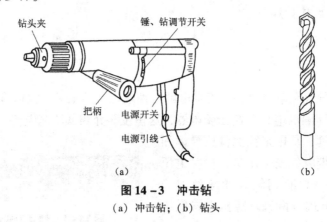

图 14-3 冲击钻
(a) 冲击钻；(b) 钻头

冲击钻和普通电钻都属于手持式电动工具，这类工具按触电保护方式分为三类：

Ⅰ类工具，在防止触电的保护方面，不仅依靠本身的基本绝缘，而且还包含一个附加安全预防措施，如采用漏电保护器、安全隔离变压器或操作者戴绝缘手套、穿绝缘鞋等。Ⅰ类工具带电零件与外壳之间要求具有 2 MΩ 的绝缘电阻（用 500 V 兆欧表测量，下同）。

Ⅱ类工具，在防止触电的保护方面不仅依靠本身的基本绝缘，而且工具本身还提供双重绝缘或加强绝缘的附加安全预防措施，并没有保护接地或依赖于安装条件的措施。Ⅱ类工具带电零件与外壳之间要求具有 7 MΩ 的绝缘电阻。

Ⅲ类工具，在防止触电的保护方面依靠由安全特低电压供电和在工具内部不会产生比安全特低电压高的电压。Ⅲ类工具带电零件与外壳之间要求具有 1 MΩ 的绝缘电阻。

在潮湿的场所或金属构架上等导电性能良好的作业场所，必须使用Ⅱ类或Ⅲ类工具。

14.2 导线的选用

14.2.1 导线的分类

电工所用的导线分成两大类，即电磁线和电力线。电磁线用来制作各种线圈，如变压器、电动机和电磁铁中的线圈（即线包）。电力线则用来将各种电路连接成通路。每一大类的导线又分有许多品种和规格。

电磁线：按绝缘材料分，有漆包线、丝包线、丝漆包线、纸包线、玻璃纤维包线等多种。按截面的几何形状分，有圆形和矩形两种。按导线的线芯分，有铜芯和铝芯两种。

电力线：分有绝缘导线和裸导线两类。本节主要介绍常用的绝缘导线，导线的正确选择关系到用电安全性及经济性，所以选择导线时应着重考虑导线的型号和截面。室内照明常用的几种绝缘导线的型号、名称及主要用途见表 14 – 1。

表 14 – 1　室内照明常用的几种绝缘导线的型号、名称及主要用途

名称	型号		长期最高工作温度/℃	用途
	铜芯	铝芯		
耐热聚氯乙烯绝缘电线	BV – 105	BLV – 105	105	同 BV 型，用于 45℃ 及以上高温环境中
耐热聚氯乙烯绝缘软电线	BLV – 105	—	105	同 BLV 型，用于 45℃ 及以上，用来作为交直流上高温环境中
聚氯乙烯绝缘软线	RV RVB RVS	—	65	用来作为交直流额定电压为 250 V 及以下的各种移动电器，移动灯具及吊灯的电源连接导线，也可作为内部安装线，安装时环境温度不低于 –15℃

14.2.2　导线的选用

导线的截面积单位为 mm^2，通常有以下常用规格：$1\ mm^2$、$1.5\ mm^2$、$2.5\ mm^2$、$4\ mm^2$、$6\ mm^2$、$10\ mm^2$、$16\ mm^2$、$25\ mm^2$、$35\ mm^2$。照明最常用的铜芯导线为 $1\ mm^2$、$1.5\ mm^2$、$2.5\ mm^2$。一般导线为单芯线，也有双芯线（如塑料护套线、双芯电缆），三芯线（如电冰箱、洗衣机、空调器等电源引线）和四芯线（如用作三相异步电动机或水泵电源引线的电缆，其中 3 根为相线，1 根为零线，零线的截面约为相线截面的 1/3）。

导线的型号、规格很多，选用时应注意以下几点：

(1) 导线应符合所接电源电压的要求。

室内低压供电电源采用 380 V/220 V 三相四线制，供给用户的电压为 220 V，布线用的绝缘导线应选用耐压 550 V 的聚氯乙烯塑料绝缘电线，吊灯用导线应选用耐压 250 V 的聚氯乙烯绝缘塑料软电线（俗称胶质线或花线）。裸导线一般用于室外架空线，支持在绝缘瓷瓶上使用。

(2) 应根据不同的使用条件选择导线。

可参考表 14 – 2 选择导线。

(3) 导线的载流量不应小于线路的计算电流。

电流通过导线时，由于导线有电阻，就会发热，从而使导线温度升高，热量通过导线外包的绝缘层散发到空气中去。如果散发的热量正好等于导线所发出的热量，则导线的温度就不再升高。如果这个温度刚好是导线绝缘的最高允许温度（一般规定为65℃），这时的电流就是该导线的安全载流量，或称导线的安全电流。要是通过导线的电流超过其安全载流量（即超过65℃），导线的绝缘层就会加速老化，甚至损坏引起火灾事故。

导线的安全载流量与导线周围的环境温度和导线布线方式有关。常用导线的安全载流量参见表14-2和表14-3。

表14-2 绝缘导线明敷时安全载流量 A

导线截面/mm²	铜芯塑料绝缘线				铝芯塑料绝缘线				导线截面/mm²	铜芯塑料绝缘线				铝芯塑料绝缘线			
	25℃	30℃	35℃	40℃	25℃	30℃	35℃	40℃		25℃	30℃	35℃	40℃	25℃	30℃	35℃	40℃
1	18	17	15	14	—	—	—	—	6	50	47	43	38	39	36	33	30
1.5	22	20	19	17	—	—	—	—	10	75	70	64	57	55	51	47	42
2.5	30	28	25	23	23	21	20	17	16	100	93	85	76	75	70	64	57
4	40	37	33	30	30	28	25	23	25	130	121	110	99	100	93	85	76

表14-3 铜芯绝缘导线穿硬塑料管敷设时安全载流量 A

导线截面/mm²	管内装2根				管内装3根				管内装4根			
	25℃	30℃	35℃	40℃	25℃	30℃	35℃	40℃	25℃	30℃	35℃	40℃
1	12	11	10	9	11	10	9	8	10	9	8	7
1.5	14	13	11	10	13	12	11	9	12	11	10	9
2.5	21	19	17	16	20	18	17	15	18	16	15	13
4	31	28	26	23	27	25	23	20	25	23	21	19
6	37	34	31	28	35	32	29	26	31	28	26	23
10	58	54	49	44	48	44	40	36	42	39	35	31
16	69	64	58	52	62	57	52	47	55	51	46	41
25	96	89	81	73	88	82	74	67	75	69	63	57

在实际选择导线截面时，应留有余量。室内使用的导线通常是小截面导线，为了减少导线本身的电能耗损，降低导线温升，防止导线绝缘过早老化及为今后用电发展留有余量等，常以计算电流1.5~2倍的数值作为安全载流量来选择导线的截面。

（4）导线最小截面应符合机械强度的要求。

这方面可查阅相关手册。另外，电流在导线中流动会在导线上产生电压降，使负载端的电压小于供电端的电压。因此应该规定需要进行电压损失校验，但对于用电少的场合，因不影响安全用电，可不必校验。

14.3 基本焊接工艺

焊接是金属加工的基本方法之一。通常焊接技术分力熔焊、压焊和钎焊三大类。锡焊属于钎焊中的软钎焊（钎料熔点低于450℃）。习惯把钎料称为焊料，采用铅锡焊料进行焊接称为铅锡焊，简称锡焊。施焊的零件通称焊件，一般情况下是指金属零件。

由于车辆电工在电气维修、维护作业时，需要进行手工锡焊操作，故在这里做详细介绍。

电烙铁是手工锡焊的主要工具，选择合适的烙铁并合理地使用，是保证焊接质量的基础。

14.3.1 电烙铁分类及结构

根据用途、结构的不同，电烙铁有以下几种分类。按加热方式分：有直热式、感应式等；按烙铁的发热能力（消耗功率）分：有20 W、30 W、500 W 等；按功能分：有单用式、两用式、调温式、恒温式等。此外，还有特别适合于野外维修使用的低压直流电烙铁和气体燃烧式烙铁。

针对车辆电工的工作特点，这里仅介绍最常用的单一焊接使用的直热式电烙铁，它又可以分为内热式和外热式两种。

1. 内热式

内热式电烙铁的发热元件装在烙铁头的内部，从烙铁头内部向外传热，所以被称为内热式电烙铁，如图14-4所示。它具有发热快、体积小、重量轻和耗电低等特点。内热式烙铁的能量转换效率高，可达到85%～90%以上。同样发热量和温度的电烙铁，内热式的体积和重量都优于其他种类。例如，20 W 内热式烙铁的实际发热功率与25～40 W 的外热式烙铁相当，头部温度可达到350℃左右；它发热速度快，一般通电2 min 就可以进行焊接。

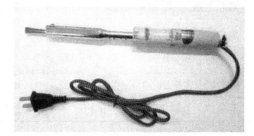

图14-4　内热式电烙铁

2. 外热式

外热式电烙铁的发热元件包在烙铁头外面，有直立式、厂形等不同形式，其中最常用的是直立式。外热直立式电烙铁的规格按功率分有30 W、45 W、75 W、100 W、200 W、300 W 等，以100 W 以上的最为常见；工作电压有220 V、110 V、360 V 等几种，最常用的是220 V 的。

电烙铁的其他组成元件：

（1）发热元件。

电烙铁的能量转换部分是发热元件，俗称烙铁芯。它由镍铬发热电阻丝缠在云母、陶瓷

等耐热、绝缘材料上构成。电子产品生产中最常用的内热式电烙铁的烙铁芯，是将镍铬电阻丝缠绕在两层陶瓷管之间，再经过烧结制成的。

（2）烙铁头。

存储、传递能量的烙铁头一般都是用紫铜制成的。根据表面电镀层的不同，烙铁头可以分为普通型和长寿型。

普通型内热式烙铁头通常镀锌，镀层的保护能力较差。在使用过程中，因为高温氧化和助焊剂的腐蚀，烙铁头需要经常清理和修整。

长寿型烙铁头通常是在紫铜外面渗透或电镀一层抗氧化的合金，所以这种电烙铁的使用寿命长、维护少。

（3）手柄。

电烙铁的手柄一般用木材和胶木制成。如果设计不良，手柄的温升过高会影响操作。

（4）接线柱。

这是发热元件同电源线的连接处。必须注意：一般电烙铁都有三个接线柱，其中一个是接金属外壳的，接线时应该用三芯线将外壳接地保护零线。

如果有条件，选用恒温式电烙铁最为理想。对于一般生产、维修，可以依据表 14 - 4 选用不同功率的普通电烙铁。实际工作中，要根据情况灵活应用。

表 14 - 4　选择烙铁的依据

焊接对象及工作性质	烙铁头温度（室温、220 V 电压）	适用烙铁
一般印制电路板、安装导线	300℃ ~ 400℃	20 W 内热式、30 W 外热式、恒温式
集成电路	300℃ ~ 400℃	20 W 内热式、恒温式
焊片、电位器、2 ~ 8 W 电阻、大电解电容器、大功率管	350℃ ~ 450℃	30 ~ 50 W 内热式、恒温式，50 ~ 70 W 外热式
8 W 以上大电阻、2 mm 以上导线	400℃ ~ 550℃	100 W 内热式、150 ~ 200 W 外热式
汇流排、金属板等	500℃ ~ 630℃	100 W 外热式
维修调试一般电子产品		20 W 内热式、恒温式、感应式、储能式、两用式

14.3.2　焊料及助焊剂

1. 焊料

焊料是易熔金属，它的熔点低于被焊金属，在熔化时能在被焊金属表面形成合金而将被焊接金属连在一起。焊料按成分分，有锡铅焊料、银焊料、铜焊料等。一般的电子产品装配主要使用锡铅焊料；而银焊料和铜焊料主要用于氧焊等焊接工艺中，如电冰箱和空调的修理中就用到银、铜焊料，在有关制冷设备的焊接中，可以接触到这种工艺过程和焊料。

通常我们用的锡铅焊料是锡铅合金，一般俗称焊锡丝，其内部一般都含有松香芯，也称松香焊锡丝。质量好的焊锡丝焊出的焊点光滑而明亮，而劣质产品则焊点像发霉的豆腐渣。为保证焊接质量，建议选用质量较好的松香焊锡丝。

2. 助焊剂

由于金属表面同空气接触后都会生成一层氧化膜，温度越高，氧化越厉害。这层氧化膜阻止液态焊锡对金属的润湿作用，焊剂就是专门用于清洗氧化膜的一种专用材料，又称助焊剂。常用的助焊剂有松香和焊锡膏，由于焊锡膏对元器件有较强的腐蚀作用，故除焊接大的器件外，一般小型器件均采用松香作为助焊剂。在处理自制电路板和元器件时，还可用酒精松香溶液来作助焊剂，将松香溶于酒精中制作成"松香水"。

助焊剂的作用有三个：除去氧化膜、防止氧化、助焊。

14.3.3 焊接操作的正确姿势

掌握正确的操作姿势，可以保证操作者的身心健康，减轻劳动伤害。为减少焊剂加热时挥发出的化学物质对人的危害，减少有害气体的吸入量，一般情况下，烙铁到鼻子的距离应不少于 20 cm，通常以 30 cm 为宜。

电烙铁有三种握法，如图 14-5 所示。反握法的动作稳定，长时间操作不易疲劳，适于大功率烙铁的操作；正握法适于中功率烙铁或带弯头电烙铁的操作；一般在操作台上焊接印制板等焊件时，多采用握笔法。

焊锡丝一般有两种拿法，如图 14-6 所示。由于焊锡丝中含有一定比例的铅，而铅是对人体有害的一种重金属，因此操作时应该戴手套或在操作后洗手，避免食入铅尘。

(a)　　　　　(b)　　　　　(c)　　　　　　　　　(a)　　　　　(b)

图 14-5　电烙铁的拿法示意　　　　　　　图 14-6　焊锡丝的拿法示意
(a) 反握法；(b) 正握法；(c) 握笔法　　　　(a) 连续锡焊时；(b) 断续锡焊时

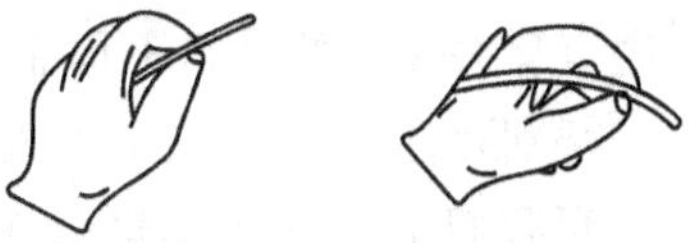

电烙铁使用以后，一定要稳妥地放在烙铁架上，并注意导线等物不要碰到烙铁头，以免烫伤导线，造成漏电等事故。

14.3.4 焊接操作的基本步骤

掌握好烙铁的温度和焊接时间，选择恰当的烙铁头和焊点的接触位置，才可能得到良好的焊点。正确的焊接操作过程可以分成五个步骤，如图 14-7 所示。

(1) 准备施焊：左手拿焊丝，右手握烙铁，进入备焊状态。要求烙铁头保持干净，无焊渣等氧化物，并在表面镀有一层焊锡。

(2) 加热焊件：烙铁头靠在两焊件的连接处，加热整个焊件全体，时间为 1~2 s。此时，应使烙铁头尽量与两焊件多接触，让焊件上需要焊锡浸润的部分均匀受热。但切忌不要用烙铁头对焊接面施加压力。

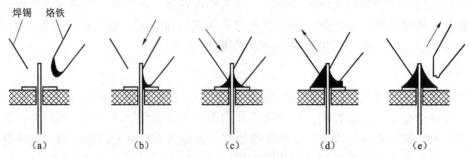

图 14-7 五步焊接操作

(a) 准备；(b) 加热；(c) 加焊锡；(d) 去焊锡；(e) 去铬铁

对于在印制板上焊接元器件来说，要注意使烙铁头同时接触焊盘和元器件的引线，例如，图 14-7 (b) 中的导线与接线柱要同时均匀受热。

(3) 送入焊丝：焊件的焊接面被加热到一定温度时，焊锡丝从烙铁对面接触焊件。注意不要把焊锡丝送到烙铁头上。

(4) 移开焊丝：当焊丝熔化一定量后，立即向左上 45°方向移开焊丝。

(5) 移开烙铁：焊锡浸润焊盘和焊件的施焊部位以后，向右上 45°方向移开烙铁，结束焊接。

从第 (3) 步开始到第 (5) 步结束，时间也是 1~2 s。

对于热容量小的焊件，例如印制板上较细导线的连接，可以简化为三步操作：

(1) 准备：同以上步骤 1。

(2) 加热与送丝：烙铁头放在焊件上后即放入焊丝。

(3) 去丝移烙铁：焊锡在焊接面上扩散达到预期范围后，立即拿开焊丝并移开烙铁，并注意移去焊丝的时间不得滞后于移开烙铁的时间。

特别要注意的是，不少人习惯用烙铁头沾上焊锡再去焊接的方法，是不正确的操作方法。当我们把焊锡熔化烙铁头上时，焊锡丝中的焊剂附在焊料表面，由于烙铁头温度一般都在 250℃~350℃以上，当烙铁放到焊点上之前，松香焊剂将不断挥发，而在烙铁放到焊点上时由于焊件温度低，加热还需要一段时间，在此期间焊剂很可能挥发大半甚至完全挥发，因而在润湿过程中由于缺少焊剂而润湿不良。同时由于焊料和焊件温度差不多，结合层不容易形成，很难避免虚焊。更严重的是焊剂的保护作用丧失后焊料容易氧化，焊接质量难以得到保证。

任务 15 常用的电工仪表

15.1 常用电工仪表的分类

常用电工仪表的分类方法有：按工作原理、被测量的名称（或单位）、使用方法分类等。

根据工作原理可分为：磁电式仪表、电磁式仪表、电动式仪表、感应式仪表、整流式仪表等。根据被测量的名称（或单位）可分为：电压表（伏特表）、电流表（安培表）、功率表（瓦特表）等。根据使用方式分类有开关板式和可携式仪表。

为了保证仪表测量结果的准确、可靠，使用电工仪表时应注意以下几个技术指标。

1. 准确度

目前，我国生产的电工指示仪表的准确度按国标规定分为七级，它主要根据仪表的基本误差来确定。当在规定的正常工作条件下，相应的基本误差不应超出表 15-1 的规定数据。

表 15-1 电工指示仪表的准确度

准确度等级	0.1	0.2	0.5	1.0	1.5	2.5	5.0
基本误差/%	±0.1	±0.2	±0.5	±1.0	±1.5	±2.5	±5.0

通常 0.1 级与 0.2 级仪表多用作标准表，0.5 级与 1.0 级多用于实验室测量。1.5 级以上仪表多用于工业测量。选用仪表时，不仅要考虑仪表的准确度等级，还要根据被测量的大小，选择合适的仪表量程，使被测量数值处在仪表量程的 1/2 或 2/3 以上，才能保证测量结果的准确性。

2. 灵敏度

在电工指示仪表中，被测量的变化将引起仪表可动部分偏转角的变化。如果被测量变化了 Δx，引起偏转角相应变化 Δa，则 Δx 与 Δa 的比值就是仪表的灵敏度，用 S 表示。即

$$S = \Delta x / \Delta a$$

对于标尺刻度均匀的仪表，其灵敏度是一个常数，即灵敏度的值等于被测量所引起的偏转角位移。对于标尺刻度不均匀的仪表，其灵敏度是一个变量。在标尺刻度较密的部分，灵敏度低，读数误差较大。

灵敏度表示了仪表对被测量的反应能力，也反映了仪表所能测量的最小被测量。选择仪表的灵敏度时，要考虑被测量的要求，灵敏度过高，仪表的量程可能太小；灵敏度过低，仪

表不能反映出被测量的较小变化。因此，要恰当地选择灵敏度适合的仪表，不应片面追求高灵敏度。

有些仪表使用"仪表常数"（即灵敏度的倒数）或"分辨率"来表示对被测量的反应能力。例如分辨率 2 μV，即仪表对 2 μV 电压变化有明显的反应。

3. 仪表的功率损耗

仪表接入电路时，仪表本身也要损耗一定的能量。如果仪表损耗的功率过大将对被测电路产生大的影响，必然造成测量误差的增大。因此，仪表本身的功率损耗应尽量小。

4. 读数装置

仪表的标度尺上的刻度应尽量均匀，以利于读取数值。标度尺刻度不均匀的仪表，在分度线密集的位置上，灵敏度低，读数误差大，在这部分标度尺上进行测量时，读数不能保证应有的准确度。因此，对标度尺不均匀的仪表，要求在刻度盘上标明其工作部分。一般规定其仪表工作部分的长度不应小于标度尺全长的 85%。

5. 阻尼装置

由于仪表可动部分的惯性，当接入被测量或被测量突然变化时，指示器不能迅速稳定在指示值上，而在稳定位置的左右摆动，以致不能迅速取得测量读数。

为减少指示器摆动时间，仪表都设有阻尼装置。

仪表阻尼是否良好，通常用阻尼时间衡量。所谓阻尼时间是指仪表从接入被测量开始到指示器在稳定位置左右的摆动不大于标度尺全长的 1% 为止的时间。

按规定普通仪表的阻尼时间应不超过 4 s。质量好的仪表，阻尼时间只有 1.5 s 左右。

6. 绝缘强度和过载能力

仪表的电气线路和外壳之间应有良好的绝缘，以保证仪表在正常工作和使用时的安全。绝缘强度是指仪表的绝缘电阻所能耐受的试验电压数值。

过载能力是指仪表的负载当超过额定值以上时，仪表所承受的程度。一种情况是，当负载超过额定值并延续一段时间，引起仪表有关部分升温，这种过载称为热过载或延时过载。如果仪表质量较差，则升温过高，可使仪表损坏。另一种情况是，仪表的负载突然超过额定值，则在测量机构转动力矩作用下，仪表可动部分迅速冲向极限位置发生机械撞击，这种过载叫机械过载或短时过载。如果是质量较差的仪表，短时过载可能引起仪表内部元件的机械损坏，如指针撞断或阻尼板变形等。在实际应用中，由于仪表过载是在所难免的，因此，各式各样的仪表均要具有一定的过载能力。

15.2 万用表

万用表又称多用表、三用表或复用表，是一种多功能、多量程的测量仪表。一般可测量直流电压、直流电流、交流电压、电阻和音频电平等电量，有些还可测量交流电流、电容、电感和晶体管共发射极直流放大系数等电参数。由于万用表具有功能多、量程多、使用方便、体积小、价格低和便于携带等优点，故应用甚广，已成为从事电子电器安装、调试和维修的必备仪表。万用表有指针式和数字式之分，下面分别做简单介绍。

15.2.1 指针式万用表

1. MF47型万用表的面板结构

一般万用表面板上都具备：表盘、转换开关、表头指针、机械调零旋钮、零欧姆调整旋钮和表笔插孔。MF47型万用表面板结构和实物如图15-1所示。

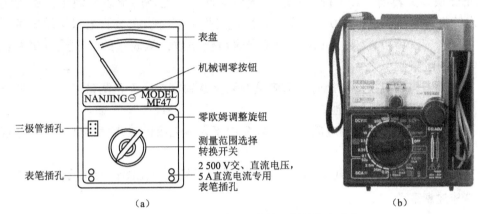

图15-1 MF47型万用表的面板结构和实物
(a) 面板结构；(b) 实物

2. 基本使用方法

(1) 直流电流的测量。

直流电流测量范围为0~500 mA，还有0~5 A专用插口，共六个挡位。

测量时，将转换开关转到"mA"或"μA"符号的适当量程位置上，然后按电流从正到负的方向，将万用表串联到被测电路中。注意表笔的正、负极性，即红表笔接电流流入端，黑表笔接电流流出端。如果事先不知被测电路处电流流向，可将一支表笔先接触被测电路的任一端，另一支表笔轻轻地试触一下另一端，若指针向右偏转，说明表笔正、负极性接法正确，若指针向左偏转，说明表笔接反了，交换两表笔即可。

警告：测直流电流时，不能将万用表与负载并联，否则会造成电路和仪表的损坏。禁止在测量过程中转动转换开关选择量程，以免损坏开关触点、表头及指针。

(2) 直流电压的测量。

直流电压的测量范围为0~1 000 V和0~2 500 V（专用插口）共八个挡位。

测量时，将转换开关转到"V"符号，测量直流电压时正负极不能搞错，"+"插口的表笔接至被测电压的正极，"-"插口的表笔接到被测电压的负极，不能接反。否则指针会因逆向偏转而被打弯。如果无法弄清被测电压的正负极，可选用较高的测量范围挡，用两根表笔很快地碰一下测量点，看清表针的指向，找出被测电压的正负极。

警告：严禁用电流挡或电阻挡测直流电压，否则会造成弄弯指针或烧坏表头的恶果。如果误用交流电压挡，读数将会出现误差或为零。

(3) 交流电压流的测量。

交流电压的测量范围为0~1 000 V及0~2 500 V（与直流电压共用插孔）共六个挡位；

测量前，将转换开关转到相应的电压量程挡，测量交流电压时不分正负极，所需量程由被测量电压的高低来确定，如果被测量电压的数值未知，可选用表的最高测量范围 1 000 V，指针若偏转很小，再逐级转动转换开关调低到合适的测量范围。测量时，将表笔并联在被测电路两端。

(4) 电阻的测量。

① 把转换开关转到"Ω"符号的适当量程位置上，先将两根表笔短接，旋动调零旋钮，使表针指在电阻刻度的"0"Ω上，然后直接将表笔跨接在被测电阻两端即可。面板上 ×1、×10、×100、×1 k、×10 k 的符号表示倍率数，从表头的读数乘以倍率数，就是所测电阻的电阻值。

② 测量前或每次更换倍率挡时，都应重新调整欧姆零点。停止测量时不要使两支表笔相接触，以免短路空耗表内电池。

③ 禁止用手同时接触被测电阻两端，以免由于人体电阻的接入使读数变小，造成测量误差。

警告：严禁在被测电阻带电的情况下测量阻值，否则将产生测量误差及烧坏表头。

3. 其他注意事项

(1) 转换开关的位置应选择正确：

选择测量种类时，要特别细心，若误用电流挡或电阻挡测量电压，轻则表针损坏，重则表头烧毁。选择量程时也要适当，量程的选择，最好应使指针在量程的 1/2 ~ 2/3 范围内，读数较为准确。

(2) 端钮或插孔选择要正确：

红色表笔应插入标有" + "号的插孔内，黑色表笔应插入标有" - "号的插孔内；在测量电阻时，注意万用表内干电池的正极与面板上" - "号插孔相连，干电池的负极与面板上" + "号插孔相连。

(3) 测量的频率范围：

一般在 45 ~ 1 000 Hz，若被测交流电压频率超过此范围，将会产生较大误差。

(4) 使用完毕后，应将转换开关置于交流电压的最高挡。如果长期不使用，还应将电池取出来，以免电池腐蚀表内其他器件。

(5) 在使用万用表之前，先进行"机械调零"，应使万用表指针指在零电压或零电流的位置。

15.2.2　数字式万用表

数字式万用表以其测量精度高、显示直观、省电及便于操作等优点，受到人们的普遍欢迎。下面以 DT840 数字式万用表为例介绍数字式万用表的使用。

1. DT840 数字式万用表的面板结构

DT840 数字式万用表可以进行交直流电压（电流）、电阻、二极管，带声响的通断及晶体管 FE 的测试，并具有极性选择、过量程显示及全量程过载保护的特点。其面板结构及实物如图 15 - 2 所示。

基本使用方法：

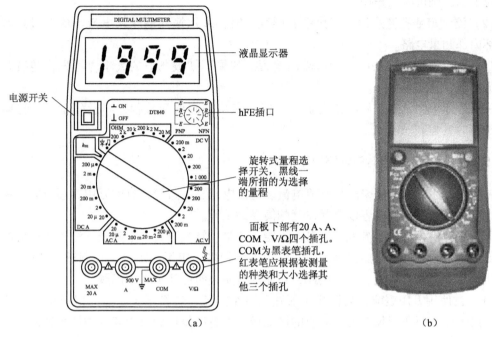

图 15-2　DT840 数字式万用表的面板结构及实物

(a) 面板结构；(b) 实物

(1) 直流电压、交流电压的测量。

先将黑表笔插入 COM 插孔。红表笔插入 V/Ω 后，将转换开关置于 DC V（直流）或 AC V（交流）量程，并将表笔连接到被测电路两端，显示器将显示被测电压值，在显示直流电压值的同时，将显示红表笔端的极性。

(2) 直流电流、交流电流的测量。

首先将黑表笔插入 COM 插孔，测量最大为 2 A 的电流时，将红表笔插入 2 A 孔；测量最大值为 20 A 的电流时，将红表笔插入 20 A 插孔；将转换开关置于 DC A 或 AC A 量程，测试表笔串联接入被测电路，显示器即显示被测电流值。在显示直流电流的同时，将显示红表笔端的极性。

(3) 电阻的测量。

首先将黑表笔插入 COM 插孔，红表笔插入 V/Ω 孔，然后将转换开关置于 OHM 量程，两表笔连接到被测电阻上，显示器将直接显示被测电阻值。

注意红表笔极性为"+"，与指针式万用表相反。

(4) 带声响的通断测试。

首先将黑表笔插入 COM 插孔，红表笔插入 V/Ω 插孔，然后将转换开关置于通断测试挡（与二极管测试量程相同），将测试表笔连接到被测导体两端，如表笔之间的阻值约低于 30 Ω，蜂鸣器发声。

2. 使用注意事项

(1) 将 ON - OFF 开关置 ON 位置，检查 9 V 电池电压值。如果电池电压不足，显示器左边将显示："LOBAT"或"BAT"字符，此时应打开后盖，更换 F229V 层叠电池。如无上述字符显示，则可继续操作。

（2）测试笔插孔旁边的正三角中有感叹号时，表示输入电压或电流不应超过量程，否则损坏内部测量电路。

（3）测试前转换开关应置于所需的量程。如果不知被测值的大小，可先将转换开关置于最大量程，再逐步下降。

注意：如果测量中，显示器只显示"1"，表示被测值超量程，即量程小了，转换开关应置于高的量程。

15.2.3 使用万用表时应注意以下问题

一般的万用表可以用来测量直流电流、直流电压、电阻等。有的万用表还可以测量交流电流、电功率、电感、电容以及晶体管的简易测试等。

万用表是由磁电式电流表、表盘、表箱、表笔、转换开关、电阻及整流器等构成的。万用表是一种较受欢迎的普通仪表，不仅使用人员较多，应用的次数也较频繁，若稍不注意，轻则损坏元件，重则烧毁表头。因此，在使用万用表时应注意以下问题：

（1）在使用万用表前，操作者必须熟悉每个旋钮、转换开关、插孔以及接线柱等的功用，了解表盘上每条标尺刻度所对应的被测量，熟悉所使用的万用表各种技术性能，这一点对初学者或使用新表者尤为重要。

（2）万用表在使用时，应根据仪表的要求，将表水平（或垂直）放置，并放在不易受振动的地方。

（3）使用前应检查表的指针是否在机械零位，如不在零位，应调整表头正面的螺钉，使指针回零。每次测量前，应核对转换开关的位置是否符合测量要求。读数时，应待指针稳定后正视表盘。

（4）测量电阻时，将转换开关转到电阻挡后，应把两表笔短路，旋转"Ω"调零器，使指针指在零欧。每变换一次电阻挡，都应重新旋"Ω"调零器，使指针指在零欧。否则所测结果不准确。同时应注意两表笔间有一定的电压，尤其有些万用表的高阻挡电压可达 10～20 V，测量耐压较低的元器件时，不可用高阻挡。同时还应注意此时黑表笔的电位高于红表笔，判断晶体管极性或测量电解电容等有极性的元件时，不可搞错。

（5）选择测量量程时，应了解被测量的大致范围。若事先无法估计被测量的大小，应尽量选择大的测量量程，然后根据指针偏转角的大小，再逐步换到较小的量程，直到指针偏转到满刻度的 2/3 左右为止。

（6）测量电流时，应将万用表串接在检测电路中。测量直流时，必须注意极性不能接反。红色表笔一端插入标有"+"号的插孔，另一端接被测量的正极；黑色表笔一端插入标有"-"号的插孔，另一端接被测量的负极，若表笔接反了，不仅表针会反打碰弯，而且也容易损坏仪表内部元件。

（7）测电流时，若电源及负载的内阻都很小，应尽量选择较大的电流量程，以降低万用表的内阻，进而减小对被测电路工作状态的影响。

（8）测量电压时，应将万用表并联在被测电路的两端。测量直流电压时，正负极性不可接反。如果误用交流电压挡去测直流电压，由于万用表的接法不同，读数可能偏高一倍或者指针不动；若误用直流电压挡去测交流电压，则表针在原位附近抖动或根本不动。

（9）切不可用欧姆挡或电流挡去测量电压，否则会使仪表烧毁。

（10）严禁在测高压或大电流时通电旋动转换开关，以防产生电弧，烧损转换开关触点。

（11）在测量 1 000 V 以上的电压时，必须用专用测高压的绝缘棒和引线。测量时，先将接地测棒接在负极，然后再将另一测棒接在高压测量点上。为安全起见，最好两人进行测量，其中一人监护。测量时，必须养成单手操作习惯，以确保人身安全。

（12）测高内阻电源电压时，应尽量选择较大的电压量程，因为量程越大，内阻也越高，相对的误差就变小。

（13）万用表使用完毕，应将转换开关旋到最高电压挡上，以防下次开始测量时不慎烧毁仪表。拔下表笔放入盒中，置于干燥处。

（14）万用表应保持清洁干燥，避免振动或潮湿、油污，勿和坚硬、粗糙物品混合存放。万用表长期不用时，要把电池取出，以防日久电池变质渗液，使仪表损坏。

（15）按规定进行计量检测。

15.3 兆欧表

兆欧表是一种专门用来测量电气设备及线路绝缘电阻的便携式仪表。用电设备的绝缘性能是否良好，关系到这些设备能否安全运行。由于绝缘材料在使用过程中，常因发热、污染、受潮及老化等原因，使绝缘电阻降低，漏电流增大，甚至绝缘损坏，造成短路、漏电事故。因此，必须定期对用电设备的绝缘电阻进行检查，以保证人身安全及设备的正常运行。

兆欧表又常叫摇表、梅格表、高阻表等，是用来测量大电阻和绝缘电阻的。它的计量单位是兆欧，用符号"MΩ"表示。兆欧表的种类很多，但其作用原理大致相同。

1. 兆欧表的选择

使用兆欧表时，如果接线或操作不正确，会直接影响测量结果，甚至会危及人身安全。兆欧表的实物图如图 15 – 3 所示。

(a)   (b)

图 15 – 3 兆欧表实物图
(a) 数字式；(b) 手摇式

应根据测量要求选择兆欧表的额定电压值和测量范围。对于电压高的电气设备，绝缘电阻值一般较大，须使用额定电压高和测量范围大的兆欧表来测试；对于低电压的电气设备，内部绝缘所能承受电压不高，为了设备安全，测量绝缘电阻时，须选用额定电压较低的兆欧表。一般来说，对于不同电气设备的检测应使用不同的额定电压等级的兆欧表，可分为手摇发电机式和电子数字式。

选择兆欧表时，还要注意兆欧表的测量范围，要使被测对象的绝缘电阻合格值落在仪表的测量范围之内，不要使测量范围过大地超出被测绝缘电阻值，否则读数将产生较大误差。

另外，对于标尺不是从零开始，而是从 1 MΩ 或 2 MΩ 开始的兆欧表，不适宜测量处于潮湿环境中的低压电气设备的绝缘电阻，因为此时电气设备的绝缘电阻可能低于 1 MΩ，在仪表上得不到读数，容易误认为绝缘电阻为零而得出错误结论。

测量额定电压在 500 V 以下的设备或线路的绝缘电阻时，可选用 500 V 或 1 000 V 兆欧表，测量额定电压在 500 V 以上的设备或线路的绝缘电阻时应选用 1 000 ~ 2 500 V 兆欧表；测量瓷瓶、母线、刀闸时，应选用 2 500 ~ 5 000 V 兆欧表。

一般测量低压电气设备绝缘电阻时可选用 0 ~ 200 MΩ 量程的表。

2. 兆欧表的使用方法

兆欧表有三个接线柱，其中两个较大的接线柱上分别有"接地"（E）和"线路"（L），另一个较小的接线柱上标有"保护环"或"屏蔽"（G）。

（1）测量前必须将被测电气设备的电源切断，并对被测设备接地短路放电，以排除断电后其电感、电容带电的可能性，以保证设备及人身安全。

（2）为了防止灰尘、油泥等因素对测量结果的影响，测量前必须对被测设备进行清洁处理。

（3）兆欧表应放在平稳的地方，以免摇动发电机手柄时表身摇动而影响读数。有水平调节的兆欧表，注意先调整好水平位置。

（4）测量前，应先对仪表进行开路试验和短路试验，以检验兆欧表的好坏。

开路试验是指把仪表线分开，当兆欧表转速达到 120 r/min 时，指针应指在"∞"位置；短路试验是指先将两条表线短路，当兆欧表转速达到 120 r/min 时，仪表指针应指在"0"位置。若经上述检查，指针不能指在"∞"或"0"位置，则说明该兆欧表有故障，需检修校验后才能使用。

（5）兆欧表有三个接线柱，分别标为 L、E 和 G。一般测量时，将被测绝缘电阻接到 L 和 E 两个端钮上；若被测对象为线路的绝缘电阻时，应将被测端接到 L 端，而 E 端接地。当在比较潮湿的环境或测量电缆线芯与外皮的绝缘时，为减少被测物表面泄漏电流引起的误差，须接"保护"端进行测量。当测量电解电容的介质绝缘电阻时，应按电容器耐压的高低选用兆欧表。接线时，L 端接电容器正极，E 端接电容器负极，切不可接反。

（6）测量时，顺时针摇动兆欧表，使转速逐渐达到 120 r/min，一般先把 E 和 G 端接好，等摇起表后，再接 L 端，1 min 后，仪表指针稳定，再读数。

（7）读数后，应先撤开仪表的 L 线，再停止摇动兆欧表。这一点对于测量电容器一类具有相当电容性的设备尤其重要。否则，会因被测对象向仪表送电而损害兆欧表。测量完毕，应立即对被测对象进行人工放电。

（8）测试线一定要用专用的、绝缘强度很高的单股导线，切不可使用双股导线或绞线。这是因为兆欧表测量的是阻值很高的绝缘电阻，测试线的漏电流会影响测量的准确度。

（9）测量时，应尽量远离强磁场，也不应在阴雨中摇测绝缘电阻。当环境温度较高时，应考虑湿度的影响。

（10）在测量过程中，禁止无关人员接近被测设备，操作人员也不得触及设备的测量部分或兆欧表的接线柱、测试线等。对于测量后尚没充分放电的电容性设备，放电前所有人员都不得接近或触及，以防触电。

（11）兆欧表使用过程中，要按照计量要求定期进行检测。

3. 测量照明或电力线路

对地的绝缘电阻将兆欧表接线柱"E"可靠接地，"L"测线路上，如图 15 - 4 所示。

线路接好后，可按顺时针方向摇动兆欧表的发电机摇把，转速由慢变快，一般约 120 r/min，待发电机转速稳定时，表针也稳定下来，这时表针指示的数值就是所测得的绝缘电阻值。

4. 测量电机的绝缘电阻

将兆欧表接线柱的"E"接机壳，"L"接到电机绕组上，如图 15 - 5 所示。

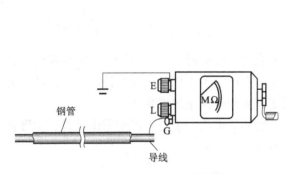
图 15 - 4 测量照明或动力线路绝缘电阻

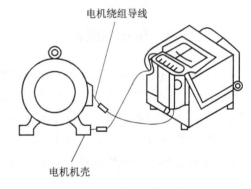
图 15 - 5 测量电机的绝缘电阻

5. 测量电缆的绝缘电阻

测量电缆的导电线芯与电缆外壳的绝缘电阻时，除将被测两端分别接"E"和"L"两接线柱外，还需将"G"接线柱引线接到电缆壳芯之间的绝缘层上，如图 15 - 6 所示。

6. 使用兆欧表时的注意事项

（1）测量电气设备的绝缘电阻时，必须先切断电源，然后将设备进行放电，以保证人身安全和测量准确。

（2）兆欧表测量时应放在水平位置，未接线前先转动兆欧表做开路试验，指针是否指在"∞"处，再将"L"和"E"两个接线柱短接，慢慢地转动兆欧表，看指针是否指在"0"处，若能指在"0"处，说明兆欧表是好的，才可以测量。

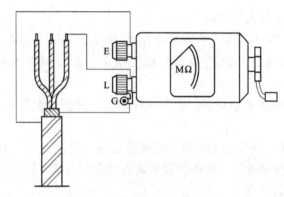

图 15-6　测量电缆的绝缘电阻

（3）兆欧表接线柱上引出线应用多股软线，且要有良好的绝缘，两根引线切忌绞在一起，以免造成测量数据的不准确。

（4）兆欧表测量完后应立即使被测物放电，在兆欧表的摇把未停止转动和被测物未放电前，不可用手去触及被测物的测量部分或进行拆除导线，以防触电。

（5）由于兆欧表没有游丝，不能产生反作用力矩，所以兆欧表在不测时停留在任意位置（及不定位），而不是回到零，这是与其他指针式仪表有区别的。

（6）在特殊情况下，如被测物表面受到污染不能擦干净、空气太潮湿或者有外电磁场干扰等，就必须将"G"接线柱接到被测物的金属屏蔽保护环上；以消除表面漏流或干扰对测量结果的影响。

15.4　钳形电流表

通常在测量电流时，需将被测电路切断，才能将电流表或电流互感器的初级线圈串接到被测电路中。而钳形电流表，具有使用方便，不用拆线，不用切断电源的特点。但测量精度不高，只能对设备运行电流粗略了解，不能用于需要精确测量的场合。

钳形电流表又称钳形表，在不断开电路而需要测量电流的场合，可使用钳形表。钳形表是根据电流互感器的原理制成的，如图 15-7 所示。

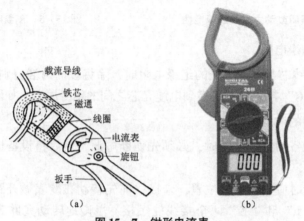

图 15-7　钳形电流表
(a) 普通钳形电流表；(b) 数字式多用途钳形电流表

1. 钳形表的使用方法

使用时，将量程开关转到合适位置，手持胶木手柄，用食指勾紧铁芯开关，便可打开铁芯，将被测导线从铁芯缺口引入到铁芯中央，然后，放松食指，铁芯就自动闭合，被测导线的电流就在铁芯中产生交变磁力线，表上就感应出电流，可直接读数。

钳形电流表的使用方法如下：

（1）在测量之前，应估计被测电流大小、电压高低，以便选择适宜的量程。

若被测电流大小、电压高低无法估计时，为防止损坏钳形电流表，应从最大量程开始，逐渐变换成合适的量程。

（2）测量时，为避免产生误差，被测载流导线的位置应放在钳口的中央。

（3）钳口要紧密接合。如遇有杂声时可重新开口一次再闭合。若杂声仍然存在，应检查钳口有无杂物或污垢，清理干净后再进行测量。

（4）测量小于 5 A 以下的小电流时，为了获得较准确的测量值，在条件允许的情况下，可将被测载流导线多绕几圈，再放进钳口进行测量。但仪表指针示值不是欲测的电流值，实际电流值应该等于仪表上的读数除以钳口中的导线圈数。

（5）测量完毕一定要把仪表的量程开关置于最大量程位置上，以防下次使用时，因疏忽大意未选择量程就进行测量而造成损坏仪表的意外事故。

（6）钳形表使用过程中，要按照计量要求定期进行检测。

2. 使用钳形表时的注意事项

（1）在使用钳形电流表前应仔细阅读说明书，弄清是交流还是交直流两用钳形表。

（2）钳形表不得去测高压线路的电流，被测线路的电压不能超过钳形表所规定的使用电压，以防绝缘击穿，人身触电。

（3）测量前应估计被测电流的大小，选择适当的量程，不可用小量程挡去测量大电流。

（4）每次测量只能钳入一根导线。测量时应将被测导线置于钳口中央部位，以提高测量准确度。如有杂音，可将钳口重新合一次，若杂音仍不能消除时，应检查磁路上各接合面是否光洁，有尘污时要擦拭干净。测量结束应将量程调节开关扳到最大量程挡位置，以便下次安全使用。

15.5 其他常用仪表

15.5.1 电压表

电压表是一种测量电网或负载两端电压的仪表。如图 15-8 所示，按表头工作原理可分为磁电式和电磁式。按制式可分为直读式和互感式，直读式可直接显示被测线路或负载两端的电压。互感式是经电压互感器与电压表并接而成，电压互感器原边电压与电网的电压的制式相匹配，副边电压一般定为 100 V 并与表头电压相匹配。因此，电压互感器在运行中副边线圈严禁短路，如副边线圈短路则会烧毁电压互感器，严重时会引发电气火灾。发电车使用的电压表均为直读式。

15.5.2 电流表

电流表是一种测量电网或负载电流的仪表。如图 15-9 所示,按表头工作原理可分为磁电式和电磁式。按制式可分为直读式和互感式,直读式可直接显示被测线路或负载的电流。电流表与被测线路或负载是串联关系。互感式是经电流互感器与电流表并接而成,电流互感器原边电流与电网的电流相等,副边电流一般定为 5 A 并与表头电流相匹配。因此,电流互感器在运行中副边线圈严禁开路,如副边线圈开路则会形成一个高压回路,极易造成人身触电事故。发电车使用的电流表监测电网的电流均为互感式,检测充电电流的均为直读式。

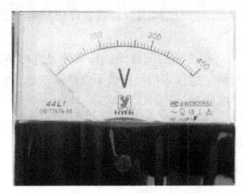

图 15-8 电压表

图 15-9 电流表

15.5.3 功率表

功率表是一种测量电网输送电能或负载消耗电能的仪表。如图 15-10 所示,按表头工作原理可分为磁电式和电磁式。表头测量机构分别由电压回路和电流回路两部分组成。用互感式功率表时其供表头测量的两个互感器分别为电压和电流互感器,提供的最高电压、电流分别为 100 V 和 5 A。发电车使用的是互感式功率表。

15.5.4 功率因数表

功率因数表也称相位表,可测量电压和电流相位差,是一种测量电网中无功损耗的仪表。如图 15-11 所示,它直接显示电网中电能的实际利用率。按表头工作原理可分为磁电式和电动式。发电车使用的是电动式功率因数表。

图 15-10 功率表

15.5.5 频率表

频率表是电能质量的重要指标之一,是反映交流电路波动周期大小的量(发电车使用的是电动式频率表),如图 15-12 所示。

图 15-11 功率因数表

图 15-12 频率表

15.6 放电叉、电解液比重计

15.6.1 放电叉（电池容量检测仪）

放电叉是一种检测蓄电池电荷储存量大小的检测仪器，由放电电阻、电压表组成，如图 15-13 所示。

使用时将两测量卡头分别与电池的正负极相连接，此时电流经电池正极、放电电阻、电池负极构成闭合回路，电压表显示的放电时该电池端电压，因电池容量大小不同，所以测量时以电池实际储存电荷量为准。切记测量时必须将放电叉的正极和电池的正极相连，负极与负极相连。

15.6.2 电解液密度计

电解液密度计（旧称电解液比重计）是测量电池内电液密度用的仪表。如图 15-14 所示，它是用一根直径为 30 mm、长约 300 mm 的玻璃圆筒制成，筒的下边装有胶皮嘴，上端装有橡皮球。玻璃圆筒内装有浮子，浮子上刻有 1.10~1.50 g/mL 的密度读数。

图 15-13 放电叉

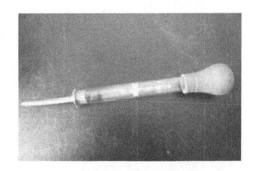

图 15-14 电解液密度计

先取下蓄电池上的加液孔盖,然后将密度计下端放入蓄电池内,手捏密度计上端橡皮球,慢慢放松橡皮球,把电液吸入玻璃管,使浮子浮起,通过浮子上浮位置即可读出读数,观察视线应与液面齐平。酸性蓄电池密度为 1.360 ~ 1.280 g/cm³,碱性蓄电池密度为 1.20 ~ 1.250 g/cm³。

15.7 红外测温仪(点温计)

红外测温仪是一种利用红外光源对外热源的感应原理制成的一种测量仪表。如图 15 - 15 所示,该仪表可以在非接触状态下测量铁路客车的轴温、配电屏(柜)内的接线端子、线排、母排等的现场温度。

红外线测温仪测量被测物体的温度时,应将红外测温仪对准要测量的物体(轴箱、电气接线的各种端子),并保证测量距离与光斑尺寸之比满足现场要求,不要太近,也不要太远。然后按下触发器按钮,在仪器的 LCD 显示屏上即可读出测量温度数据。

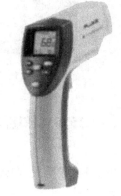

图 15 - 15　红外测温仪

学生工作页（二十）

项目七 常用电工工具及仪器仪表					
任务一	电工工具				
班级		学号		姓名	

本任务车辆电工岗位达标要求：
了解电工用具分类。

能力训练

1. 试说出下列图片中电工工具的名称及其作用。

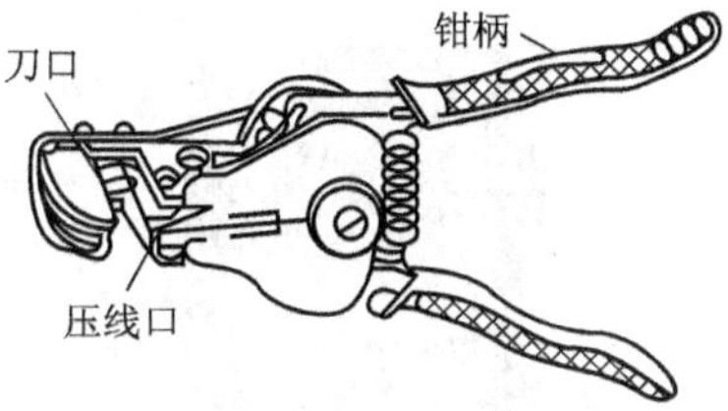

图1

名称：

作用：

学生自评

我的心得：

建议或提出问题

教师评价

学生工作页（二十一）

项目七　常用电工工具及仪器仪表					
任务一	常用电工仪表				
班级		学号		姓名	
本任务车辆电工岗位达标要求： 了解电工仪表的名称及作用。					
能力训练					
试分别说出下列图片中电工工具的名称及其作用。 （1）  图1 名称： 用途： （2）  图2 名称： 用途：					

续表

(3)

图 3

名称：

用途：

(4)

图 4

名称：

用途：

续表

(5)

图 5

名称：

用途：

(6)

图 6

名称：

用途：

续表

（7）

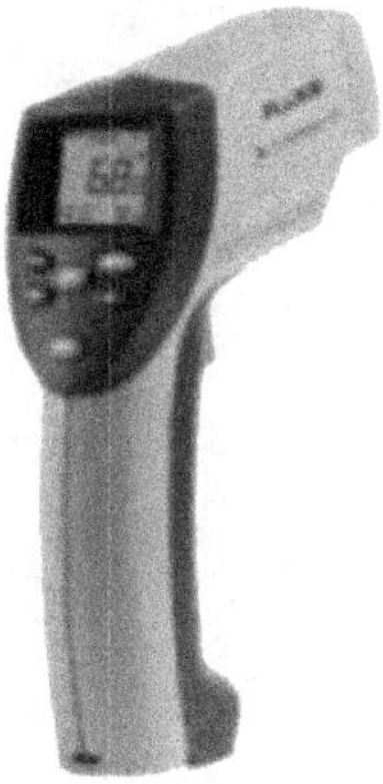

图7

名称：

用途：

学生自评
我的心得：   建议或提出问题
教师评价

项目八
安全用电基础知识

任务 16

触电对人体的危害

为了使电能有效地为生产和生活服务，除了需要掌握电的基本规律外，还必须掌握安全用电的常识，才能做到安全合理地使用电能，避免用电事故的发生。

安全用电包括人身安全和设备安全两部分。人身安全是指防止人身接触带电物体受到电击或电弧灼伤而导致生命危险，设备安全是指防止用电事故所引起的设备损坏和起火或爆炸等危险。

 16.1 触电对人体的危害

16.1.1 触电事故

外部电流流经人体，造成人体器官组织损伤乃至死亡，称为触电。按伤害的程度不同可分为电击和电伤两种。

(1) 电击是指电流通过人体内部，影响呼吸、心脏和神经系统，造成人体内部组织损伤乃至死亡的触电事故。人体触电后会引起心脏心室纤维颤动、呼吸麻痹或神经中枢衰竭，造成昏迷甚至死亡，380 V/220 V 工频电压的触电死亡，绝大部分是电击所致。

(2) 电伤是指电流通过人体表面或人体与带电体之间产生电弧，电流的热效应、化学效应、机械效应造成肢体表面灼伤的触电事故。放电部位骨关节坏死，电伤分为以下两种情况。

① 电弧烧伤。

电弧烧伤是由电弧的高温或电流产生的热量所引起的，皮肤深度烧伤可能造成残废或死亡。严重的电弧烧伤大多数发生在高压设备上，如带负荷拉合隔离开关、线路短路而产生的强烈电弧。据统计，多数人在高压触电时，因肌肉强烈收缩与电弧的气浪作用而弹开。电弧烧伤也发生在低压设备短路或断开较大的电流时。当人体与带电体接触时，会使人体皮肤变硬，形成黄灰色肿块。电烙印在低压触电时常见。

② 金属溅伤。

被电流熔化和蒸发的金属微粒渗入人体表皮所造成的伤害称为金属溅伤。

在触电事故中电击和电伤会同时发生，但因大部分触电事故是由电击造成的，所以通常所说的触电事故基本上是指电击。

16.1.2 触电的危害

触电的危害体现在电流对人体的影响上。概括地说，通过人体的电流越大、通电时间越长，触电对人身造成的危害性就越大，电流流过人体的不同部位（电流流经人体的不同路径），危险性也不同；当电流流经大脑及其他脊髓中枢神经部位时，会引起脑损坏，中枢神经严重失调，导致迅速昏迷、瘫痪或死亡；最危险的路径就是从左手到心脏；从手到手、手到脚的电流路径也是相当危险的；电流从脚到脚危险性稍小，但也会使人惊恐、痉挛而失控使事故进一步扩大。

必须指出，在同样的条件下。人的身体状况不同，危险性也会有明显差异。体弱、行动不便、患有心脏病的触电者，受到的伤害会更大，儿童的摆脱电流低，所以触电的危险性比成人要大得多。

此外，电流流过人体的通电时间也直接影响触电的危害程度。原因有两点，一是通电时间越长，越容易引起心室颤动，电击危险性越大；二是通电时间越长，人体电阻因出汗等原因而降低，将导致流过人体的电流进一步增加，使电击危险也随之增加。

从人体触电时的导电回路来看，人体相当于一个电阻，根据欧姆定律，如果有电压作用于人体，就会产生电流，电压越高，流过人体的电流越大，对人身的损害也越严重。

16.1.3 人体的电阻

人体电阻包括体内电阻和皮肤电阻两部分。体内电阻相对来说比较稳定，一般在 500 Ω 左右；皮肤电阻则受多种因素影响，变化范围很大。干燥的皮肤，电阻在 10~100 kΩ，但随着皮肤的潮湿度加大，电阻会逐渐减小，可降至 1 kΩ 以下；例如，人在游泳池中或浴室洗浴时，人体电阻基本等于体内电阻 500 Ω，所以，人体潮湿时触电的危险性更大。一般情况下，人体电阻在 1 000~1 500 Ω，计算时，应按不低于 1 000 Ω 考虑。

引起人体电阻值降低的因素主要有：皮肤角质层薄、皮肤多汗、潮湿、带有导电粉尘、接触带电体的面积和压力大、通电时间长等。

16.1.4 安全电压与安全电流

加在人体上一定时间内不致造成伤害的电压叫安全电压。为了保障人身安全，使触电者能够自行脱离电源，不致引起人身伤害，各国都规定了相应的安全电压值。我国规定的安全电压为：50~500 Hz 的交流电压额定值有 36 V、24 V、12 V、6 V 四种，直流电压额定值有 48 V、24 V、12 V、6 V 四种，以供不同场合使用。还规定安全电压在任何情况下均不得超过 50 V 有效值，当使用大于 24 V 的安全电压时，必须有防止人身直接触及带电体的保护措施。在高温、潮湿场所使用的安全电压规定为 12 V。

微弱的电流通过人体，不会使人有所感觉；人体开始有触电感觉的电流强度称为"感知电流"。不同的人有不同的感知电流，一般交流为 1 mA，直流为 5 mA。女性比男性对电流更为敏感，感知电流比男性约低 30%。触电以后，人在主观意识上能够自主摆脱电源的最大电流，称为"摆脱电流"；当然，不同的人也有不同的摆脱电流。成年男性的摆脱电流在 9 mA 左右，成年女性则为 6 mA 左右。

电流达到 20 mA 就全使人的肌肉收缩，呼吸困难；电流达到 50 mA 就会引起心室颤动，导致体内供血中断，有发生死亡的危险。能够在较短的时间内导致死亡的最小电流，称为"致命电流"，显然，超过 50 mA 的电流强度，是触电致死的主要原因，因此，一般认为引起心室颤动的电流就是致命电流。在有防止触电保护装置的情况下，人体允许通过的电流一般为 30 mA。

当有 200~1 000 mA 的电流较长时间通过人体时，就会产生烧灼效应。此外，电源的频率不同，在同样大小的电流作用下，危害程度也不一样。一般来说，频率越高，危害性相对地也越小；直流电的危害性又比同样大小的工频（50 Hz）交流电要小。

根据研究和统计，频率在 20~300 Hz 的交流电对人体的危害要比其他高频电流、直流电流及静电大。

人体对电流的反映：

8~10 mA 手摆脱电极已感到困难，有剧痛感（手指关节）。

20~25 mA 手迅速麻痹，不能自动摆脱电极，呼吸困难。

50~80 mA 呼吸困难，心房开始震颤。

90~100 mA 呼吸麻痹，三秒钟后心脏开始麻痹，停止跳动。

16.2 常见触电原因及预防措施

由于触电对人体的危害极大，因此必须安全用电，并要以预防为主。为了最大限度地减少触电事故的发生，应了解触电的原因与形式，以便针对不同情况提出预防措施。

16.2.1 触电原因

不同的场合，引起触电的原因也不一样，根据日常用电情况，触电原因有以下四种。

1. 线路架设不合规范

采用一线一地制的违章线路架设，当接地零线被拔出、线路发生短路或接地不良时，均会引起触电；室内导线破旧、绝缘损坏或敷设不合格时，容易造成触电或短路引起火灾；无线电设备的天线、广播线或通信线与电力线距离过近或同杆架设时，如发生断线或碰线，电力线电压就会传到这些设备上而引起触电；电气工作台布线不合理，使绝缘线被磨坏或被烙铁烫坏而引起触电等。

2. 用电设备不合格

用电设备未按照相关要求进行维修或维修未达到技术要求。设备的绝缘损坏造成漏电，而外壳无保护接地线或保护接地线接触不良而引起触电；开关和插座的外壳破损或导线绝缘老化，失去保护作用，一旦触及就会引起触电；线路或用电器接线错误，致使外壳带电而引起触电等。

3. 操作人员和电工检修作业未按作业程序

电工操作时，带电操作、冒险修理或盲目修理，且未采取切实的安全措施，均会引起触电；使用不合格的安全工具进行操作，如使用绝缘层损坏的工具，用竹竿代替高压绝缘棒，用普通胶鞋代替绝缘靴等，均会引起触电；停电检修线路时，闸刀开关上未挂警告牌，其他人员误合开关而造成触电，生产作业过程中不严格执行安全用电操作规程和作业程序等。

4. 违章用电

在室内违规乱拉电线，乱接用电器具，造成触电；未切断电源就去移动灯具或电器，若电器漏电就会造成触电；更换熔断器时，随意加大规格或用铜丝代替熔丝，使之失去保险作用造成触电或引起火灾；用湿布擦拭或用水冲刷电线和电器，引起绝缘性能降低而造成触电；未按规范使用移动式电动工具等。

16.2.2 触电形式

人体触及带电体引起触电有四种不同情况：单相触电、两相触电、跨步电压触电和接触电压触电。

1. 单相触电

单相触电是指在地面或其他接地导体上，人体某一部位触及某一带电体的触电事故，即人体触及三相导线中的任意一根相线时，电流就从接触相经过人体流入大地。因为 380 V/220 V 的低压电网有中性点接地和中性点不接地两种，所以单相触电也有两种情况：

（1）中性点接地电网的单相触电。

在中性点直接接地的电网中，发生单相触电的情形如图 16-1（a）所示，这时触电人处于电网相电压之下（人体承受 220 V 的相电压），电流经相线、人体、大地和中性点接地装置而形成通路，触电的后果往往很严重。

（2）中性点不接地电网的单相触电。

在这种电网中，发生单相触电的情形如图 16-1（b）所示。因为中性点不接地，所以有两个回路的电流通过人体，一个回路的电流从 A 相经过相线对地的绝缘阻抗 Z、大地、人体到 C 相；另一个回路的电流从 B 相经过相线对地的绝缘阻抗 Z、大地、人体到 C 相。两个回路的电压都是 380 V。如果线路的绝缘比较好，绝缘电阻很大，通过人体的电流较小，触电不严重。如果线路绝缘不良，这种触电事故就很危险。

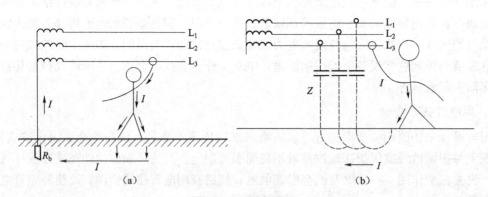

图 16-1 单相触电

(a) 中性点接地；(b) 中性点不接地

2. 两相触电

两相触电是指人体两处触及两相带电体而引起的触电，如图 16-2 所示。两相触电加在人体上的电压为线电压，由于触电电压为 380 V，所以两相触电的危险性更大。

3. 跨步电压触电

带电体接地点有电流流入地下时,电流在接地点周围土壤中产生电压降。人在接地点周围,两脚之间出现的电位差即为跨步电压。由此造成的触电称为跨步电压触电,当跨步电压达到一定程度时就会引起触电,如图16-3所示。例如,在低电压380 V的供电网中,如果一根线掉在水中和潮湿的地面上,则在此水中或潮湿地面上就会产生跨步电压。

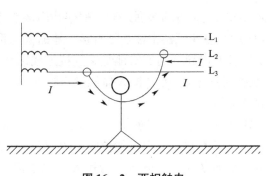

图16-2 两相触电

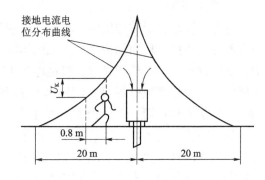

图16-3 跨步电压触电

跨步电压的大小取决于离着地点的远近及两脚正对着地点方向的跨步距离。在高压故障点处同样会产生更加危险的跨步电压,所以在检查高压设备接地故障时,室内不得接近故障点4 m,室外(在土地干燥的情况下)不得接近故障点8 m。为了防止跨步电压触电,应离带电体着地点20 m以外,如图16-3所示。

4. 接触电压触电

当电气设备由于绝缘损坏或其他原因造成接地故障时,如果人体两个部分(手和脚)同时接触设备外壳和地面,这时人体两个部分会处于不同的电位,其电位差即为接触电压,如图16-4所示。由接触电压造成的触电事故称为接触电压触电。在电气安全技术中接触电压是以站立在距漏电设备接触点水平距离为0.8 m时,手脚间的电位差 U_T 作为衡量标准的。接触电压值的大小取决于人体站立点与接触点的距离,距离越远,接触电压越大,当距离超过20 m时,接触电压最大,即等于漏电设备上的电压 U_{Tm};当人体站在接地点与漏电设备接触时,接触电压为零。

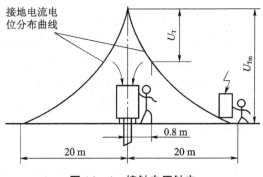

图16-4 接触电压触电

16.2.3 防止触电的措施

触电事故会给人身造成很大的危害。为了保障人身安全，避免触电事故的发生，在用电过程中必须特别注意电气安全，操作人员应按安全规程进行操作，防止人生触电事故的发生。常见的安全措施有四种，其中应用最为普遍的就是保护接地和保护接零。

1. 保护接地

电力系统运行所需的接地，称为工作接地。把电气设备的金属外壳、框架等用接地装置与大地可靠连接，称为保护接地。如图 16-5 所示，在变压器中性点不直接接地的供电系统中，电气设备发生一相碰壳时，接地电流 I_d 是通过人体和电网的对地绝缘阻抗形成回路的。如果各相对地绝缘阻抗相等，则漏电流 I_d 和设备对地电压 U_d（即人体触及电压）为 $U_d = I_d R_a$（R_a 指人体电阻，单位为 Ω）发生人体触电事故。

为了解决上述可能出现的危险，可采取如图 16-6 所示的保护接地措施，由于 R_d 和 R_a 是并联的，而且 $R_d \ll R_a$，此时可以认为通过人体电流 I_r 很小，只要能控制使 R_d 很小，就可以把漏电设备的对地电压控制在安全范围之内，而且 I_d 被 R_d 分流，通过人体的电流 I_r 很小，降低了操作人员的触电危险性，保证了人身安全。

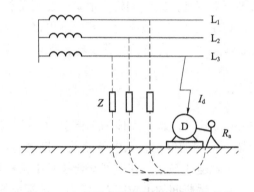

图 16-5 中性点不直接接地的供电系统

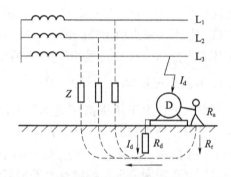

图 16-6 保护接地措施

图 16-7 所示为三相电源中性点不接地系统示意图。虽然供电线路与大地没有直接相连，但线路导线与大地之间却存在着电容效应，这个等效电容叫作分布电容。供电线路越长，分布电容越大，对工频（50 Hz）产生的容抗越小。由图 16-7 可见，当电器发生漏电时，电流将通过人体、大地、分布电容构成回路，造成人身触电事故。

若将电器的金属外壳通过接地导线和接地体与大地进行可靠连接，如图 16-8 所示，在发生触电时，人体电阻 R_r 将与接地电阻 R_d 并联，人体电阻在较低时约为 1 000 Ω，而合格的接地装置的接地电阻应低于 4 Ω，最大不得大于 10 Ω，显然 R_r 远大于 R_d，漏电电流的绝大部分将从接地电阻上分流而过，通过人体的电流会远远小于安全电流值，从而保障了人身安全。这种保安措施，称为保护接地。

2. 保护接零

保护接零是指在三相电源（发电机、配电变压器）的中性点通过接地导线直接接地的电网内，一切电气设备正常的情况下，不带电的金属外壳以及和它连接的金属部分与零线做

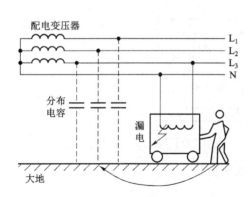

图16-7 三相电源中性点不接地系统示意图

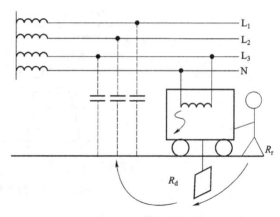

图16-8 保护接地

可靠电气连接。在变压器中性点接地的低压配点系统中，保护接零的安全作用如图16-9所示。

当某相出现事故碰壳时，形成相线和零线的单相短路，短路电流能迅速使保护装置（如熔断器）动作，切断电源，从而把事故点与电源切开，防止触电危险。

应当指出，在变压器中性点接地系统中，如果电气设备采用保护接地，当电气设备发生单相碰壳接地短路时，则不能很好地起到保护作用，容易发生人身触电，如图16-10所示。

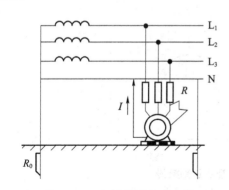

图16-9 保护接零安全作用

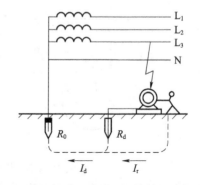

图16-10 接地网中单纯保护接零的危险性

3. 重复接地

在保护接零系统中，一旦零线断开，不但不能起到触电保护作用，而且在三相负载不平衡时，还会引起各相电压不相等：有的低于220 V，使负载不能正常工作；有的高于220 V，会将这一相所接的电器烧毁，造成"群爆"事故。为此，在三相四线制保护接零供电系统中，采取了多点重复接地措施，即选取在零线上一点或多点处与接地装置连接，如图16-11所示。

在正常情况下，重复接地电阻R_0与中性点接地电阻R_e并联，使接零系统的电阻减小，进一步提高了保护能力；在零线断开时，故障电流又会通过重复接地电阻R_e构成同路，使熔断器及时熔断，起到漏电保护作用。

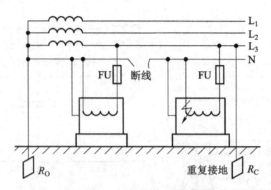

图 16-11 重复接地及作用

采用保护接零的电器,需要注意以下几点:

(1) 零线上不允许装设开关和熔断器;

(2) 在同一低压配电系统中,保护接零与保护接地不能混用;

(3) 接装单相三孔插座,应按图 16-12 (a) 进行接线,即面对插座,左边应接工作零线 N,右边接相线 L,上边是保护零线且必须单独接在零线干线上,绝不允许在插座内将保护零线 E 与工作零线 N 短接;

(4) 安装电器的单相三极插头时,必须使用三芯软线,将电器的金属外壳接在 E 端,相线接 L 端,工作零线接在 N 端,如图 16-12 (b) 所示。

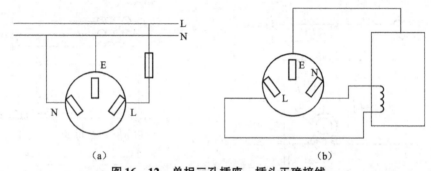

图 16-12 单相三孔插座、插头正确接线
(a) 接单相三孔插座;(b) 接单相三孔插头

4. 漏电保护器

漏电保护器也叫触电保护开关,又称漏电保护开关,是一种保护、切断型的安全技术电器,它比保护接地或保护接零更灵敏、更有效。据统计,某城市普遍安装漏电保护器后,同一时间内触电伤亡人数减少了 2/3,可见技术保护措施的作用不可忽视。

漏电保护器有电压型和电流型两种,其工作原理有共同性,即都可看作是一种灵敏继电器,如图 16-13 所示,检测器 DC 控制开关 S 的通断。在电压型漏电保护器中,DC 检测用电器对地电压;在电流型中则检测漏电流,超过安全值即控制 S 动作切断电源。

由于电压型漏电保护器安装较复杂,目前发展较快、使用广泛的是电流型保护器。它不仅能防止人触电而且能防止漏电造成火灾,既可用于中性点接地系统,也可用于中性点不接地系统,既可单独使用也可与保护接地、保护接零共同使用,而且安装方便,因而值得大力推广。

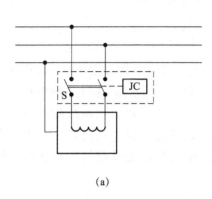 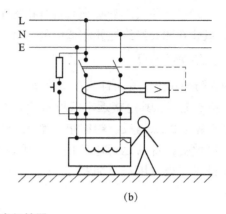

(a) (b)

图 16-13 漏电保护器

(a) 漏电保护开关示意图；(b) 电流型漏电保护开关

典型的电流型漏电保护器的工作原理如图 16-13 (b) 所示。当电器正常工作时，流经零序互感器的电流大小相等，方向相反，检测输出为零，开关闭合电路正常工作。

当电器发生漏电时，漏电流不通过零线，零序互感器检测到不平衡电流并达到一定数值时，通过放大器输出信号将开关切断。

图 16-13 中按钮与电阻组成检测电路，选择电阻使此支路电流为最小动作电流，即可测试开关是否正常。

按国家标准规定，电流型漏电保护器电流时间乘积≤30 mA·s。实际，产品一般额定动作电流 30 mA，动作时间为 0.1 s。如果是在潮湿等恶劣环境，可选取动作电流更小的规格。另外还有一个额定不动作电流，一般取 5 mA，这是因为用电线路和电器都不可避免存在微量漏电。

选择漏电保护器一定要注重产品质量。一般来说，经国家电工产品认证委员会认证，带有长城安全标志的产品是可信的。

5. 安全距离

为了保证电气工作人员在电气设备允许操作、维护检修时不致误碰到带电体，规定了工作人员与带电体的安全距离，对于电气设备要充分考虑人与带电体的最小安全距离，其规定如下。

① 电压 0.4 kV：人与带电体的最小安全距离不小于 0.4 m。
② 电压 10 kV：人与带电体的最小安全距离不小于 1 m。
③ 电压 35 kV：人与带电体的最小安全距离不小于 3 m。

16.2.4 绝缘安全工具

绝缘安全用具是保证工作人员安全操作带电体及人体与带电体安全距离不够所采用的绝缘防护工具。绝缘安全用具按使用功能可分为如下两种。

1. 绝缘操作用具

绝缘操作用具主要用来进行带电操作、测量和其他需要直接接触电气设备的特定工作。常用的绝缘操作用具的使用，应注意以下两点：

① 绝缘操作用具本身必须具备合格的绝缘性能和机械强度。
② 只能在和其绝缘性能相适应的电气设备上使用。

2. 绝缘防护用具

绝缘防护用具则对可能发生的有关电气伤害起到防护作用，主要用于对泄漏电流、接触电压、跨步电压和其他接近电气设备存在的危险进行防护。常用的绝缘防护用具有绝缘手套、绝缘靴、绝缘隔板、绝缘垫、绝缘台等，如图16-14所示。当绝缘防护用具的绝缘强度足以承受设备的运行电压时，才可以用来直接触及运行的电气设备。一般不直接触及带电设备，当使用绝缘防护工具时，必须做到使用合格的绝缘用具，并掌握正确的使用方法。

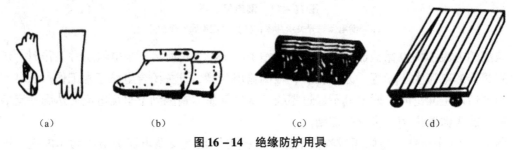

图16-14 绝缘防护用具
(a) 绝缘手套；(b) 绝缘靴；(c) 绝缘垫；(d) 绝缘台

16.3 触电紧急救护法

人触电以后，会出现神经麻痹、呼吸困难、血压升高、昏迷、痉挛，直至呼吸中断、心脏停搏等现象，呈现昏迷不醒的状态。如果未见明显的致命外伤，就不能轻率地认定触电者已经死亡，而应该看作是"假死"，施行急救。

有效的急救在于快而得法。即用最快的速度，施以正确的方法进行现场救护，多数触电者是可以复活的。触电急救的第一步是使触电者迅速脱离电源，第二步是现场救护。

16.3.1 使触电者脱离电源

电流对人体的作用时间越长，对生命的威胁越大。所以，触电急救的关键是首先要使触电者迅速脱离电源。可根据具体情况，选用下述几种方法使触电者脱离电源。

1. 脱离低压电源的方法

脱离低压电源的方法可用"拉""切""挑""拽"和"垫"五字来概括：

"拉"指就近拉开电源开关、拔出插销或瓷插保险。此时应注意拉线开关和板把开关是单极的，只能断开一根导线，有时由于安装不符合规程要求，把开关安装在零线上。这时虽然断开了开关，人身触及的导线可能仍然带电，这就不能认为已切断电源。

"切"指用带有绝缘柄的利器切断电源线。当电源开关、插座或瓷插保险距离触电现场较远时，可用带有绝缘手柄的电工钳或有干燥木柄的斧头、铁锹等利器将电源线切断。切断时应防止带电导线断落触及周围的人体。多芯绞合线应分相切断，以防短路伤人。

"挑"：如果导线搭落在触电者身上或压在身下，这时可用干燥的木棒、竹竿等挑开导线或用干燥的绝缘绳套拉导线或触电者，使之脱离电源。

"拽"：救护人可戴上手套或在手上包缠干燥的衣服、围巾、帽子等绝缘物品拖拽触电者，使之脱离电源。如果触电者的衣裤是干燥的，又没有紧缠在身上，救护人可直接用一只手抓住触电者不贴身的衣裤，将触电者拉脱电源。但要注意拖拽时切勿触及触电者的体肤。救护人亦可站在干燥的木板、木桌椅或橡胶垫等绝缘物品上，用一只手把触电者拉脱电源。

"垫"：如果触电者由于痉挛手指紧握导线或导线缠绕在身上，救护人可先用干燥的木板塞进触电者身下使其与地绝缘来隔断电源，然后再采取其他办法把电源切断。

人在触电后可能由于失去知觉或超过人的摆脱电流而不能自己脱离电源，此时抢救人员不要惊慌，要在保护自己不被触电的情况下使触电者脱离电源。

如果接触电器触电，应立即切开近处的电源，可就近拔掉插头，断开开关或打开保险盒。

如果碰到破损的电线而触电，附近又找不到开关，可用干燥的木棒、竹竿、手杖等绝缘工具把电线挑开，挑开的电线要放置好，不要使人再触到。

如一时不能施行上述方法，触电者又趴在电器上，可隔着干燥的衣物将触电者拉开。

在脱离电源过程中，如触电者在高处，要防止脱离电源后跌伤而造成二次伤害。在使触电者脱离电源的过程中，抢救者要防止自身触电。

2. 脱离高压电源的方法

由于装置的电压等级高，一般绝缘物品不能保证救护人的安全，而且高压电源开关距离现场较远，不便拉闸。因此，使触电者脱离高压电源的方法与脱离低压电源的方法有所不同，通常的做法是：

（1）立即电话通知有关供电部门拉闸停电。

（2）如电源开关离触电现场不甚远，则可戴上绝缘手套，穿上绝缘靴，拉开高压断路器，或用绝缘棒拉开高压跌落保险以切断电源。

（3）往架空线路抛挂裸金属软导线，人为造成线路短路，迫使继电保护装置动作，从而使电源开关跳闸。抛挂前，将短路线的一端先固定在铁塔或接地引线上，另一端系重物。抛掷短路线时，应注意防止电弧伤人或断线危及人员安全，也要防止重物砸伤人。

（4）如果触电者触及断落在地上的带电高压导线，且尚未确证线路无电之前，救护人不可进入断线落地点 $8\sim10$ m 的范围内，防止跨步电压触电。进入该范围的救护人员应穿上绝缘靴或临时双脚并拢跳跃地接近触电者。触电者脱离带电导线后应迅速将其带至 $8\sim10$ m 以外立即开始触电急救。只有在确证线路已经无电，才可在触电者离开触电导线后就地急救。

3. 在使触电者脱离电源时应注意的事项

（1）救护人不得采用金属和其他潮湿的物品作为救护工具。

（2）未采取绝缘措施前，救护人不得直接触及触电者的皮肤和潮湿的衣服。

（3）在拉拽触电者脱离电源的过程中，救护人宜用单手操作，这样对救护人比较安全。

（4）当触电者位于高位时，应采取措施预防触电者在脱离电源后坠地摔伤或摔死。

（5）夜间发生触电事故时，应考虑切断电源后的临时照明问题，以利救护。

4. 脱离电源后的判断

触电者脱离电源后,应迅速判断其症状,根据其受电流伤害的不同程度采用不同的急救方法。

(1) 触电者如神志清醒,应使其就地平躺,严密观察,暂时不要站立或走动。

(2) 触电者如神志不清楚或呼吸困难,应使其就地平躺,且确保气道畅通,迅速测起心跳情况,禁止摇动伤员头部呼叫伤员,要严密观察触电者的呼吸和心跳,并立即联系车辆送医院抢救。

(3) 触电者如意识丧失应在 10 s 内用看、听、试的方法判定伤员的呼吸和心跳情况,如呼吸停止,立即在现场采用口对口呼吸;如呼吸、心跳均停止,立即在现场采用心肺复苏法抢救,在运送伤员的途中,要继续在车上对伤员进行心肺复苏法抢救。

16.3.2 触电医疗救护方法

1. 触电后救护基本方法

(1) 触电者未失去知觉时,应安放在空气流通、温暖处安静休息,同时请医生。

(2) 触电者已失去知觉,但呼吸及脉搏均未停止时,应安放在平坦通风处所,解开衣裤,使其呼吸不受阻碍,同时用毛巾摩擦全身,使之发热,并迅速请医生。

(3) 触电者失去知觉呼吸困难,应立即进行人工呼吸,并迅速请医生来急救,切不可向触电者注射强心剂或泼冷水。

(4) 触电者呼吸及心脏跳动均已停止时,可能是假死,救护人员要坚持先救后搬的原则,应即刻进行人工呼吸或进行挤压救护直至经医生诊断确已死亡为止。人工呼吸采用口对口吹气效果较好。急救时,触电者的头部尽量后仰,鼻孔朝天,使舌根不阻塞气流,便于吹气急救。

2. 口对口人工呼吸法

人生命的维持,主要靠心脏跳动而产生循环,通过呼吸而形成氧气与废气的交换。如果触电人伤害较严重,失去知觉,停止呼吸,但心脏微有跳动,就应采用口对口的人工呼吸法。具体做法如下:

口诀:张口捏鼻手抬颌,深吸缓吹口对紧;张口困难吹鼻孔,五秒一次坚持吹。

(1) 迅速解开触电人的衣服、裤带,松开上身的衣服、胸罩和围巾等,使其胸部能自由扩张,不妨碍呼吸。

(2) 使触电人仰卧,不垫枕头,头先侧一边清除其口腔内的血块、假牙及其他异物等。

(3) 救护人员位于触电人头部的左边或右边,用一只手捏紧其鼻孔,使其不漏气,另一只手将其下巴拉向前下方使其嘴巴张开,嘴上可盖一层纱布,准备吹气。

(4) 救护人员做深呼吸后,紧贴触电人的嘴巴,向其大口吹气。同时观察触电人胸部隆起的程度,一般应以胸部略有起伏为宜。

(5) 救护人员吹气至需换气时,应立即离开触电人的嘴巴,并放松触电人的鼻子,让其自由排气。这时应注意观察触电人胸部的复原情况,倾听口鼻处有无呼吸声,从而检查呼吸是否阻塞,如图 16 – 15 所示。

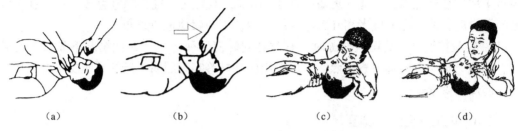

(a)　　　　　　　(b)　　　　　　　(c)　　　　　　　(d)

图 16-15　口对口（鼻）人工呼吸法

3. 人工胸外的挤压心脏法

若触电人伤害得相当严重，心脏和呼吸都已停止，人完全失去知觉，则需同时采用口对口人工呼吸和人工胸外挤压两种方法。如果现场仅有一个人抢救，可交替使用这两种方法，先胸外挤压心脏4～6次，然后口对口呼吸2～3次，再挤压心脏，反复循环进行操作。

人工胸外挤压心脏的具体操作的步骤如下：

（1）救护人员找到触电人的正确压点，自上而下，垂直均衡地用力挤压，压出心脏里面的血液，注意用力适当。

（2）挤压后，掌根迅速放松（但手掌不要离开胸部），使触电人胸部自动恢复，心脏扩张，血液又回到心脏。

口诀：掌根下压不冲击，突然放松手不离；手腕略弯压一寸，一秒一次较适宜。

4. 触电急救时应注意的问题

（1）触电者脱离电源后，视触电人体状态确定正确的急救方法。

（2）使被救人不要躺在潮湿冰凉的地面，要保持被救人的身体余温，防止血液凝固。

（3）触电急救必须争分夺秒，立即在现场迅速用心肺复苏法进行抢救，抢救不准中断，只有在医务人员接替救治后方可中止，在抢救时如果有必要移动伤员，抢救中断时间不应超过30 s。移动或送医院途中必须保持触电者平躺床上，必须保证呼吸通道的流畅，不准将触电者半靠或坐在轿车里送往医院。如果呼吸或心脏停止跳动，应在送往医院途中的车上进行心肺复苏法，抢救不得中断。

（4）心肺复苏法的实施要迅速准确，要保证将气吹到被救人的肺中，要保证压在触电者心脏的准确位置。

（5）高压触电应在确保救护人安全的情况下，因地制宜地采取相应的救护措施。例如，触电者触及高压带电设备，救护人员应迅速切断电源，或用适合该电压等级的绝缘工具（戴绝缘手套、穿绝缘靴并用绝缘棒）解救触电者。救护人员在抢救过程中，注意应保持自身与周围带电部分必要的安全距离。

（6）如果触电发生在架空线杆塔上，如是低压带电线路，若可能应立即切断电源，或者由救护人员迅速登杆，系好安全带后，用带绝缘胶柄的钢丝钳、干燥不导电物体或绝缘物体，将触电者拉离电源。如果高压触电者不能脱离电源，必须由电力部门从事高压带电作业的人员进行抢救。无论是在何级电压线路上触电，救护人员在使触电者脱离电源时都要注意防止发生高处坠落和再次触及其他有电线路。

（7）如果触电者触及断落在地上的带电高压导线，且尚未确定线路无电时，救护人员在没有采取安全措施前，不能接近短线点 8~10 m，然后立即进行触电急救。只有在确定线路已经无电时，才可在触电者离开触电导线以后，立即就地进行急救。

（8）在救护触电伤员切除电源时，有时会同时使照明停电，在此情况下先进行心肺复苏法，其他人员应立即解决事故照明，可采用应急灯等临时照明。新的照明要符合使用场所防火、防爆的要求。

16.3.3　电工安全操作规程

为了保证人身和设备安全，国家按照安全技术要求颁发了一系列的规定和规程。这些规定和规程主要包括有电气装置安装规程、电气装置检修规程和安全操作规程等，统称为安全技术规程。由于各种规程内容较多，有的专业性较强，不能全部叙述，下面主要介绍电工安全操作规程的内容，要求电工作业人员严格遵守。

（1）电气设备上作业，至少应有两人在一起工作。

（2）在全部或部分停电的电气设备上工作，需严格停电、验电、装设接地线、悬挂标示牌和装设围栏等技术措施。

（3）工作前必须检查工具、测量仪表和防护用具是否完好。

（4）任何电气设备内部未经验明无电时，一律视为有电，不准用手触及。

（5）不准在运转中拆卸、修理电气设备。必须在停车、切断电源、取下熔断器、挂上"禁止合闸，有人工作"的警示牌，并验明无电后才可进行工作。

（6）在总配电盘及母线上工作时，在验明无电后，应挂临时接地线。装拆接地线都必须由值班电工进行。

（7）工作临时中断后或每班开始工作前，都必须重新检查电源是否可靠断开，并要验明无误。

（8）每次维修前和结束后，都必须清点所带的工具、零件等，确保工具、零件不遗留在电气设备中而造成事故。

（9）当由专门检修人员修理电气设备时，值班电工必须进行登记，完工后做好交代。在共同检查后，才可送电。

（10）必须在低压电气设备上带电进行操作时，要经过领导批准，并要有专人监护。工作时要戴工作帽，穿长袖衣服，戴工作手套，使用绝缘工具，并站在绝缘物上进行操作，零相带电部分和接地金属部分应用绝缘板隔开，设置安全防护范围不得随意进入。

（11）严禁带负载操作动力配电箱中的刀开关或其他非带负载动作的电气装置。

（12）熔断器的容量要与设备和线路的安装容量相适应。

（13）电气设备的金属外壳必须接地（接零），接地线必须符合标准，不准断开带电设备的外壳接地线。

（14）拆卸电气设备或线路后，要对可能继续供电的线头立即用绝缘胶布包扎好。

（15）安装灯头时，开关必须接在相线上，灯头座螺纹必须接在零线上。

（16）对临时安装使用的电气设备，必须将金属外壳接地。使用完毕，临时电气线路应立即拆除。

（17）严禁把电动工具的外壳接地线和工作零线拧在一起插入插座，必须使用两线带地或三线带地的插座，或者将外壳接地线单独接到接地干线上。用橡胶软电缆接移动的电气设备时，专供保护接零的芯线中不允许有工作电流流过。

（18）动力配电盘、配电箱、开关、变压器等电气设备和变配电室附近，不允许堆放各种易燃、易爆、潮湿和影响操作的物件，并保持通道畅通。

（19）使用梯子时，梯子与地面的角度以60°左右为宜；在水泥地面使用梯子时，要有防滑措施。对没有搭钩的梯子，在工作中要有人扶持。使用人字梯时，其拉绳必须牢固。

（20）使用喷灯时，油量不要超过容器容积的3/4，打气要适当，不得使用漏油、漏气的喷灯。不准在易燃、易爆物品附近点燃喷灯。

（21）使用Ⅰ类电动工具时，要戴绝缘手套，并站在绝缘垫上工作，最好加设漏电保护器或安全隔离变压器。

（22）电气设备发生火灾时，要立即切断电源，并使用121灭火器或二氧化碳灭火器灭火，严禁使用水或泡沫灭火器。切断电源拉闸应选用绝缘工具操作；高、低压拉闸操作均应按操作顺序进行；切断电源的地点要选择适当，防止断电后影响灭火工作；非同相电线应在不同部位剪断，剪断空中电线时，应在电源方向的支持物附近剪断，防止电线落下造成接地短路或触电事故；带电导线落地时，要防止跨步电压。

学生工作页（二十二）

项目八　安全用电基础知识					
任务一	安全用电				
班级		学号		姓名	
本任务车辆电工岗位达标要求： 1. 了解触电的危害。 2. 了解触电的分类。					
能力训练					
1. 人体的电阻、安全电压、安全电流分别是多少？ 2. 常见的触电原因及触电形势有哪些？ 3. 触电的紧急救护法有哪些？					

续表

学生自评
我的心得：   建议或提出问题
教师评价

参 考 文 献

[1] 靳孝峰. 电工电子技术 [M]. 北京：北京理工大学出版社，2011.
[2] 朱永金. 电工技术基础 [M]. 北京：北京理工大学出版社，2008.
[3] 饶蜀华. 电工电子技术基础 [M]. 北京：北京理工大学出版社，2008.
[4] 陈小虎. 电工电子技术 [M]. 北京：高等教育出版社，2006.
[5] 邱成. 动车组辅助电气系统与设备 [M]. 北京：北京交通大学出版社，2012.
[6] 中华人民共和国铁道部. 车辆电工 [M]. 北京：中国铁道出版社，2011.
[7] 铁道部科技教育司. 铁道部人才服务中心. 车辆电工 [M]. 北京：中国铁道出版社，2001.
[8] 铁路职工岗位培训教材编审委员会. 车辆电工 [M]. 北京：中国铁道出版社，2011.
[9] 铁道部运输局. CRH 系列动车组故障处理汇编 [M]. 北京：中国铁道出版社，2008.
[10] 张辉、蔡文娟. 电工技术 [M]. 北京：中国铁道出版社，2013.